国家治理体系中的审计监督研究

高晓霞 著

南京大学出版社

图书在版编目(CIP)数据

国家治理体系中的审计监督研究 / 高晓霞著. — 南京：南京大学出版社，2020.12
ISBN 978-7-305-23966-3

Ⅰ. ①国… Ⅱ. ①高… Ⅲ. ①政府审计－研究－中国 Ⅳ. ①F239.44

中国版本图书馆 CIP 数据核字(2020)第 226965 号

出版发行	南京大学出版社		
社　　址	南京市汉口路 22 号	邮　编	210093
出 版 人	金鑫荣		

书　　名　**国家治理体系中的审计监督研究**
著　　者　高晓霞
责任编辑　田　甜

照　　排　南京南琳图文制作有限公司
印　　刷　苏州工业园区美柯乐制版印务有限责任公司
开　　本　718×1000　1/16　印张 21.75　字数 288 千
版　　次　2020 年 12 月第 1 版　2020 年 12 月第 1 次印刷
ISBN 978-7-305-23966-3
定　　价　98.00 元

网址：http://www.njupco.com
官方微博：http://weibo.com/njupco
官方微信号：njupress
销售咨询热线：(025) 83594756

* 版权所有，侵权必究
* 凡购买南大版图书，如有印装质量问题，请与所购
　图书销售部门联系调换

前　言

现代意义上的国家审计是国家政治制度、经济制度和法律制度的重要组成部分,是国家治理体系中的公共问责和监督控制系统之一。中国特色审计监督制度是中国特色社会主义民主政治制度的重要组成部分。国家治理体系中的审计监督作为党和国家监督体系中的重要组成部分,不仅具有其内在的政治逻辑,而且能在国家治理现代化进程中发挥多方面的功能。审计监督既是政治制度的重要内容,也是一个国家政治文明的标志,因此,强化审计监督又是坚持依法治国和加强政治文明建设的重要举措。国家审计作为一种制度设计和制度安排,既是民主政治发展的内在要求,也是实现民主政治的路径和手段,说到底是民主与法治的统一。

研究国家治理体系中的审计监督不能单纯从经济学的视角看问题,而要将其放在国家治理的大视野中进行考察,围绕国家治理法治化、民主化、透明化以及责任性等基本属性准确把握其内在规定及现实需求,进而以政治学的理论与方法探讨中国特色社会主义审计监督的政治逻辑与治理功能。基于此,考察国家治理体系中的审计监督必须遵循"政治逻辑—治理功能—行动路向"的分析框架,以马克思主义权力监督理论为指导,批判性地借鉴西方权力监督多维理论视角中的合理因素,注重运用人民主权理论、治理理论、委托代理理论等分析工具,深入探讨审计监督作为一种政治制度在国家治理体系中所发挥的职能作用及其由于各种现实挑战而出现的期望差距,并且全面分析政治制度优势转化为治理效能的行动路向。依据这一研究逻辑,第一就要基于对审计监督的历史溯源和理论阐释,深刻理解国家治理现代化对于审计监督职能的现实需求。第二,从政治学理论视角来看,国家治理体系中的审计监督作为权力监督和权力制约的一项制度安排和制度设计,其独特的政治逻辑在于其政治权力基础、政治体制优势和民主政治动因。第三,国家治理体系中的审计监督作为党和国家监督体系的重要组成部分,其所发挥的职能作用具有独特的治理功能,包括权力制约与法治功能、信息公开与透明功能以及民主参与和问责功能等。第四,从政府公共部门审计监督制度效能的角度来看,国家治理体系中的审计监督作为党和国家监督体系的制度支柱之一,承载着党和国家以及全社会对其在国家治理体系中发挥"啄木鸟""看门狗"和"达摩克利斯之剑"职能作用的普遍期待。然而,审计监督制度所发挥的实际效能却始终存在一定的期望差距,主要表现为种种原因所导致的审计监督独立性期望差距、公开性期望差距和责任性期望差距。第五,分析国家治理体系中审计监督的行动路向就是要基于新时代党和国家监督体系权威性、协同性和有效性的总体要求,在党的集中统一领导下坚持依法独立审计,实现审计全覆盖,并且在与其他监督制度的有机贯通与相互协调中形成监督合力,通过审计信息公开维护公众知情权,强化审计结果信息披露和审计问责,突出技术支撑,进而更好地发挥审计监督在国家治理体系中的职能作用,不断提高审计监督的制度执行力和治理效能,缩小和弥合审计监督制度在独立性、公开性和责任性等方面的期望差距,进一步提升中国特色审计监督的公信力。

　　一个国家的审计体制只有与该国的政治文化传统、政治道路选择以及政治体制优势等相适应,才能在治理体系中更好地提升制度执行力和治理效能。中国特色社会主义审计监督制度作为国家审计与中国特色社会主义政治制度相结合的产物,不仅合乎审计制度的本质,即民主政治的内在要求,而且符合中国的国情以及国家治理现代化的现实需求,同时也体现了中国特色社会主义政治道路的选择。中央审计委员会的成立,为党统一指挥审计监督工作提供了政治制度依据和政治体制保障,是坚持党的领导这一政治原则和党的全面领导制度在中国特色审计监督工作中的落实与体现,是符合新时代中国特色社会主义政治制度本质要求的审计领导制度和审计管理体制创新,也是审计监督充分发挥职能作用、回应社会普遍期待的根本遵循和制度保障。新时代国家治理体系中的审计监督要求加强党对审计监督工作的全面领导,坚持依法独立审计。在此基础上,要进一步强化审计信息公开,维护公众的审计信息知情权。此外,要不断扩大公众参与度,促进审计监督制度与其他监督制度的有机贯通和相互协调,从而形成整体合力。最后,还要继续加大审计监督与公共问责力度,提升审计监督的有效性与实效性。

总之,研究国家治理体系中审计监督问题的关键在于如何把中国特色审计监督的制度优势转化为治理效能。只有基于以制度保障制度的治理逻辑,紧紧依靠党的全面领导这一根本保障,不断增强制度意识,维护制度权威,依法独立行使审计监督权,在审计全覆盖的过程中实现制度协同,强化审计问责,切实提高审计监督制度的执行力,才能在中国特色审计监督制度优势的基础上真正实现其治理效能,避免出现"制度空转",从而缩小和弥合审计期望差距,更好地发挥审计监督的职能作用,在国家治理现代化进程中更好地实现中国特色审计监督的治理效能。

目 录

前 言 ………………………………………………………………… 1

第一章　国家治理体系中的审计监督概述 ……………………… 1
　　第一节　研究背景与研究价值 …………………………………… 1
　　　　一、研究背景 ………………………………………………… 2
　　　　二、研究价值 ………………………………………………… 3
　　第二节　研究现状 ………………………………………………… 5
　　　　一、国内关于审计监督的研究现状 ………………………… 5
　　　　二、国外关于审计监督的研究现状 ………………………… 18
　　第三节　研究逻辑与研究内容 …………………………………… 28
　　　　一、研究逻辑 ………………………………………………… 29
　　　　二、研究内容 ………………………………………………… 29
　　　　三、核心概念界定 …………………………………………… 32
　　　　四、研究方法 ………………………………………………… 35

第二章　审计监督的历史由来、理论基础与现实需求 ………… 36
　　第一节　审计监督的由来与发展 ………………………………… 37
　　　　一、中国审计监督的历史由来与当代发展 ………………… 37
　　　　二、外国审计监督的发展历程与不同模式 ………………… 44

· 1 ·

第二节　审计监督的理论基础 ……………………………… 57
　　　一、西方权力监督与制约理论 …………………………… 58
　　　二、马克思主义权力监督理论 …………………………… 65
　　　三、本土化的权力监督理论探索 ………………………… 68
　　第三节　国家治理对审计监督的现实需求 ………………… 70
　　　一、国家治理法治化与审计监督 ………………………… 71
　　　二、国家治理透明化与审计监督 ………………………… 73
　　　三、国家治理责任性与审计监督 ………………………… 75

第三章　国家治理体系中审计监督的政治逻辑 …………………… 81
　　第一节　审计监督的政治权力基础 ………………………… 81
　　　一、理解审计监督的政治学思维 ………………………… 82
　　　二、审计监督的政治权力分析 …………………………… 95
　　　三、中国特色社会主义政治制度中的审计监督权 ……… 102
　　第二节　审计监督的政治体制保障 ………………………… 106
　　　一、政治体制赋予审计监督政治使命 …………………… 106
　　　二、政治体制凸显审计监督的政治职能 ………………… 109
　　　三、政治体制改革决定了审计监督的发展方向 ………… 114
　　第三节　审计监督的民主政治动因 ………………………… 120
　　　一、审计监督源于民主政治的深层推动力 ……………… 121
　　　二、审计监督随民主政治的发展而不断强化 …………… 127
　　　三、审计监督服务于民主政治的价值目标 ……………… 131

第四章　国家治理体系中审计监督的治理功能 …………………… 135
　　第一节　审计监督的依法治权功能 ………………………… 136
　　　一、审计监督的经济控制功能 …………………………… 137
　　　二、审计监督的权力制约功能 …………………………… 146
　　　三、审计监督的民主与法治功能 ………………………… 149

第二节　审计监督的信息公开功能 ………………………… 155
　　　一、审计监督的信息输入功能 ……………………………… 155
　　　二、审计监督的信息处理功能 ……………………………… 161
　　　三、审计监督的信息输出功能 ……………………………… 164
　　第三节　审计监督的民主问责功能 ………………………… 169
　　　一、审计监督是责任政府中的责任追究机制 ……………… 170
　　　二、审计监督是协同治理中以问责为导向的建设性制度
　　　　　安排 ………………………………………………………… 175
　　　三、审计监督是民主治理中的政治信任增进机制 ………… 181

第五章　国家治理体系中审计监督的期望差距 ……………… 191
　　第一节　审计监督的独立性期望差距 ……………………… 192
　　　一、审计独立性及其期望差距 ……………………………… 193
　　　二、审计体制不畅导致审计监督独立性期望差距 ………… 198
　　　三、审计能力不足导致审计监督独立性期望差距 ………… 201
　　第二节　审计监督的公开性期望差距 ……………………… 204
　　　一、委托代理关系中的审计监督公开性期望差距 ………… 205
　　　二、政府公共信息垄断导致审计监督公开性期望差距 …… 208
　　　三、审计信息公开不足导致审计监督公开性期望差距 …… 212
　　第三节　审计监督的责任性期望差距 ……………………… 216
　　　一、审计体制悖论导致审计监督责任性期望差距 ………… 216
　　　二、审计权责失衡造成审计监督责任性期望差距 ………… 220
　　　三、审计监督的问责困境导致审计监督责任性期望差距 … 223

第六章　国家治理体系中审计监督的行动路向 ……………… 230
　　第一节　在党的集中统一领导下依法独立审计 …………… 230
　　　一、加强党对审计工作的领导，依法独立审计 …………… 231
　　　二、改革审计管理体制，保障依法独立行使审计监督权 … 234

三、正确理解审计监督的独立性 …………………… 238
　第二节　通过审计信息公开维护公众知情权 …………… 242
　　一、强化审计信息公开，维护公众的信息知情权 ……… 243
　　二、在审计监督中促进政府信息公开 ………………… 246
　　三、基于审计监督权推进审计监督信息公开 ………… 250
　第三节　在公共问责中提升审计监督公信力 …………… 254
　　一、优化审计监督问责体系 …………………………… 254
　　二、增强审计监督的问责效能 ………………………… 258
　　三、提升审计监督公信力 ……………………………… 263

第七章　更好地发挥中国特色审计监督的治理效能 ……… 268
　　一、审计监督的法治化 ………………………………… 268
　　二、审计监督的民主化 ………………………………… 272
　　三、审计监督的全覆盖 ………………………………… 275

参考文献 ………………………………………………………… 279
术语索引 ………………………………………………………… 321
人名索引 ………………………………………………………… 327
后　记 …………………………………………………………… 334

第一章 国家治理体系中的审计监督概述

在人类社会历史上,审计监督(audit supervision)作为一种制度实践经历了从统治工具到管理工具再到治理工具的转变。现代意义上的审计监督制度是一个国家的政治制度、经济制度和法律制度的重要组成部分,是国家治理体系中的公共问责和监督控制系统之一。中国特色审计监督制度是中国特色社会主义民主政治制度中的重要组成部分。作为党和国家监督体系中的有机组成部分,审计监督制度不仅具有其内在的政治逻辑,而且能在国家治理现代化进程中发挥多方面的功能。国家治理体系中的审计监督既是政治制度的重要内容,也是一个国家政治文明的标志,同时,强化审计监督又是坚持依法治国和加强中国特色社会主义政治文明建设的重要举措。

第一节 研究背景与研究价值

对国家治理体系中的审计监督进行研究是经济市场化和政治民主化的大趋势,也是国家治理民主化、法治化和责任性的内在要求。国家治理体系中审计监督的研究价值突出地体现在丰富和发展中国特色社会主义审计监督的理论体系中。

一、研究背景

审计监督是中国特色社会主义民主政治发展的根本要求

第一,国家治理体系中的审计监督是中国特色社会主义民主政治发展的根本要求。现代国家审计发展的真实动因是政治民主化发展进程不断推进,同时,民主政治的推进与发展需要各种制度的支撑和保障,而审计监督就是民主政治的制度支柱之一。可以说,国家治理体系中的审计监督作为一种制度设计和制度安排,在政治体制保障下实行依法独立审计,既是民主政治发展的内在要求,也是实现民主政治的路径和手段。说到底,审计监督制度是民主与法治的统一。

第二,国家治理体系中的审计监督是党和国家监督体系的有机组成部分。中国特色审计监督制度是中国特色社会主义民主政治制度的重要组成部分,审计监督与纪律监督、监察监督、派驻监督、巡视监督、人大监督、民主监督、行政监督、司法监督、群众监督、舆论监督以及统计监督等各项监督制度一起构成了党和国家监督体系的"四梁八柱",形成了一套具有中国特色的权力监督体系。从政治学理论视角来看,国家治理体系中的审计监督作为权力监督和权力制约的一项制度安排和制度设计,具有独特的政治逻辑,包括政治权力基础、政治体制优势和民主政治动因。

第三,国家治理体系中的审计监督需要基于中国特色社会主义制度优势以更好地发挥治理效能。国家治理体系中的审计监督作为党和国家监督体系的重要组成部分,能发挥独特的治理功能,包括权力制约与法治功能、信息公开与透明功能以及民主参与和问责功能等。从政府公共部门审计监督制度效能的角度来看,国家治理体系中的审计监督作为党和国家监督体系的制度支柱之一,其在国家治理体系中发挥"啄木鸟""看门狗"和"达摩克利斯之剑"的作用,承载着党和国家以及全社会的普遍期望。党的十九届四中全会明确提出发挥审计监督职能作用,就是要依法独立行使审计监督权,对受托公共责任实行审计监督全覆盖,切实提高审计监督的制度执行力,彰显审计监督的制度效能,防止出现"制度空转"。然而,国家治理体系中审计监督制度所发挥的实际效能却始终与期望存在一定差距,即"审计期望差距"(audit expectation gap,AEG),主要表现为种种原因所导致的审计监督独立性期望差距、公开性期望差距和责任性期望差距。因此,在党的集中统一领导下坚持依法独立审计,实现审计全覆盖,并且在与其他监督制度的有机贯通与相互协调中形成监督合力,通过审计信息公开维护公众知情权,强化审计问责,缩小和弥合审计监督期望差距,进一步提升审计监督公信力,尚需要进行深入、系统、持续的研究。

二、研究价值

(一)理论价值

1. 有助于明晰国家治理体系中审计监督的理论逻辑,进一步充实中国特色审计监督思想体系。目前关于审计监督的研究主要还是从经济学特别是会计学视角出发对市场经济部门经济责任方面进行的研究,已不能很好地适应国家治理现代化进程发展的现实需要。通过政治学、公共管理学、法学、经济学等学科理论的科际整合方法和跨学科视角,我们可以对国家治理体系中的审计监督展开全方位的研究,弥补从政治学角度出发研究中国特色审计监督制度优势方面的不足,为审计政治学学科建设和发展作出贡献。

2. 有助于阐明国家治理体系中审计监督的理论体系,进一步丰富中国特色审计监督理论体系。将审计监督置于国家治理体系的大视野中进行考察,可以围绕国家治理法治化、民主化、透明化以及责任性等基本属性,准确把握其对于审计监督的现实需求,进而根据党和国家监督体系的总体设计以政治学的理论与方法探讨中国特色社会主义审计监督的政治逻辑、治理功能以及提升路径,构建一个研究审计监督所应遵循的"政治逻辑—治理功能—行动路向"的分析框架,阐明中国特色审计监督制度在国家治理体系中发挥职能作用的理论体系、政治优势和制度逻辑。

3. 有助于丰富中国特色审计监督的理论范式。考察中国特色审计监督在国家治理体系中的政治逻辑与治理效能必须以马克思主义权力监督理论为指导，批判性地借鉴西方权力监督多维理论视角中的合理因素，注重运用人民主权理论、治理理论、委托代理理论等理论分析工具，深入探讨作为一种政治制度的审计监督所具有的理论范式，形成分析中国特色审计监督的具体理论范式，致力于通过理论研究在实践中更好地把制度优势转化为治理效能，从而在理论逻辑、理论创新与实践应用之间架起一座桥梁。

(二) 应用价值

1. 通过阐明新时代中国特色审计监督的实践价值及其在国家治理法治化、民主化和责任性的进程中依法独立审计、审计全覆盖和审计监督信息公开化的具体实现路径，可以为党领导的审计监督制度提供具体的实施方案，并且全面分析把中国特色审计监督的制度优势转化为国家治理现代化进程中的治理效能的具体措施。

2. 基于新时代党和国家监督体系对于国家治理现代化进程中各项监督制度权威性、协同性和有效性的总体要求，深入探寻中国特色审计监督的实践逻辑，并且针对各种现实原因导致的审计监督在独立性、公开性和责任性等方面的期望差距，提出缩小和弥合审计监督期望差距的具体做法，为在国家治理现代化进程中更好地发挥审计监督职能作用提供对策建议。

3. 在国家治理现代化的总体框架中，阐释中国特色审计监督从制度优势到治理效能的转化逻辑，明晰中国特色审计监督实践中的行动路向，在党的全面领导下确保审计机关依法独立审计，不断增强制度意识，维护制度权威，在与其他监督制度的有机贯通与相互协调中形成监督合力，实现审计监督全覆盖，强化审计结果信息披露和审计问责，突出技术支撑，为更好地把中国特色审计监督的制度优势转化为治理效能找到着力点。

第二节 研究现状

在人类社会经济活动中发展起来的审计监督逐步成为人类政治文明的基本内容、政治制度的组成部分以及民主政治的重要方面,从而在经济管理、政治事务和国家治理中发挥越来越重要的作用,同时也得到了国内外学者的普遍重视和广泛研究。相关研究涉及多个学科研究领域,形成了多学科研究视角和研究范式,也取得了多方面的理论成果。

一、国内关于审计监督的研究现状

目前国内学者关于国家治理体系中审计监督的研究,在中国学术期刊网全文数据库(CNKI)高级检索中以篇名为搜索内容输入"审计监督",可以检索到与审计监督研究相关的文献共计4 490篇,由此可以生成发表年度趋势图(图1-1)。

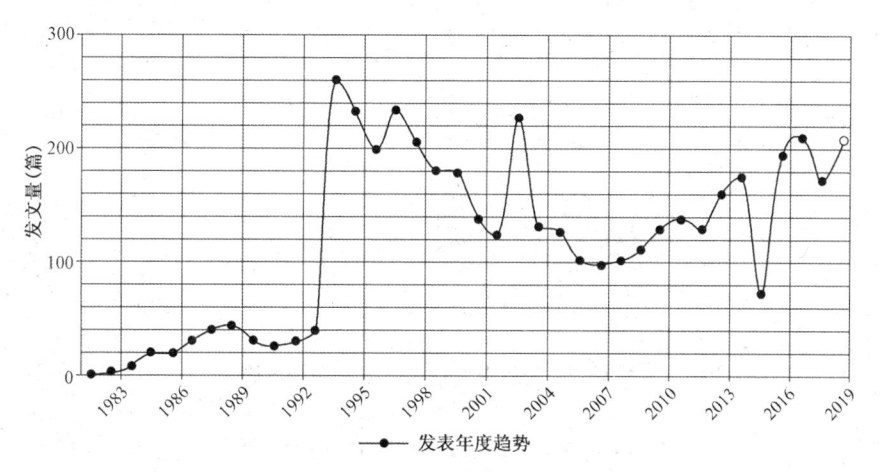

图1-1 审计监督研究相关文献发表年度趋势图

数据来源:CNKI;文献总数:4 490篇;检索条件:题名=审计监督,精确匹配,全部;数据库:文献,跨库检索。

从图1-1中可以发现,1994年《中华人民共和国审计法》的颁布,使得审计监督很快成为学术界的重要研究对象和研究内容,更是成了审计学、会计学、工商管理学以及其他相关学科领域的研究热点。

2003年爆发的"审计风暴"(audit storm)使人们普遍认识到,"审计风暴"不仅仅是一种经济管理中基于委托—代理关系(principal-agent relationship)的经济现象,更是一种复杂的社会现象和深层次的政治现象。审计监督绝不只是审计学、会计学、工商管理学、经济学等学科的研究对象,也应该是法学、政治学、公共管理学以及其他相关学科的研究对象、研究课题和研究任务。在此基础上,我们可以进一步借助计量可视化软件进行关键词分析,进而生成审计监督这一领域的研究主题分布情况(见图1-2)。

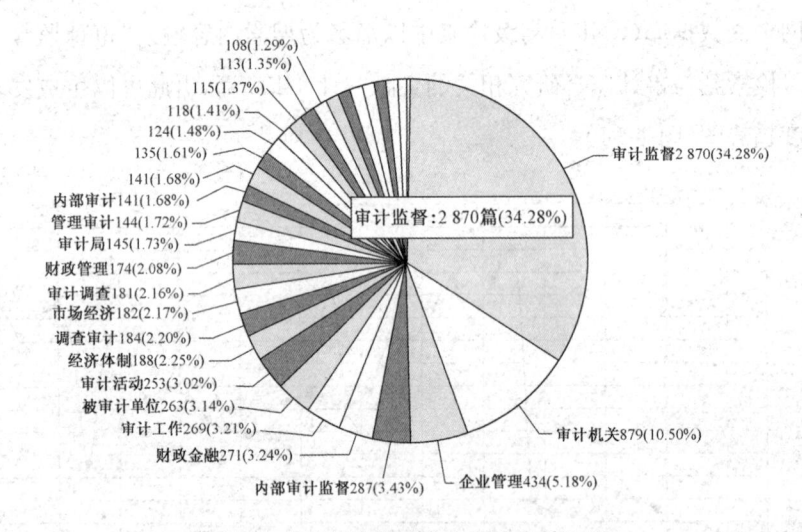

图1-2 审计监督研究主题分布情况图

从图1-2中可以发现,国家治理体系中审计监督研究的主题除了分布在作为制度的审计监督这一主题之外,还涉及审计机关、企业管理、内部审计(internal audit)监督和财政金融等领域。从这个意义上说,国家治理体系中的审计监督研究必然是跨学科的研究,其所涉及的学科不仅包括审计学、会计学、工商管理学和经济学,而且涉及法学、政治学、公共管理学等(见图1-3)。

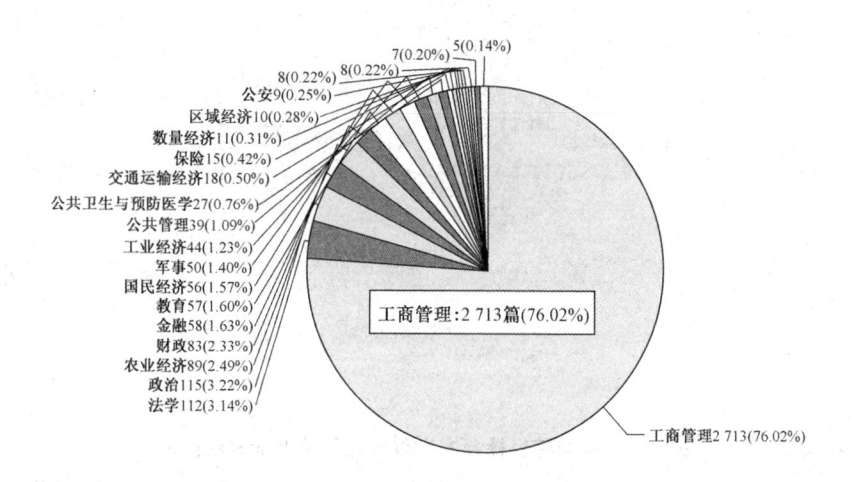

图1-3 审计监督研究学科分布情况

饼图数据：
- 工商管理：2 713篇(76.02%)
- 法学112(3.14%)
- 政治115(3.22%)
- 农业经济89(2.49%)
- 财政83(2.33%)
- 金融58(1.63%)
- 教育57(1.60%)
- 国民经济56(1.57%)
- 军事50(1.40%)
- 工业经济44(1.23%)
- 公共管理39(1.09%)
- 公共卫生与预防医学27(0.76%)
- 交通运输经济18(0.50%)
- 保险15(0.42%)
- 数量经济11(0.31%)
- 区域经济10(0.28%)
- 公安9(0.25%)
- 8(0.22%)
- 8(0.22%)
- 7(0.20%)
- 5(0.14%)

审计监督作为一种制度不仅具有时代性,而且具有地域性。在一个国家或地区有效的制度,"在另一个国家与另一个地区,则未必尽然"。[①] 所以,我们研究国家治理体系中的审计监督制度应聚焦于中国特色审计监督制度。关键词代表了一篇文章的核心思想,若同一关键词在众多文献中高频出现,我们就可以认为这一关键词所代表的研究课题能够反映学科热点。为此,笔者进一步以"中国特色社会主义审计监督制度"为检索主题,搜索到155篇相关文献,然后采用可视化软件CiteSpace 5.0 R1对该领域的研究文献进行关键词图谱分析,以便形象地绘制出这一研究领域的热点与重点。图1-4为被引频次最高的前50篇(TOP 50)文章的关键词共现数据所生成的知识图谱。

---

① 钱穆:《中国历代政治得失》,北京:生活·读书·新知三联书店,2001年,"前言"第7页。

国家治理体系中的审计监督研究

图 1-4 中国特色社会主义审计监督关键词共现图谱

节点的大小,关键词频次的高低,反映其所受关注程度的大小与高低;节点之间的连线则反映了位于节点上关键词的共现关系。由图1-4可知,"国家审计""审计监督""审计制度""国家治理""军队审计""中国特色社会主义""全覆盖""大数据"等关键词呈现出较大节点,这些节点代表了该领域的主要研究热点与重点。

另外,CiteSpace 还可以通过时区图(主题路径图 Time Zone)加入时间因素,展示在特定时间段内新出现的关键词分布情况(见图1-5)。

图1-5以更加直观的方式展现了中国特色审计监督研究主题词的时间分布和研究趋势。在所搜集的文献中,"国家审计"是于1985年首次出现的。值得一提的是,CiteSpace 以凸显外环的形式来展示节点的中介中心性(betweenness centrality)及其强度。仔细观察图1-5就不难发现,"国家审计""审计监督""国家治理"等关键词具有明显的深色外环,说明这些关键词中心性比较高,其所链接的关键词之间的信息也更多,在网络中的重要性也就越发凸显,因而也就表明了它们属于中国特色审计监督

第一章 国家治理体系中的审计监督概述

图 1-5 中国特色社会主义审计监督关键词时区共现分布

领域的研究热点与重点。表 1.1 统计了排名前九的高频关键词和高中心性关键词。

表 1.1 高频关键词和高中心性关键词

排 名	高频关键词		高中心性关键词	
	关键词	频次	关键词	中心性
1	国家审计	57	审计监督	0.63
2	审计监督	39	审计机关	0.36
3	审计制度	31	政府审计	0.31
4	政府审计	24	国家审计	0.3
5	国家治理	21	国家治理	0.24
6	军队审计	18	中国特色社会主义	0.2
7	中国特色社会主义	15	国家审计制度	0.12

(续表)

排名	高频关键词		高中心性关键词	
	关键词	频次	关键词	中心性
8	全覆盖	9	国家审计监督	0.1
9	大数据	6	全覆盖	0.63

基于以上可视化分析,接下来再进一步就相关热点及重点主题的研究情况进行系统的述评。

(一) 关于审计监督本质的研究

国内学者对审计监督本质的探讨,主要包括"经济监督论""民主政治论"和"审计免疫系统论"等代表性观点。"经济监督论"是最具代表性和权威性的观点,中国审计学会在1989年的时候就将审计定义为"一种独立性经济监督活动",1997年《中华人民共和国审计法实施条例》将审计表述为"审计机关依法独立检查被审计单位的经济财务活动的行为",2010年2月修订的审计法实施条例仍沿用了这一提法。① 实际上,审计的经济监督论基本上类似于早期出现的审计"查账论",即审查账务的真实性、合理性、合法性和规范性,②并且将其理解为审计的本质。③ 从这个意义上说,审计是由专设专责机关依法对各级政府公共部门履行受托经济责任而进行的一种独立性监督活动。"民主政治论"从人民主权的民主本质出发,认为现代政府审计是基于公共受托经济责任而产生和发展的。④ 的确,审计查账不仅仅是对受托公共经济责任的监督,也是民主政治制度的内在要求。建立在人民主权基础上的公共财政预算意味着政府经济活动和行为必须依法全部纳入国家审计监督范围,服从法律体系的规范,而国

---

① 董大胜:《审计本质:审计定义与审计定位》,《审计研究》2015年第2期。
② 张洽:《免疫系统理论对审计本质影响研究》,《财会通讯·综合》2012年第11期。
③ 阎金锷:《构建审计理论框架初探》,《审计研究》1995年第3期。
④ 杨时展:《杨时展论文集》,北京:企业管理出版社,1997年,第281—294页。

家审计的职能定位则在于保障这个规范场的正常运转。① 可以说,作为孕育和推动现代国家审计诞生最深层动力的民主政治,才是国家审计的本质。② 如果说民主是现代审计监督制度的动因和实质,那么审计监督制度则是现代民主政治制度的表现。或者说,民主是现代审计的目的,审计是现代民主的手段。③ 人民当家作主作为社会主义民主政治的本质特征,要求国家审计机关通过对人民赋予的公共权力进行审计监督,以服务于社会的公共目标,维护人民的根本利益。"审计免疫系统论"认为,国家治理体系中审计监督制度的本质是国家治理大系统中一个内生的具有预防、揭示和抵御功能的"免疫子系统"。④ 审计监督的首要任务是保障国家经济安全,最高目标是维护人民当家作主的根本利益。其实现路径是以财政审计为基点,并不断扩展审计领域、维护法治建设和发挥权力制约功能。⑤ 从这个意义上说,国家审计作为党和国家监督体系"制度之笼"的有机组成部分,无疑也是国家治理的制度基石和制度支柱之一,是实现国家治理责任性的重要制度保障。在历史维度上甚至可以说,审计制度的变迁史就是政治文明的发展史。⑥ 从"经济监督论"到"民主政治论"再到"审计免疫系统论"的发展变化,反映了学术界对审计本质的认识在不断深化。

(二)关于审计监督制度治理功能的研究

学术界对于审计监督制度功能的研究主要强调了审计监督在实践中所具有的依法独立实施评价和鉴证的经济鉴证与评价功能、权力监督与

---

① 杨建荣:《理解国家审计:一个社会文化维度的解读》,《审计研究》2013年第1期。
② 文硕:《世界审计史》,北京:企业管理出版社,1996年,第57页。
③ 秦荣生:《审计与民主政治》,《中国审计》2003年第Z1期。
④ 刘家义:《论国家治理与国家审计》,《中国社会科学》2012年第6期。
⑤ 杨肃昌、李敬道:《从政治学视角论国家审计是国家治理中的"免疫系统"》,《审计研究》2011年第6期。
⑥ 朱殿骅、伍学进:《美国二维联邦审计制度聚焦:历史沿革和启示》,《江汉学术》2018年第4期。

制约功能、信息公开与透明功能,以及民主法治与公共问责功能,凸显了审计监督作为一种政治制度,在国家治理体系与治理能力现代化进程中应以政治发展为基础,以维护好人民群众的根本利益、满足国家治理需求为目标。

首先,审计监督的鉴证与评价功能是评价政府职权经济性、效益性和合规性的一种制度设计和制度安排,[①]致力于评价委托代理关系中的公共权力配置效率和执行效率,[②]围绕建立善治政府,充分运用监督、评价和鉴证三个职能,[③]主要从监督责任、评价效率、提高透明度和促进民主法治四个方面推进国家治理。[④] 就其启示意义而言,治理体系的优化和政府效能的提升,离不开审计监督在受托公共责任履行情况监督方面所发挥的职能作用,进而促进责任政治和责任政府建设。

其次,审计监督的权力监督与制约功能强调国家审计依法行使的审计监督权力所针对的对象包括管理、使用国家财政资金或公共资源的一切主体。[⑤] 从性质上看,审计监督权作为国家主权的派生物,是政治权力的重要组成部分之一,是以国家治理体系中的审计监督制度为载体的一种法定权力,是民主政治意义上的人民主权和人民意志的体现。人民主权原则决定了以财政为物质基础的一切国家权力只能"服务于人民"。[⑥]在公共权力的社会契约论视角中,政府权力来自公民个人权力的让渡,从

[①] 王世涛:《论宪法视域下审计体制的变革——检察机关行使审计职权的可能路径》,《法治研究》2015 年第 4 期。

[②] 彭韶兵、周兵:《公共权力的委托代理与政府目标经济责任审计》,《会计研究》2009 年第 6 期。

[③] 徐京平等:《国家审计、审计质量与审计边界——一个文献综述》,《学术界》2016 年第 7 期。

[④] 谭劲松、宋顺林:《国家审计与国家治理:理论基础和实现路径》,《审计研究》2012 年第 2 期。

[⑤] 金玲:《民主视野下国家审计的法理思考》,《特区实践与理论》2015 年第 6 期。

[⑥] 程亚萍:《财政权的宪政逻辑》,《社会主义研究》2010 年第 2 期。

而形成了所谓的公共受托责任。而宪法和法律中关于审计权的规定便是通过依法行使审计监督权保障政府公共受托经济责任切实有效履行的一种重要的制度安排。① 国家治理中审计机关依法独立审计的目标就是要充分发挥审计监控功能,对政府经济权力进行监督和制约,防止公共权力异化。② 实际上,正是审计监督的权力监督与制约功能,使得其成为党和国家监督体系中的制度支柱之一,并发挥着重要的职能作用。

再次,审计监督的信息公开功能强调国家治理体系中的审计监督作为民主政治中的制度安排,就是要确保公众的政治参与权和对公共事务的知情权。国家审计以其特有的专业职能,在依法独立审计的基础上提供有关经济责任履行情况的可靠信息,进而在国家治理中发挥着不可或缺的作用。③ 从这个意义上说,在国家治理中有效发挥审计监督的信息公开功能实际上既是为了更好地解决因委托—代理关系而产生的代理问题,保证和促进公共受托经济责任得到全面有效履行的现实需要,④同时也是国家治理法治化、民主化、公开化和责任性的题中应有之义。而政府审计信息公开作为政务信息公开的一个重要方面,已经成为保证政府审计机关有效运行的一种重要法律制度。⑤ 基于审计监督信息公开的制度化和规范化,审计监督通过财务报告、信息鉴证保证政府公共部门财务管理、政策执行以及绩效数据等各方面信息的可信性,⑥预防委托—代理关

---

① 彭华彰、刘誉泽:《论我国审计权的法律保障》,《审计研究》2010年第1期。
② 蔡春、朱荣、蔡利:《国家审计服务国家治理的理论分析与实现路径探讨——基于受托经济责任观的视角》,《审计研究》2012年第1期。
③ 张立民、张阳:《国家审计的定位与中国政治民主建设——从对权力的制约和监督谈起》,《中山大学学报》2004年第3期。
④ 蔡春、朱荣、蔡利:《国家审计服务国家治理的理论分析与实现路径探讨——基于受托经济责任观的视角》,《审计研究》2012年第1期。
⑤ 班东启:《论政府审计信息公开制度》,《审计研究》2007年第4期。
⑥ 陆晓晖:《增强政府信息透明:国外的成果及其借鉴》,《湖北经济学院学报(人文社会科学版)》2014年第7期。

系中的代理人给委托人提供虚假信息,提高信息的可获得性、真实性和完整性。① 所以,从学术界对于这一领域的研究情况来看,审计监督的信息公开功能不仅是在国家治理中不断提升审计制度公信力的基础,而且是促进政府诚信的必要保障。

最后,审计监督的民主法治与公共问责功能则突出了现代国家审计作为民主与法治的产物,也随着民主与法治进程的发展而增强。实际上,国家治理中的民主化意味着多元行动者都会更多地关注国家审计并参与其中,进而通过国家审计制度规制政府的公共权力及其行使过程。② 这一赋权过程必然意味着国家治理中的审计监督在依法治权、信息公开与公共问责的基础上体现了以人民为中心和向人民负责的最高原则,服务于人民当家作主的民主政治发展需要,否则国家审计就与民主法治的环境和要求不适应。③ 同时,国家审计法治化要求审计监督主体及其行为要合法、审计监督程序要合法且审计结果的处理要合法。④ 可见,学术界对于审计监督民主法治与问责功能的研究基本上呼应了国家治理法治化、民主化和责任性等属性对于审计监督制度功能的内在要求。

(三) 关于审计监督期望差距的研究

虽然说国家治理体系中的审计监督发挥着多方面的功能,但是能否在治理过程中切实发挥职能作用,实现其治理效能,不仅取决于社会经济权责结构是否具有明确性、清晰性和稳定性等属性,⑤也受到政治体制与政治制度环境以及制度执行者对于自身角色理解和角色实践等方面因素的影响。如果国家治理体系中的审计监督能够在法治化、民主化、公开化和

---

① 郑石桥:《政府审计对公共权力的制约与监督:基于信息经济学的理论框架》,《审计与经济研究》2014年第1期。
② 曹越等:《中国国家审计制度变迁:历史与逻辑勾画》,《财经理论与实践》2016年第1期。
③ 李季泽:《向人民负责是国家审计的最高原则》,《中国审计》2003年第Z1期。
④ 石爱中:《现行体制下国家审计法治谠论》,《审计研究》2004年第1期。
⑤ 李若山:《论审计与我国社会经济权责结构的改革》,《中国经济问题》1992年第6期。

责任性的治理结构中依法独立审计,有效实现审计监督结果信息公开,并且在此基础上进行公共问责,那么,审计监督就能真正发挥职能作用。反之,如果制度设置的恰适性(appropriateness)不足、制度执行不力或者审计监督人员在角色理解上存在偏差,造成审计监督期望差距,就会导致审计监督不能有效发挥其职能作用。

一般意义上的审计期望差距是指审计作为一种监督制度在实践中发挥的治理效能和普遍期望之间的落差。究其原因,既有相关制度设置方面的原因,也有治理过程中制度执行方面的原因,同时还有审计监督人员在角色理解与角色承担方面存在的问题。例如,政府审计没有一个相对比较完整的监督制约机制[1],审计权威性不高[2],以及政府信息公开制度执行不力,难以满足对政府履行受托责任情况进行审计监督的需求。又如,审计人员与非审计人员之间在审计监督职责义务等方面存在审计期望差距。[3] 总之,对于审计监督制度的需求和有效供给之间的落差,以及制度执行力的不足和审计监督人员在角色理解与角色扮演方面的偏差,都必然会在实践中造成审计监督期望差距。国家治理现代化进程中审计期望差距的存在表明审计监督制度、审计机关以及审计监督人员的实际表现都未能满足社会的期望。[4] 的确,审计期望差距的存在意味着审计监督必须通过审计监督体制机制改革和审计人员审计监督能力与绩效的提升来实现审计受益人和公众对可信审计监督职能的需求和期待。

(四)关于审计监督治理效能提升路径的研究

在提升审计监督制度实效性和治理效能的路径方面,学术界强调了

---

[1] 何力军:《论政府审计质量外部监督体系的构建》,《审计月刊》2007年第10期。
[2] 吕安琪:《国家治理背景下的政府审计期望差距分析》,《财会研究》2016年第8期。
[3] 吴瑞勤:《我国审计期望差距调查研究》,《财会通讯·综合》2009年第12期。
[4] 郑石桥:《审计目标、审计意见和审计期望差距:基于审计主题》,《会计之友》2015年第5期。

坚持审计监督制度的中国特色社会主义制度优势，即在党的领导下，健全和完善有民主基础、有法律保障、有严密组织的审计体系。① 在中国特色社会主义新时代，更好地发挥审计监督治理效能就要通过审计领导体制优化和管理体制改革，不断增强审计监督的权威性、威慑力和实效性，实行审计全覆盖，在充分发挥审计监督职能作用的基础上实现以人民为中心的国家治理目标。当然，要将政治体制优势转化为审计监督制度执行力和治理效能，离不开审计机关和审计人员队伍的自身建设和能力提升。因此，在国家治理现代化进程中，审计机关及审计人员要坚持在党的领导下和政治体制保障下实现依法独立审计的基本原则，在审计监督过程中时刻牢记使命任务，正确行使执法裁量权，②不断提升审计监督的公正性和公信力。同时，要发挥中国特色审计对发展民主政治的作用，通过审计监督结果信息公开促进民主政治的发展。③ 也就是说，在国家治理现代化进程中提升审计监督的治理效能，一方面要在党的领导下保障审计监督的独立性④，实现依法独立审计，并且在审计监督结果信息公开的基础上促进依法治权、公众参与和民主治理；另一方面，在执行审计监督制度过程中坚决实行审计全覆盖，不断拓展审计监督的广度和深度，加大监督力度，消除监督盲区、不留监督死角，并且在党和国家监督体系中实现与其他各种监督制度的有机贯通和相互协调，在充分发挥审计监督职能作用的基础上及时回应公众关切，推动民主问责和公共问责，从而不断提升政治信任，实现善治。⑤ 此外，从国家治理的责任性视角出发，提升审计监督

---

① 李宝震：《中国审计的特色和社会主义审计的原则》，《现代财经：天津财经学院学报》1984年第4期。
② 解军红、高玉华：《中国特色审计制度的基本特征》（上），《中国审计报》2009年2月18日第005版。
③ 王平波：《论科学发展中国特色审计》，《审计研究》2008年第2期。
④ 秦荣生：《公共受托经济责任理论与我国政府审计改革》，《审计研究》2004年第6期。
⑤ 陈希晖、陈良华、李鹏：《国家审计提升政治信任的机理和路径》，《审计研究》2014年第1期。

第一章 国家治理体系中的审计监督概述

治理效能要将容错纠错机制纳入基于审计监督的公共问责环节之中,[①]致力于在实现审计监督实效性的同时不断提高审计监督与问责的精准性,进而提升审计监督的客观性、公正性和公信力。

从研究动态来看,学界和实务界越来越强调中国特色审计监督理论体系和知识体系的建构,以指导审计监督更好地发挥职能作用,从而不断适应国家治理对于审计监督制度效能的现实需求。[②] 并且基于中国特色社会主义政治体制的制度化保障,实现依法独立审计,在国家治理体系中发挥审计监督的治理效能[③],在党和国家的监督体系中紧紧依靠党的全面领导制度的政治优势并且在审计监督过程中进一步形成政治威慑、政治调控和政治协同的政治治理效能,全面体现党和国家的政治意志[④],进而在国家治理现代化进程中更好地发挥审计监督的职能作用。国家治理中的审计监督作为政治制度与审计技术的结合,应回归被遮蔽的政治性的本质属性[⑤],进而依托中国特色社会主义政治体制和制度优势在党统一领导、全面覆盖、权威高效的监督体系中更好地发挥中国特色社会主义审计监督的制度优势,并且切实有效地将其转化为国家治理过程中的职能作用,通过经济鉴证、依法治权、信息公开和公共问责,更加有效地服务于国家治理现代化的总目标。

总之,国内学术界对于审计监督的研究已经开始逐步从查账论、经济

[①] 马轶群、王文仙:《国家审计容错纠错机制的构建——理论基础、现实问题与可行路径》,《中南财经政法大学学报》2018年第2期。

[②] 王会金等:《国家治理框架下的中国国家审计理论体系构建研究》,《会计研究》2012年第7期。

[③] 王世涛:《论宪法视域下审计体制的变革——检察机关行使审计职权的可能路径》,《法治研究》2015年第4期。

[④] 晏维龙:《国家审计理论的几个基本问题研究——基于多学科的视角》,《审计与经济研究》2015年第1期。

[⑤] 赵军锋、金太军:《走向"审计国家":国家治理现代化进程中的国家审计》,《江海学刊》2019年第1期。

监督论向民主法治论、政治制度论和"免疫系统论"发展,纠正了过去只局限于会计领域对于财务管理和经济责任进行监督的财政资金"守护者"的角色理解偏差,避免了陷入工具理性的窠臼。① 但是,对于国家治理中审计监督的政治逻辑,如审计监督的政治权力基础、政治体制保障和民主政治动因,以及审计监督在国家治理体系中所发挥的依法治权功能、信息公开功能和民主问责功能的实践逻辑的理论阐释等问题,目前我国学术界尚缺乏系统深入的研究。正如董大胜所指出的那样,目前还没有形成逻辑顺畅、内容较为完整的理论成果,不能很好地适应党的十九大以来审计工作和审计改革的实践需要,②特别是制度优势如何转化为治理效能这一问题亟待专门研究。

二、国外关于审计监督的研究现状

国外学者关于审计监督的研究主题广泛、内容丰富,可以从审计监督的本质内涵、审计监督独立性与审计法治、审计信息公开以及审计问责等方面进行述评。

(一) 关于审计监督内涵的讨论

国外学者研究认为,审计的作用从一开始就是查找账目中的错误和防止账目上的欺诈行为,③查证经济活动的真实性与公正性逐步成为审计致力于实现的基本目标。如今,审计已成为企业和公共部门中的普遍现象,甚至出现了"审计社会"(audit society)。④ 实际上可以说,在世界范围

---

① 鹿斌、沈荣华:《中国特色社会主义审计制度 70 年回顾与展望》,《社会科学研究》2019 年第 5 期。

② 董大胜:《国家、国家治理与国家审计——基于马克思主义国家观和中国国情的分析》,《审计研究》2018 年第 5 期。

③ Napier, Christopher J., "A History of Auditing: The Changing Audit Process in Britain from the Nineteenth Century to the Present Day by Derek Matthews," *Economic History Review*, 2007, 60(1): 201–202.

④ Power, Michael K., *The Audit Society: Rituals of Verification*, Oxford: Oxford University Press, 1999: 3–4.

内审计都已经不再只局限于企业经济部门的事务,而是一个普遍存在的社会现象。

审计的目的不仅在于查清企业的实际财务状况和赢利能力,而且还要检查舞弊行为。[①] 因而,审计就是一种客观地获取和评价有关经济行动和事件的认定其证据的过程,[②]审计的主要阶段为获取和评估证据的过程,而且在这一意义上,这一过程也可以被定性为调查性的。[③] 作为一种制度安排,国家审计在西方国家里常常被认为是公共财政的"守夜人",其角色定位就是"经济卫士"(economic guardian)、"看门狗"。与对企业的审计(会计师审计监督)不同,国家审计的特征是以经济性、效率性及有效性(Economy, Efficiency, Effectiveness, 3E)为对象的审计监督。[④] 公共监督和国家的审计监督应该注重参与性、可预见性和程序正当性(Participation, Predictability, Procedural due Process, 3P)。在日本,"会计检查"(governmental audit,政府审计)是指在公共部门的审计,而"会计监查"(audit,即审计)则是指在私人部门的审计。[⑤] 注册会计师的审计(会计监查),审计院的审计(会计检查)和总务厅的行政监督(监察)都承担了某一方面几乎相同的审计职能和工作任务。但是,注册会计师的审计主要是审计企业会计账簿和财务报表的真实性和可靠性;审计院的审计主要是对财务管理活动的监督、国家税收收入以及支出决算的确认;

---

① [美]杰里·D.沙利文、理查德·A.格诺斯佩利奥斯、菲利普·L.德弗利斯、亨利·R.贾尼克:《蒙哥马利审计学》,北京:中国商业出版社,1989年,"序"第7—9页。

② Silvoso, J. A., "Report of the Committee on Basic Auditing Concepts," *The Accounting Review, Committee Reports: Supplement to Volume XLVII of The Accounting Review*, 1972, (47): 15-74.

③ Yoshihide Toba, "A General Theory of Evidence as the Conceptual Foundation in Auditing Theory," *The Accounting Review*, 1975, 50(1): 7-24.

④ [日]長吉慎一他:《監査論入門(第2版)》,中央経済社,2015:193-203.

⑤ [日]吉見宏:《監査論の視点から見た会計検査と行政評価》,《会計検査研究》第23号,2001.3:101-109.

而总务厅的行政监督则主要是对行政机关的行政事务执行情况的监督、劝告和调整。所以,注册会计师的审计和审计院的审计在以会计行为作为审计对象这一点上几乎是一致的。总务厅的行政监督则不局限于会计行为,而是以全部行政活动作为其评价对象的。[1] 与注册会计师审计中重点在于对公开财务报表表达意见的批判功能不同,审计院的审计监督除了对决算的确认外,重点在于对财务管理的指导纠错功能。

(二) 关于审计监督独立性与审计法治的研究

这一领域的研究受到了审计学界持续普遍的关注。审计人员的工作被认为是专业性的,优秀的审计人员必须具备这样一些素质:具有批判性分析的能力、在瞬息万变的环境中进行正确判断的能力,以及保持客观公正的气质。审计独立性(audit independence)和审计力量的专业胜任能力是保障审计质量、提高权力审计控制效果的重要因素。[2] 在审计学界,审计监督的独立性被公认为是审计的生命。独立性分为两个方面,一是审计人员在实施审计过程中的事实上的独立性,二是审计人员作为一种职业团体的形式上的独立性。两者分别称为:执业者的独立性和职业的独立性。[3] 两者都是影响审计质量(权力控制效果)的重要因素,需要进行严肃的讨论。1972 年,美国《基本审计概念公告》强调了审计人员的独立性。[4] 换句话说,审计作为一个国家的经济卫士,是其经济秩序的制度基础和制度保障,也是这个国家实现良政善治的基石。在遵守社会公认的独立准则的基础上,国家审计人员还必须克服各种挑战,才能使审计监督

---

[1] [日]新井清光:《監査·検査·監察》,《会計検査研究》第 2 号頭言,1990.7.

[2] Littleton, Ananias Charles, *Structure of Accounting Theory*, Illinois, American Accounting Association, 1953. 转引自董延安:《经济权力审计控制研究述评》,《全国商情(经济理论研究)》2009 年第 17 期。

[3] Mautz, Robert K., Sharaf, Hussein A., *The Philosophy of Auditing*, Sarasota, FL: American Accounting Association Monograph, 1961: 247.

[4] Geist, B., "State Audit: An Introduction," In Benjamin Geist (ed.), *State Audit: Developments in Public Accountability*, London: The Macmillan Press LMT, 1981: 3 - 22.

为民主的运转作出贡献。① 然而,在新公共管理运动的市场化改革之后,维持审计独立性则越来越困难。这是因为市场化和民营化改革造成了在政府职能方面问责的弱化倾向。② 审计所行使的经济管理监督权应该包括在公共财政预算责任履行过程中的监督权力中。实际上,审计就是对政府的财政责任进行问责的一种方法、手段和制度。③ 在日本,审计是由独立的审计院(会计检查院)实施的完全的外部监察。④ 具体地说,资源是有限的,如果不加以控制,就必然会枯竭。国家的预算资源也是一样,必须依法加以控制。⑤ 由于国家预算和公共财政是建立在宪法基础之上的,所以从公法的视角分析预算和公共财政就不仅是重要的而且是非常必要的。⑥ 日本审计院(会计检查院,かいけいけんさいん,Board of Audit, BOA)负责监督检查预算执行状况,专门查找财政的漏洞与浪费。合理而经济地使用财政资源是政府行政的基本原则。因此,审计院需要评价政府行政过程的经济性,并且基于目的与手段的比较进行合目的性审查,进而作出妥当与否以及是否违法的判断。对于民主政治体制来说,从合规性审计到政策评估的转变,公共价值的形成有赖于审计机关职能的实现。审计机关所承担的职能已经不再是传统的管理和控制,而是市民参与的合意形成过程中及自由讨论和交往空间中的成员和参与者。⑦ 从这个意

---

① Gendron, Yves, & D. J. Cooper, Barbara Townley, "In the Name of Accountability: State Auditing, Independence and New Public Management," *Accounting, Auditing & Accountability Journal*, 2001, 14(3): 278-310.

② [日]加藤芳太郎:《状況と反省》,会计检查院《会计检查研究》1号卷頭言,1989.8.

③ [日]西尾勝:《アカウンタビリティの概念—第一回公会计监查フォーラムの基調講演より—》,会计检查院《会计检查研究》創刊号,1989.8.

④ [日]西尾胜:《行政学》,毛桂荣、杜创国、熊达云、张亲培、白智立译,北京:中国人民大学出版社,2001年,第283页.

⑤ [日]村上武则、石森久广:《西ドイツの会计检查院と法治国家》,会计检查院《会计检查研究》2号,1990.7.

⑥ [日]櫻井敬子:《予算制度の法的考察》,会计检查院《会计检查研究》28号,2003.9:21-32.

⑦ [日]深谷昌弘:《"公共价值"と财政民主主义》,会计检查院《会计检查研究》5号卷頭言,1992.3.

义上说,基于法治之上的国家审计体现了一种民主政治的精神和要求。

(三) 关于审计监督与信息公开的研究

国家治理中审计监督的关键在于信息公开,而政府信息管理的依据则在于公民的知情权,这在日本常常表述为"知的权利"。公开政府的公共行政管理活动,使政府的活动置于国民监督之下,政务公开是确保国民知晓公共行政信息的基础。同样,国家审计也离不开对政府公共信息的公开。① 在代理人理论中,出现了作为当事人的委托人与作为当事人的代理人两个主体。审计院的委托人自然就是作为纳税人的国民。作为国民代理人的审计院的功能就是监督行政服务国民的活动是否能实现。当然,纠错活动是为了系统发挥作用而进行的绝对必要的活动。② 从这个意义上说,对政府行政部门受托责任的审计监督是国家治理责任性的内在要求和具体体现。实际上也可以说,审计监督是对基于信任而形成的受托责任的检查和证明,因为信任不能代替监督:作为审计监督逻辑基础的合理怀疑。政府绩效信息的定期披露,对提高公民的信任是至关重要的。③ 追溯性透明(transparency in retrospect)对工作和管理进行事后记账,使一个组织能够开展业务,然后定期公布与其绩效有关的信息,而评估实际上可能是根据这些信息进行的。④ 就是说,如果政府机构能够提供定期审计报告,实现审计监督结果信息公开,外界就能够随着时间推移在事后监督其绩效,从而不断提升政府的公信力。

---

① [日]山地秀俊:《情報公開論の諸相》,《会計検査研究》第 26 号,2002.9:215-228。
② [日]中野文平:《会計検査院の基本定義と情報公開》,《会計検査研究》22 号,2000.9:9-19。
③ [荷兰]史蒂芬·格雷姆里克怀森:《透明度、认知度和公民对政府信任度的关联性:实证分析》,《国际行政科学评论》2013 年第 1 期。
④ Heald, David A., "Varieties of Transparency," in Christopher Hood and David Heald (ed.), *Transparency: The Key to Better Governance?* Oxford: British Academy/Oxford University Press, 2006: 32.

(四) 关于审计监督与公共问责的研究

审计监督是实现问责制的核心机制之一。没有问责就不会有独立审计,没有审计监督就没有真正的问责。以国家审计为基础的公共问责制,应适用于所有形式的公共支出,不论其发生在何处或如何发生,都应适用于所有公共收入。[①] 审计功能存在的首要目标在于促进和保证被审计对象受托经济责任得到全面有效的履行。审计作为一种依法监督受托公共经济责任能否得到有效履行的制度化手段,实际上是一种促进受托经济责任得以落实的控制机制。[②] 在此意义上,审计正是作为强化受托经济责任履行过程的手段而被运用的。[③] 审计的存在基于其在委托代理关系中所行使的权力监督职能和权力控制作用,离开了控制和问责机制,也就无所谓审计了。诚然,在公开审查之前,应尽可能进行公正的调查或审计,向问责人员提供自己的财务或政策绩效独立评价。但最后,解释和应用适当的社会标准,是问责机构而非其技术性审计人员的问题。[④] 不过,受新公共管理运动的影响,各国在审计过程中大都强调问责,并且将审计问责作为国家治理的重要工具,积极推进责任政府建设。2004年7月7日,美国审计总署正式更名为政府问责署(the Government Accountability Office, GAO),准确地诠释了现代国家治理中审计监督的问责职能,体现了国家审计全新的发展趋势,彰显了审计监督问责职能在国家治理中的重要地位。

---

① Normanton, E. Leslie, "Reform in the Field of Public Accountability and Audit: A Progress Report," *The Political Quarterly*, 1980, 51(2): 175-199.

② Flint, David, *Philosophy and Principles of Auditing: An Introduction*, Basingstoke: Macmillan Education Lmt, 1988. 参见徐政旦:《审计理论框架结构研究》,《上海市经济管理干部学院学报》2004年第1期。

③ Lee, Tom A., *The Evolution of Audit Thought and Practice*, Van Nostrand Reinhold (UK) Co. Ltd, 1988.

④ Uhr, John, "Redesigning Accountability: From Muddles to Maps," *The Australian Quarterly*, Accountability: Who is and Who Should be, 1993, 65(2): 1-16.

日本京都大学管理学学部教授吉田和男（よしだ かずお）指出，在当今这个缺乏政治信任的时代，审计监督的目的和职能就是要强化对税金支出的说明责任。① 众所周知，政府公共部门在资源利用的有效性方面远不如民间部门高。因此，公共部门的膨胀必然会造成民间部门活动的萎缩，进而导致经济绩效的恶化。政府失败的地方正是国家审计的重点对象。审计院不仅要审计政府使用公共资金的合法性、预算执行的恰当性，而且要分析政府活动的有效性，提高政府行政的质量。② 从这个意义上说，国家审计的职能就是要避免或者纠正政府失败。如果没有审计监督，政治家是难以超越自我净化能力的界限的。③ 因此可以说，在国家治理体系中加强公共预算制度和优化审计监督制度并充分发挥其职能作用是十分紧要的任务。

在治理理论的视阈中，对于政府施政行为的监督应该是由多元主体构成的。国家治理法治化、透明化和民主化决定了对于政府权力行为过程的公共问责。所以，对于政府公共权力运行过程的审计监督就必然涉及权力法定原则、政务公开制度和信息公开制度。正如日本横滨国立大学成田赖明（なりた よりあき）教授所认为的，对于政府施政中的财政违纪、财务违规和管理不当的审计监督，不仅包括国家审计、行政监察、国会质询和媒体报道，而且必然包括公民参与制度，如住民监查请求、住民诉讼制度等。④ 实际上，国家治理中审计监督的协同性是治理主体多中心、协作治理和民主问责的题中应有之义。

---

① ［日］吉田和男：《説明責任の時代》，会計検査院《会計検査研究》38号，2008.9:1-5.
② ［日］足立幸男：《政府の失敗の是正に向けての会計検査院の役割》，会計検査院《会計検査研究》18号卷頭言，1998.9:5-8.
③ ［日］一瀬智司：《公企業会計と公経営会計——公会計の公明化——》，会計検査院《会計検査研究》1号創刊号，1989.8.
④ ［日］成田赖明：《行政の制度・システムの改革と会計検査のあり方》，会計検査院《会計検査研究》22号卷頭言，2000.9:5-7.

日本法政大学法学部教授松下圭一(まつした けいいち)在讨论审计与政策评估的主体时指出,政策评估不只涉及审计学的问题领域,而且涉及政治学、行政学和财政学的问题领域;不只涉及审计技术的领域,而且涉及政治和市民社会的问题。日本的绩效评估只是针对效率和效果,但是,政策评估则不只是对效率与效果的评估,而且包含了对目的本身以及所有政策主体的评估。松下圭一指出,1970年代开始把以前排除在审计报告之外的相关政治问题、政策问题和社会问题作为特别记载的事项写进了审计报告。1981年之后的审计基本方针、1986年之后的审计规划指南以及1990年之后的政府开发援助(Official Development Assistance,ODA)项目或者海湾和平基金款项等,也都被作为特定事项增列进来。1992年审计院开始探讨有关政策评估的调查研究以及有关绩效评估方法的调查研究。[①] 市民社会的发育和成熟,促成国家审计与政策评估过程中的公民参与。实际上,国家审计与国家治理的目的都是需要公民参与和公共问责才能实现的。

(五) 关于审计期望差距的研究

长期以来,审计学界普遍认为,审计期望差距最早是由卡尔·D. 利吉奥(Carl D. Liggio)在1974年提出的,他将期望差距定义为"独立会计师和财务报表使用者所设想的"预期绩效水平之间的差距。[②] 可见,审计期望差距主要是指审计人员和财务报告使用者关于审计执业之间的认识上的差异。美国注册会计师协会科恩委员会在1978年的报告中证实了预期差距的存在,并且在已有认识的基础上进一步扩展了审计期望差距概念,将其界定为公众的期望或需要与审计人员能够且应该合理地完成的

---

① [日]松下圭一:《会計検査のフロンティア》,《会計検査研究》第10号卷頭言,1994.9.
② Liggio, Carl D., "The Expectation Gap: The Accountant's Waterloo," *Journal of Contemporary Business*, 1974, 3(3): 27-44.

工作之间的差距。[1] 公众的期望或需要反映了社会公众对于审计人员在发挥审计监督制度效能中的一般角色期待。加拿大特许会计师协会下设的麦克唐纳委员会提出的有关审计期望差距构成要素的研究报告认为,审计期望差距是指公众对审计的需求与公众对审计执业的认识之间存在的差距。[2] 麦克唐纳委员会的结论是,公众的期望在很大程度上是合理的而且是可以实现的。因此,专业人员应努力满足这些期望,采取措施加强审计员的独立性和专业性,并改进财务披露(financial disclosure)模式。英国公司治理财务问题委员会,即吉百利委员会(The Cadbury Committee)发布的调查报告最激进的建议之一是立法将法定保护扩大到所有向调查当局报告合理怀疑(reasonable suspicion)欺诈行为的审计人员。[3]《吉百利守则》(The Cadbury Code)反映了这样一种观点,即审计人员独立对健全的公司治理至关重要。[4]

美国亚利桑那州立大学商学院审计学者玛丽安·M.詹宁斯(Marianne M. Jennings)等人在关于使用审计决策辅助工具来提高审计人员遵守"标准"的研究中认为,审计期望差距是公众对审计行业的期望与该行业实际提供的服务之间的区别。[5] 澳大利亚新南威尔士大学加里·斯图尔特·门罗(Gary Stewart Monroe)和西澳大学大卫·R.伍德

---

[1] Commission on Auditors' Responsibilities (Cohen Commission), *Report, Conclusions and Recommendations*, American Institute of Certified Public Accountants, New York, NY. 1978.

[2] Canadian Institute of Chartered Accountants (CICA), *Report of the Commission to Study the Public's Expectations of Audits* (MacDonald Commission), CICA, Toronto, 1988: 6.

[3] Gay, G., Schelluch, P., Reid, I., "Users' Perceptions of the Auditing Responsibilities for the Prevention, Detection and Reporting of Fraud, Other Illegal Acts and Error," *Australian Accounting Review*, 1997, 7(1): 51-61.

[4] Spira, Laura F., *The Audit Committee: Performing Corporate Governance*, Springer, 2002: 120.

[5] Jennings, M., Reckers, M. J. and Kneer, D. C., "The Significance of Audit Decision Aids and Precase Jurists' Attitudes on Perceptions of Audit Firm Culpability and Liability," *Contemporary Accounting Research*, 1993, 9(2): 489-507.

利夫(David R. Woodliff)将审计期望差距定义为审计人员与公众对审计人员所承担的职责以及审计报告所传达信息之间的不同理解。[①] 门罗和伍德利夫的研究也揭示了专业教育在审计期望差距方面的影响,他们指出,"似乎可以肯定的是,教育是解决审计期望差距的一种有效方法"。当然,这还需要考虑到适当的教育类型。新西兰惠灵顿维多利亚大学审计学者布伦达·A.波特(Brenda A. Porter)对审计期望—绩效差距进行了经验研究,并将期望差距定义为社会对审计人员的期望与社会所感知的审计人员绩效之间的差距。在她看来,审计期望差距由两部分组成:其一是合理性差距(reasonableness gap),即社会期望审计人员达到的目标与审计人员合理期望实现的目标之间的差距;其二是绩效差距(performance gap),即社会可以合理期望审计人员完成的工作与审计人员被认为应该完成的工作之间的差距。[②] 审计期望—绩效差距直接影响利益攸关者对于审计的看法,最终也影响到审计在社会公众中的公信力。在世界上许多国家中,外部审计人员的可信度正在日益受到质疑,针对审计人员的广泛批评和诉讼就是一个明证。波特认为,针对审计人员的批评之所以不断增加,正是因为审计人员的绩效未能达到社会的预期。爱尔兰都柏林城市大学学者贝尔纳·皮尔斯(Bernard Pierce)和玛丽·基尔康明斯(Mary Kilcommins)认为,现在有相当多的证据表明,将外部审计员对其作用和职责的理解与不同用户群体和普通公众对外部审计过程和结果的期望进行比较时,就会发现其存在差距,即审计期望差距。[③] 换句话说,由

[①] Monroe, Gary S. and Woodliff, David R. "The Effect of Education on the Audit Expectation Gap," *Accounting and Finance*, 1993, 33(1): 61-78.

[②] Porter, Brenda A., "An Empirical Study of the Audit Expectation-Performance Gap," *Accounting and Business Research*, 1993, 24(93): 49-68.

[③] Pierce, Bernard and Kilcommins, Mary, "The Audit Expectations Gap: The Role of Auditing Education," *Dublin City University (DCU) Business School Research Paper Series*, 1996, NO. 13: 1-32.

于社会对公司法和审计标准缺乏了解,以及对外部审计师的基本作用的误解,就形成了所谓的审计期望差距。减少这种期望差距的一种可能的方法是通过提供审计教育来提高公众对审计师作用和责任的认识和理解。毫不奇怪的是,"审计期望差距"的研究议程吸引了一些组织机构相当大的兴趣,因为它的存在被认为是对有效治理的威胁。美国德保罗大学约翰·E. 麦肯罗(John E. Mcenroe)和斯坦利·C. 马滕斯(Stanley C. Martens)将审计期望差距定义为公众和其他财务报表用户认知的审计人员的责任与审计人员所认为的他们应承担的责任之间的差距。[①] 也就是说,公众以及其他财务报表使用者和审计人员,对于审计人员所应承担的责任的理解是不同的。而这正是"审计期望差距"之所在。美国学者丹尼斯·迪金斯(Denise Dickins)和朱莉娅·L. 希格斯(Julia L. Higgs)指出,在财务审计中,审计期望差距描述了投资者对财务报表审计的看法与标准的实际要求之间的差异。尽管审计标准发生了很多变化,但是投资者仍然误解了审计人员的报告。[②] 总体而言,关于审计期望差距的学术文献是相当零散的,而且对期望形成、受挫和转变的更广泛的历史和政治背景的持续评价相对较少。

第三节 研究逻辑与研究内容

对国家治理体系中的审计监督进行研究是经济市场化和政治民主化的大趋势,也是国家治理民主化、法治化和责任性的内在要求。国家治理

[①] Mcenroe, John E., Martens, Stanley C., "Auditors' and Investors' Perceptions of the Audit Expectations Gap," *Accounting Horizons*, 2001, 15 (4): 345-358.

[②] Dickins, Denise and Higgs, Julia L., "Bridging the Expectations Gap," *The Journal of Corporate Accounting & Finance*, 2009, 21(1): 51-62.

体系中审计监督的研究价值突出地体现在丰富和发展中国特色社会主义审计监督的理论体系上。在对国内外关于审计监督及相关研究进行系统梳理的基础上,可以进一步明晰国家治理体系中审计监督的研究逻辑和研究内容。

一、研究逻辑

国家治理体系中审计监督的研究逻辑是在治理理论视域中,基于政治学理论与方法,同时运用公共管理学、审计学、法学、社会学、经济学、会计学等多学科理论范式和分析模型,在政治逻辑、治理功能、期望差距和行动路向等多个维度上分析研究国家治理体系中审计监督的理论基础、制度优势、期望差距、提升路径及发展趋势,并通过对不同国家审计监督制度模式的比较研究,着力探讨我国国家治理体系中审计监督的政治逻辑,包括政治权力基础、政治体制保障和民主政治动因,以及审计监督的治理功能,包括依法治权功能、信息公开功能和民主问责功能,并且在努力缩小和弥合审计监督期望差距的基础上进一步探讨从制度优势到治理效能的转化路径,包括在党的领导下依法独立审计、通过审计信息公开维护公众知情权以及通过审计问责提升审计监督公信力等方面内容。概括说来,就是基于研究论题确立立论依据,进而沿着政治逻辑—治理功能—期望差距—行动路向的进路,形成国家治理视域中的中国特色审计监督制度优势与治理效能的逻辑关系分析框架(见图1-6)。

二、研究内容

国家治理体系中审计监督研究的主要内容包括以下几个部分。

(一)国家治理体系中的审计监督概述

国家治理体系中的审计监督概述部分主要是提出问题并阐述研究背景与研究价值,同时通过梳理学术史对国内外关于审计监督的研究现状进行述评,进而形成国家治理体系中审计监督的研究思路和逻辑分析框架,并明确各部分的主要研究内容。基于研究框架对相关的核心概念进

```
┌──────┐     ┌─────────────────────────────────────┐
│研究论题│────▶│     国家治理体系中的审计监督研究      │◀──┐
└──┬───┘     └─────────────────────────────────────┘   │
   │          ┌──────────────────┐   ┌──────────────────┐│
   ▼       ┌─▶│选题背景、意义与价值│   │国家治理：法治·民主·责任│
┌──────┐   │  └──────────────────┘   └──────────────────┘│
│立论依据│──┼─▶│学术史、国内外研究现状综述│ │提炼析出研究主题    │
└──┬───┘   │  └──────────────────┘   └──────────────────┘│
   │       └─▶│核心概念界定        │   │审计监督·国家治理·公共问责│
   ▼          └──────────────────┘   └──────────────────┘│
┌──────┐   ┌─▶│中国历史上的审计监督制度│ │历时性制度梳理      │
│政治逻辑│──┤  └──────────────────┘   └──────────────────┘│
└──┬───┘   └─▶│西方国家的审计监督制度│   │共时性制度比较      │
   │          └──────────────────┘   └──────────────────┘│
   ▼       ┌─▶│国家治理中审计监督的政治逻辑│ │权力基础·体制保障·民主动因│
┌──────┐   │  └──────────────────┘   └──────────────────┘│
│治理功能│──┤                                              │
└──┬───┘   └─▶│国家治理中审计监督的治理功能│ │依法治权·信息公开·民主问责│
   │          └──────────────────┘   └──────────────────┘│
   ▼                                  ┌──────────────────┐│
┌──────┐                              │审计监督独立性期望差距│
│期望差距│──▶│国家治理中审计监督期望差距│─┼──────────────────┤│
└──┬───┘                              │审计监督公开性期望差距││
   │                                  ├──────────────────┤│
   │                                  │审计监督责任性期望差距││
   ▼                                  └──────────────────┘│
┌──────┐   ┌─▶│在党的领导下依法独立审计│ │在问责中提升审计监督公信力│
│行动路向│──┤  └──────────────────┘   └──────────────────┘│
└──┬───┘   └─▶│通过审计信息公开维护公众知情权│               │
   │          └──────────────────┘                        │
   ▼                                                       │
┌──────┐     ┌─────────────────────────────────────┐      │
│研究结论│────▶│通过审计监督的法治化、民主化和全覆盖提升审计监督的治理效能│───┘
└──────┘     └─────────────────────────────────────┘
```

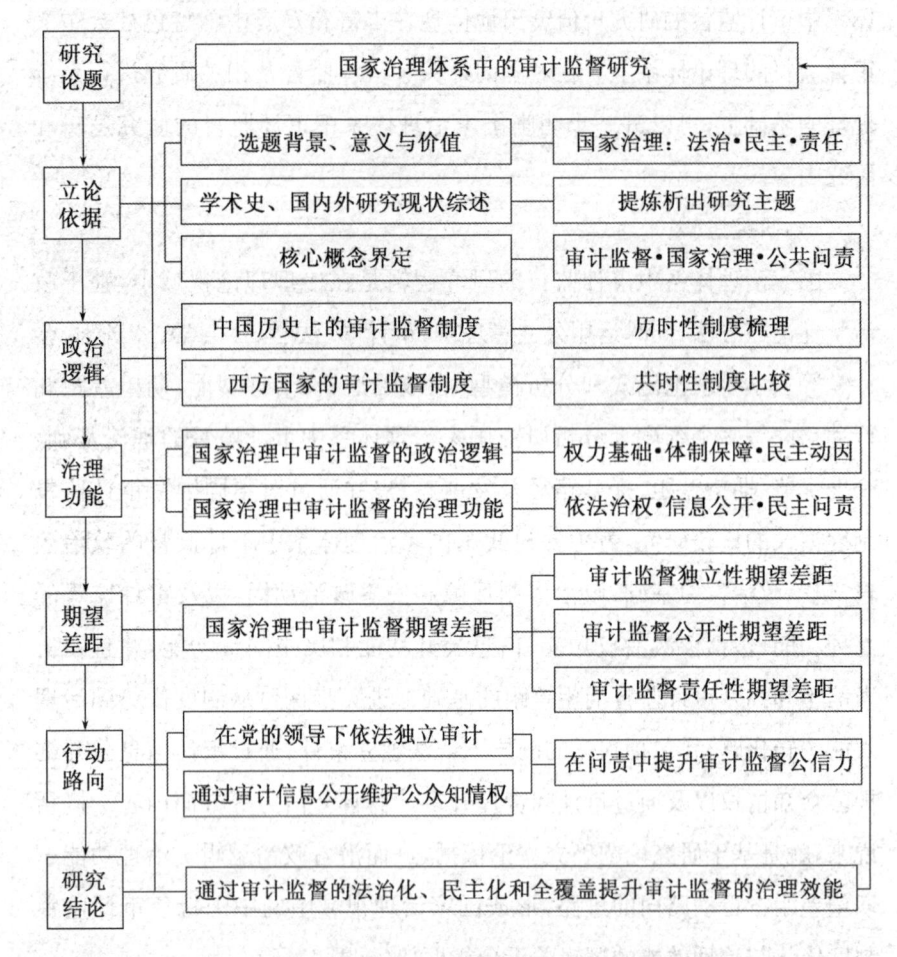

图 1-6 国家治理中审计监督的研究逻辑及基本思路

行准确界定,并确定与研究主题、研究对象和研究内容相适应的主要研究方法。

(二) 国家治理体系中审计监督的历史由来、理论基础与现实需求

基于历时性制度梳理回顾中国审计监督的历史由来与当代发展,并且在共时性制度比较的意义上分析主要代表性国家的审计监督制度的发展历程与不同审计模式。根据国家治理体系中审计监督研究的实际需

要,系统地阐释西方权力监督与制约理论、马克思权力监督理论以及本土化的权力监督理论,全面分析其核心概念、理论假设与主要命题,为国家治理体系中的审计监督研究奠定坚实的理论基础。同时,在具体研究中结合各部分研究内容的具体情况分别运用治理理论、公共选择理论、社会角色理论、民主与法治理论、信息公开理论等进行深入分析和讨论。

(三) 国家治理体系中审计监督的政治逻辑

国家治理体系中的审计监督作为党和国家监督体系的制度支柱之一,发挥着权力监督和制约的职能作用,因而其在本质上是政治性的,具有深刻的政治逻辑。国家审计作为对公共经济权力的监督机制,是基于政治权力基础的依法独立行使的审计监督权,它是国家政治权力结构中的重要组成部分且具有政治体制保障。国家治理体系中的审计监督说到底是人类社会中民主政治发展的根本要求,是政治文明的标志。现代国家审计发展的动因与其说是经济的,不如说是政治的,其真实动因是政治发展的民主化进程的推动。现代审计作为民主与法治的产物,更是民主与法治建设的工具。

(四) 国家治理体系中审计监督的治理功能

审计监督是党和国家监督体系中的重要组成部分。作为权力监督和权力制约的一项制度安排和制度设计,审计监督不仅符合严谨的政治逻辑,而且有其独特的政治功能。审计监督作为国家治理体系的重要组成部分,具有独特的治理功能。概括说来,主要包括依法治权功能、信息公开功能以及民主问责功能等。

(五) 国家治理体系中审计监督的期望差距

审计监督制度、审计监督组织和审计监督人员被党和国家以及广大人民群众赋予了越来越广泛的信任,也承载了越来越多的期望与期待。但是,国家审计并非万能的,由于审计固有体制、审计管辖权限以及审计监督职责等方面的问题,在国家治理体系中,审计监督的依法治权功能、信息公开功能以及民主问责功能都有其现实限度。在实践中,审计监督制度距离充分有效地发挥其应有的职能作用,尚存在一定的差距。客观存在的审计监督期望差距对现代社会中的审计价值和审计声誉都产生了负面影响,不利于审计制度和审计行业的健康发展。

(六)国家治理体系中审计监督的行动路向

国家治理现代化要求治理体系的不断优化和治理能力的全面提升,其中国家审计监督能力的提升和审计监督体系优化相辅相成。国家治理体系中的审计监督要基于新时代党和国家监督体系权威性、协同性和有效性的总体要求,在党的集中统一领导下坚持依法独立审计,通过审计信息公开维护公众知情权,并且通过基于审计监督的公共问责不断提升审计公信力,进而不断提高审计监督制度的执行力和治理实效性,缩小和弥合审计监督在独立性、公开性和责任性等方面的期望差距。

(七)结论:更好地发挥中国特色审计监督的治理效能

国家治理体系中的审计监督作为党和国家监督体系中权力监督和权力制约的一项制度安排和制度设计,其独特的政治逻辑在于其政治权力基础、政治体制优势和民主政治动因。党和国家监督体系中的审计监督作为国家治理体系中的重要组成部分,具有独特的治理功能,如依法治权功能、信息公开功能以及民主问责功能等。

三、核心概念界定

国家治理中审计监督研究涉及多个核心概念和一些相关概念,其中,一些相关的概念可以在具体研究中结合相关研究内容进行阐释。但是,对于研究中所运用的核心概念需要先行厘清。现概述如下:

(一)审计、国家审计或政府审计

英国著名审计学者、伦敦经济政治学院会计学教授迈克尔·鲍尔(Michael Power)在《审计风暴》(*The Audit Explosion*)一书中将审计与"实时检测的监督实践"(supervisory practices of real time inspection)区分开来，有意避免明确界定这一概念。① 他在《审计社会：验证仪式》(Audit Society: Rituals of Verification)一书中则强调审计领域内缺乏共识，并警告"官方定义"只不过是提供了对审计实践投入一个希望的理想化预测(an idealized projection of hopes)。② 结合中国特色审计理论与实践来看，可以认为，审计是指由专设机关依照法律对国家各级政府及金融机构、企事业组织的重大项目和财务收支进行的独立性审查、鉴证、监督活动。按照审计活动执行主体性质的区别，审计可分为国家审计、内部审计和社会审计三种类型。国家审计是指由国家审计机关依法实施的审计监督活动，具有法定性的特点。国家审计也称政府审计，其内容就是对政府公共行政部门等组织的会计账目进行独立检查、监督，其目的在于确保政府公共行政组织财务收支的真实性、合法性，具有经济性、效率性和效果性。诚然，对于国家审计本质的认识是动态发展的，但是，从审计监督论、审计工具论、审计免疫系统论到审计国家治理观的演化都基于共同的理论基石——公共受托责任理论。③

（二）审计监督

从宪法、法律等赋予国家审计机关审计监督权的规范性表述来看，审计监督主要是指国家审计机关依照法律规定对财政经济活动实行的检查鉴证活动。荷兰学者乔安妮·凯勒曼(A. Joanne Kellermann)、雅各布·德哈恩(Jakob de Haan)、费姆克·德弗里斯(Femke de Vries)等人指出，审计监督也可以称为合规性监督(compliance supervision)或打钩框监督(tick-box supervision)，是一种类似于审计师的做法，主要是确保财

---

① Power, Michael K., *The Audit Explosion*, London: White Dove Press, 1994: 300.
② Power, Michael K., *The Audit Society: Rituals of Verification*, Oxford: Oxford University Press, 1997: 4.
③ 曹越、姚位燕、赵春生：《中国国家审计研究：历史与逻辑勾画》，《财会月刊》2014年第5期。

务报告和风险评估所依据的程序是健全的、正式的、充分的,并确保内部治理制度(internal governance systems)设计良好并有文件记载。准确的财务报告和充分支持对风险敏感的资本所要求的定量模型是一个健全的金融体系、有效的风险管理和监管机构定期跟进的先决条件。[1] 因此,审计监督必须作为一切监督的基础。迈克尔·鲍尔认为,审计是一种减少风险的做法……旨在证明合计后构成财务报表的交易的完整性、准确性和有效性。[2] 从这个意义上说,审计监督是防范风险、制约权力和预防腐败的制度性工具,因而也是国家治理的基石,或者说制度支柱之一。

(三) 国家治理

国家治理的要义就是通过分权、放权促进国家公共权力的配置与构成的法治化、民主化、透明化和责任性。如果说国家治理体系主要是指围绕国家权力配置所进行的制度设置的话,那么,国家治理能力则是利用公共权力配置公共资源以达成公共目标、实现公共利益的可能性程度。

(四) 审计期望差距

"审计期望差距"一词是在 20 世纪 70 年代出现的。一般意义上的审计期望差距主要是指审计人员和财务报告使用者关于审计执业认识上的差异。审计学界对审计期望差距的研究,主要是关注市场部门中审计行业与社会公众之间存在着的种种"期望落差"。在国家治理中的审计监督研究论域中,审计监督期望差距是指审计监督作为党和国家监督体系中的制度支柱之一,承载着发挥权力监督功能的社会期望,然而审计监督制度所发挥的实际效能却与社会期望始终存在一定的差距。

(五) 问责制

国家治理体系中审计监督问责制是指根据审计监督结果而实施的要

---

[1] Kellermann, A. Joanne, Jakob de Haan, Femke de Vries, *Financial Supervision in the 21st Century*, Springer-Verlag Berlin Heidelberg, 2013: 36.
[2] Power, Michael, *The Audit Society: Rituals of Verification*, Oxford: Oxford University Press, 1997: 5, 24.

求审计监督对象承担否定性后果的一种责任追究制度。责任是任何治理过程的基础。国家治理中的审计监督无疑是要指向公共问责的,只有这样,才能充分彰显国家治理的责任性。

四、研究方法

国家治理中审计监督研究涉及的内容广泛,在方法论上坚持历史唯物主义和辩证唯物主义的方法,强调一切从实际出发的原则,在研究中坚持从中国特色社会主义制度的实际出发,依据理论与实践的互动发展逻辑,既全面分析我国审计监督面临的新挑战和新问题,又紧密结合新时代健全党和国家监督体系中审计监督所面临的新任务;既研究审计监督的历史演进过程,又探究审计监督的鲜活实践;既对审计监督的制度逻辑和规律做出理论概括,又对审计监督的实践运行提出切实可行的建议。因此,这一研究需要运用多种研究方法,概述如下:

(一) 文献研究方法

文献研究方法是基础性而又高效率的便捷调查方法。通过系统查阅梳理审计监督领域的典籍资料、历史文献和已有的研究成果,可以对其进行全面、深入和细致的爬梳,并进一步运用 CiteSpace 等可视化分析软件进行文献图谱分析。

(二) 比较研究方法

国家治理中的审计监督研究需要运用比较研究方法,一方面对不同历史时期的审计监督进行比较分析,另一方面对中外不同国家的审计监督进行比较分析。

(三) 跨学科研究方法

国家治理中审计监督的研究内容主要涉及政治学、审计学、公共管理学、经济学、会计学和法学,部分研究内容也涉及哲学、社会学、伦理学、心理学等学科。因此,需要运用跨学科研究方法,总结提炼出具有内在逻辑的新时期审计监督的理论依据、制度设计及实践路径等。

第二章　审计监督的历史由来、理论基础与现实需求

　　审计监督作为国家治理中权力监督体系里不可或缺的重要组成部分,有着悠久的历史渊源和深厚的理论基础。哲学基础被认为是审计理论研究的起始点,而在审计基本理论中,受托经济责任关系则被看作是审计监督的缘起和本质,只有在受托经济责任关系依法确立之后,审计监督才会随之产生。在我国,审计监督作为党和国家监督体系中的重要组成部分,是审计学、会计学、工商管理学、法学、政治学、行政学、公共管理学、经济学等不同学科的研究内容。从多学科的研究视角出发,考察国家治理体系中的审计监督也有多种不同的理论视角。研究国家治理中的审计监督要以马克思主义经典作家关于权力监督的理论观点,特别是马克思人民主权理论为指导,同时对西方审计监督的多维理论视角进行考察分析、批判和借鉴。本章根据研究对象和研究主题,侧重从马克思人民主权理论和西方权力监督与制约理论,特别是治理理论、委托代理理论等多维理论视角出发进行理论阐释和实证分析,并且针对具体问题结合相关理论作相应的考察分析。此外,从国家治理实践和国家审计的实际过程来看,可以说国家治理现代化片刻也离不开国家审计监督职能的有效发挥,审计监督的发展源于国家治理现代化的现实需求。

第二章　审计监督的历史由来、理论基础与现实需求

第一节　审计监督的由来与发展

众所周知,审计监督是社会的政治和经济发展到一定阶段的产物,审计监督的发展变化也受不同社会历史发展阶段的政治、经济和社会环境的影响。换句话说,审计监督总是在一定的社会、政治和经济环境中发挥其职能作用,在不同的社会、政治和经济环境中,审计监督的性质和职能都有所不同。现代意义上的国家审计监督制度是国家政治制度、经济制度和法律制度的重要组成部分,是国家治理体系中的公共问责和监督控制系统的子系统。离开国家审计的制度基础,我们就很难理解国家审计监督的起源、发展和价值目标。

一、中国审计监督的历史由来与当代发展

只要有人群共同体的集体活动,就会存在组织、指挥、协调和监督控制等管理意义上的活动要素。因而,审计必然以某种方式存在于监督控制活动之中。中国历史上的审计监督实践活动源远流长,并且对后世的审计产生了深远的影响。

(一)古代中国审计监督缘起的政治学解读

在中国古代,西周时期的宰夫稽查审计对后世审计监督体系的建立有着深远的影响。美国审计学者斯里达尔·拉马莫尔蒂(Sridhar Ramamoorti)指出,早在公元前4000年的近东地区就在组织化的商业企业和政府中首先建立了正式的记账制度(record-keeping systems),而中

国的周朝也已经有了类似的发展。① 其目的说到底是消除统治者们对于正确核算收付款以及征收税款的关切。美国审计学家迈克尔·查特菲特(Michael Chatfield)在《会计思想史》一书中指出,虽然宰夫也不是专门的审计官吏,他还肩负着其他监察业务,但是中国西周时期由宰夫执行的实地稽查审计制度,深刻地影响了后世审计组织的发展。当然,西周不可能存在现代法治意义上的预算制度,奉命执行实地稽查的宰夫其实就是代替统治者进行履职情况检查和财政状况监督,②从而产生了后人所谓的审计。显然,审计的出现更多的是统治者实施有效统治的需要,是统治的工具。在奴隶社会,审计实际上是奴隶主专制的工具。③ 作为阶级统治的工具,审计在实践中所致力于实现的实际上就是一种经济监督和权力监督的功能。

从政治学角度来看,审计监督作为一种制度,建设的缘起是统治者为了政治统治的需要而采用的"治吏"工具,与中国古代对职官的考课制度密切相关。考课制度作为对各级政府官员进行受托经济责任监督的基本制度,从春秋战国时期的上计制度到清代的"六法考吏",都是统治者对各级官员实施经济责任监督的重要手段和工具,甚至被认为是我国经济责任审计制度的先行形态和历史基因。④ 当然,古代官吏只是统治者的权力和利益的代理人,而不是人民的代理人。魏晋时设立比部以取代之前的上计制度。唐朝的勾检制度被认为实质性地体现了后世所谓的逐级审计

---

① Ramamoorti, S., "Internal Auditing: History, Evolution, and Prospects. Research Opportunities in Internal Auditing," In Andrew D. Bailey Jr., Audrey A. Gramling and Sridhar Ramamoorti (eds.), *Research Opportunities in Internal Auditing*, Altamonte Springs, FL: Institute of Internal Auditors Research Foundation, 2003: 3.

② 文硕:《世界审计史》,北京:企业管理出版社,1996年,第10页。

③ 刘笑霞、李明辉:《国家审计与国家治理现代化的关系:历史考察及其启示》,《江苏社会科学》2016年第1期。

④ 邢维全:《从考课到经济责任审计:历史进程与演化逻辑》,《南京审计大学学报》2016年第5期。

的思想。① 审计监督在作为一种制度进行建设的过程中必然会产生组织建制的需要,于是在宋、元、明、清各朝,都出现了专门履行审计职能的机构或部门,包括都察院、户部和审计司等。其中,在南宋时期还第一次出现了以"审计"命名的承担审计职责的朝廷职能部门。

从政治制度和组织建制的绩效来看,古代的审计监督制度在政治统治过程中也的确发挥了对于官吏行使权力进行监督的职能作用。加拿大当代中国学者卜正民(Timothy James Brook,蒂莫西·詹姆斯·布鲁克)在《乱世帝国:元明时期的中国》(*The Troubled Empire: China in the Yuan and Ming Dynasties*)一书中叙述了 1308 年浙江发生饥荒一事,宣慰使脱欢察倡议赈灾,向富民征收一百五十万缗。到了县衙,脱欢察以余钱二十万交给胡长孺,嘱咐他藏好,脱欢察又到别的州县去了。由于这些捐款的收集和审计监督工作都是在当地进行的,脱欢察看到了一个贪财致富的机会。他计划将资金分成更小的数额,并将这些资金存入许多地方官员手中,这些地方官员将持有现金,直到他需要为止。脱欢察等待一段时间,然后回来索取款项,他编造了一张收款和付款的书面文件,杂乱如麻。其中,只有胡长孺察觉到他侵吞这笔救灾钱款的意图,胡长孺立即把救灾钱款分发给了当地有需要的人。每个接受赈济钱款的人都必须填写赈济名册并签署收据。一个月后当脱欢察回来取钱时,胡长孺把赈济名册及收据交给了他。脱欢察敢怒不敢言,只好忍气吞声。② 卜正民在《明代中国的国家与社会》(*The Chinese State in Ming Society*)一书中讲述了 1599 年杨一桂在北直隶保定府唐县修建广利渠并进行审计的事

---

① 杨建军:《历史维度的国家审计研究:基于国家治理视角》,《财务与金融》2014 年第 1 期。
② Brook, Timothy J., *The Troubled Empire: China in the Yuan and Ming Dynasties*, Cambridge, MA and London: Belknap Press of Harvard University Press, 2010: 124 - 125.

例。① 这说明,中国历史上的审计监督作为一种制度和组织建制在古代统治者的政治统治和"治吏"过程中的确发挥了监督工具的作用,在一定程度上有效地服务了统治者维护其阶级统治的实际需要。

回顾中国古代审计的缘起和制度建设实践,我们可以发现,在王权统治时代,审计监督只是统治者意志的体现,其主要目的是维护王权统治秩序和阶级利益,其基本目的乃是维护君主专制统治和中央集权制度。② 所以,与其说审计制度是一种经济责任监督工具,不如说审计制度在根本上就是一种政治制度,其存在的价值就是服务于政治统治和治国理政的需要。同时,审计监督在加强朝廷对地方政府和官员的监督控制以及维护统治等方面都发挥了积极作用。此外,在中国古代审计监督发展过程中,形成了"考、稽、计、比、勾、审"等审计方法和相关制度,形成了具有一定特色的审计制度文化。③ 而这也是与中国古代的政治统治、政治制度和政治文化传统一致的。因此,研究国家治理中的审计监督特别是中国特色审计监督制度,必须回到中国历史及政治文化传统,如此我们才能全面深刻理解其政治制度传统和政治文化基因。

(二) 孙中山与现代中国审计监督制度的政治设计与实践探索

始于民国初期的现代中国审计监督制度,不仅继承和发扬了中国古代审计监督的制度建设和组织建制以及深厚的审计文化传统,同时也学习借鉴了欧美等西方资本主义国家在审计监督方面的制度设计和实践经验。伟大的民主革命先行者孙中山先生提出了由"民族""民权""民生"组成的"三民主义"和"五权宪法"构想,强调建立一个立法权、行政权、司法

---

① Brook, Timothy J., *The Chinese State in Ming Society*, New York: Routledge, 2004: 89-90.
② 李明辉、刘笑霞:《政府审计在国家治理中的作用》,《政治学研究》2013 年第 3 期。
③ 晏维龙:《国家审计理论的几个基本问题研究——基于多学科的视角》,《审计与经济研究》2015 年第 1 期。

权、考试权、监察权"五权分立"的民主国家,人民享有决定国家权力的公民权。这一时期的国家审计充分体现了孙中山的政治理念和审计监督思想,开始逐步向制度化和规范化的方向发展。1912年1月1日中华民国成立后,南京临时政府实行国家预算制度,这为审计监督制度的实施奠定了基础。监察权作为孙中山"五权宪法"构想中的一权,在国民政府时期,成为"五院"之一的"监察院"所执掌的监督权力,形成"监审合一"的权力监督体制,并在社会政治生活中发挥了一定的积极作用。

然而,由于资产阶级革命的不彻底性,推翻了帝制后的中国又逐渐陷入军阀混战。虽然孙中山的魅力、理想主义和不同寻常的政治眼光为他赢得了在中国历史上的永久地位,受到了中国人民的尊敬,但是由于列强的政治误判,使孙中山无法实现自己的政治理想。[1] 他精心设计的"五院"制下的"监察院"及其"监审合一"体制在现实中也无法发挥职能作用。这充分说明了一个道理,那就是没有政治体制的保障,形式上设计得再怎么合理、完善和严密的审计机构也不能有效发挥其应有的权力监督职能作用。可以说,一个国家审计监督职能作用的发挥始终离不开相应的政治体制和社会文化环境。[2] 之后,在国民党的独裁统治下,审计机关发挥独立的审计监督职能的空间实际上是非常有限的。实践表明,审计制度效能的发挥需要良好政治体制的保障以及相应的组织建制的支撑。[3] 否则,在纷繁复杂的政治现实中,审计监督职能作用的有效发挥只能是一种幻想。

(三) 中国共产党与当代中国审计监督制度的红色政治基因

当代中国审计监督制度是中国共产党人在长期的武装斗争中探索建

---

[1] Wells, Audrey, *The Political Thought of Sun Yat-Sen: Development and Impact*, Houndmills, England: Palgrave, 2001: 40.
[2] 杨建军:《历史维度的国家审计研究:基于国家治理视角》,《财务与金融》2014年第1期。
[3] 李相森:《论近代中国独立型审计制度及其历史启示》,《南京审计大学学报》2019年第1期。

立起来并且是在组织建制实践中不断发展的,其目标是服务于战时经济、夺取全国政权和实现人民民主。1922年5月成立的安源路矿工人俱乐部就已经开始了经济审计工作的探索。美国当代中国学者裴宜理(Elizabeth J. Perry)在她的《安源——挖掘中国的革命传统》(Anyuan: Mining China's Revolutionary Tradition)一书中对此进行了较深入的研究。她指出,安源路矿工人俱乐部不仅收到了部员缴纳的会费,而且接收了路、矿两局发放的津贴,积累了较大数额的资金。然而,资金的管理却遇到了可预见的问题。刘少奇对此事一直保持警惕。1923年,俱乐部根据刘少奇的建议,对合作社的账目进行了彻底的调查,发现商品和服务部门主任挪用了一千多元,还有几名职工会干部向合作社借了长期拖欠的贷款。俱乐部领导除免去几名干部的职务,并对犯罪干部处以罚款和各种处罚外,还坚持要全额偿还挪用的公款和未偿还的贷款。对合作社的长期财政健康来说,更重要的是实行新的问责制和财务透明制度。[1] 1923年4月成立的经济委员会审查部被认为是中国共产党最早设立的审计监督机构。[2] 这里必须指出的是,国家治理中的财政民主主义主张并不是西方资本主义国家的"专利"。马克思主义认为,社会主义民主的本质和核心是人民主权原则之上的"人民当家作主"。民主的理想和精神说到底就是人民主权,人民主权意味着人民成为国家的主人,而高居于社会之上的国家权力为人民所有、社会所有。只有在真正实现了国家的一切权力属于人民的人民主权原则的基础之上,才能从根本上保证人民享有当家作主的广泛民主权利,进而保证人民真正享有管理国家财政和控制公共预算的权力。中国共产党作为马克思主义政党,始终高举人民民主的伟大旗帜,把建设人民民主的社会主义制度付诸实践,致力于实现最广大人民

---

[1] Perry, Elizabeth J. , *Anyuan: Mining China's Revolutionary Tradition*, Berkeley, CA: University of California Press, 2012:100.

[2] 刘家义主编:《中国特色社会主义审计制度研究》,北京:商务印书馆,2016年,第26页。

的根本利益,早在延安时期就已经开始探索民主理政府之财的制度。[①] 这一时期的审计监督实践,如中央审计委员会以及各级审计委员会的设立和"三级三审"制度的实施,不仅为确保党和军队始终保持严明的组织纪律和艰苦奋斗的革命本色发挥了积极作用,而且为全国解放和新中国政权的建立奠定了坚实的基础。[②] 在中国共产党人看来,人民民主是社会主义的生命,而建立在人民民主的社会主义政治制度基础上的审计监督就成了之后所形成的中国特色社会主义审计监督制度的红色政治基因。

1949年后,我国取消了国家审计机关,但是国家治理中对于经济责任的审计监督工作依然存在。而缺乏组织建制的审计监督工作必然是弱化了的,因此,国家迫切需要大力加强财政监督工作。依据1982年《中华人民共和国宪法》的规定,1983年9月,中华人民共和国审计署正式成立,并且成为国务院的组成部门。1994年8月31日,《中华人民共和国审计法》正式颁布,并于2006年2月28日修订,进一步健全了审计监督机制,完善了审计监督职责,拓展了审计领域,规范了审计行为,改进了审计方法,国家审计工作逐步走上了制度化、规范化的轨道。[③] 2014年发布的《国务院关于加强审计工作的意见》指出,要推进审计职业化建设。2015年《关于完善审计制度若干重大问题的框架意见》再次强调,要建立具有审计职业特点的审计人员管理制度。[④] 审计监督科学化和专业化建设是国家治理中依法独立审计的必然要求,也是审计监督法治化的发展方向。2018年3月中央审计委员会的成立凸显了新时代中国特色社会主义审计监督的

---

① 王威、马金华:《论历史视角下财政民主的理论逻辑》,《中央财经大学学报》2013年第3期。
② 刘家义主编:《中国特色社会主义审计理论研究》(修订版),北京:商务印书馆,2015年,第31页。
③ 杨建军:《历史维度的国家审计研究:基于国家治理视角》,《财务与金融》2014年第1期。
④ 夏寒、李兆东:《近代中国国家审计职业化:历史发展与启示》,《南京审计大学学报》2016年第6期。

政治体制优势,通过审计管理体制改革为党统一指挥审计监督工作提供了制度依据和体制保障,是党的全面领导这一政治原则和根本领导制度在审计监督工作中的具体体现,是符合新时代中国特色社会主义政治制度本质要求的审计制度创新。

二、外国审计监督的发展历程与不同模式

外国审计监督在兴起和早期的发展情况与中国审计监督的由来与发展一样,都是由于经济责任的出现、统治秩序的维系和权力监督的实际需要,催生了审计监督的思想、理论,促进了实践的长期探索。诚然,审计监督最初与经济监督的会计工作密切相关。但是,审计监督作为统治者维护和巩固其统治地位的工具,会不可避免地卷入各种政治斗争的漩涡之中。接下来,笔者分别选择与中国行政型审计监督模式不同的英美立法型审计监督模式、法国司法型审计监督模式以及日本独立型审计监督模式进行讨论。

(一) 英国审计监督制度形成过程中的政治斗争

现代国家审计监督制度最早形成于英国,其最显著的标志就是在政治斗争中实现了对最高统治者——国王手中至高无上的权力进行监督和控制。1215年6月15日,封建领主强迫当时的英国国王即"无地王"约翰签署了《大宪章》,首次确立了国王"不经同意不得额外征税"的原则,从而实现了对国王手中的权力进行法律意义上的某种制约,形成了国王权力应在法律控制之下的法治原则。《大宪章》为现代审计监督制度的形成和发展奠定了政治基础。[①] 实际上就是以法律的方式确定财政权这一关乎国家钱袋子安全的重要机制,为审计监督制度的形成确立了基本政治原则、政治基础和法律保障,这也说明国家审计监督从一开始就是一种国家

---

① 李乾贵、白雪、罗峰、孙林:《论审计法治化的实现及对政府权力的制约》,《政府法制》2007年第10期。

财产权力的重要监督制约机制。最早诞生于英国的国家审计制度,作为高悬于最高政治权力头顶的一把"达摩克利斯之剑",实际上是英国议会与王权之间的政治斗争并最终使国王财政权受到限制的产物。英国因此早在 13 世纪就建立了王室财政审计监督制度。基于此,人们甚至认为,人类一切政治文明的共同目标便是通过各种手段限制国家专断的权力。[①]的确,国家审计作为财政监督制度从来都是政治文明发展的成果,进而也必然是现代国家治理体系中的一种不可或缺的权力制约和监督机制。

通过长期的政治斗争和权力博弈,到 14 世纪时,英国议会已经基本上控制了国家征税权。然而,对于拨款的使用权则仍然由国王牢牢地控制着,议会依然无权过问,这必然导致财政开支浪费、资金挪用现象十分严重。公元 1314 年,英国任命了历史上第一位国库主计长,专司全国的审计监督与法务会计事务。[②] 在财政署设立的国库审计师(Auditor of the Exchequer)是英国最早的履行监督财政支出的行政官员。

1559 年,伊丽莎白女王设立预付款审计师(Auditors of the Imprest),正式负责对国库支付款项行使国家审计权,后来其职能被 1785 年《更好地检查和审计本国王公共账目法案》(*Act for the Better Examining and Auditing of the Public Accounts of this Kingdom*)创立的公共账目审计委员会(Commissioners for Auditing the Public Accounts)所取代。

从 1834 年开始,英国财政部增设国库审计长办公室(Office of Comptroller General of the Exchequer),与已有的公共账目审计委员会合作,共同负责对国家财政收入进行全面的审计监督。1861 年,英国议会下院设立决算审查委员会,专门负责对决算进行审查监督并向议会报告监

---

① 王世涛:《论宪法视域下审计体制的变革——检察机关行使审计职权的可能路径》,《法治研究》2015 年第 4 期。
② 曾哲、张明霞:《论英国国家审计权及法务会计制度的流变》,《长沙理工大学学报(社会科学版)》2009 年第 4 期。

督结果。但是,此时的国家审计监督权几乎都是由政府行政机构负责行使,议会虽然控制国家征税权已达几个世纪之久,但是其对国家财政支出的控制与审计监督的力度实际上仍然很弱。这种现象直到威廉·尤尔特·格莱斯顿(William Ewart Gladstone)主持公共财政改革并设立公共账户委员会(Public Accounts Committee,PAC)时才发生改变。[①] 公共支出审计委员会负责对公共支出进行无党派审计(non-partisan audit),它一直被视为议会最有权力的委员会之一。[②] 国家审计权由行政机关负责行使意味着并未实现真正的立法型审计监督模式,而是一种实质性的行政型审计监督模式。

任何制度的设立都离不开法律基础,审计监督制度及其功能的有效发挥,不仅需要政治合法性基础,而且离不开法律制度保障。1866年英国颁布的《国库和审计部法案》(Exchequer and Audit Departments Act)设立主计审计长职位以及国库审计部(Exchequer and Audit Department),赋予议会成员审计会计账目的权力,对政府部门和公共机构进行审计,为确立英国现代国家审计制度奠定了法律基础。[③] 从此,对于公共财政实施独立的、专门的审计监督也就成了一种"法定的要求"。

1983年,英国通过的《国家审计法》设立了国家审计署(The National Audit Office,NAO)以取代国库审计部,并在议会设立公共账目委员会(Parliamentary Public Accounts Committee)。审计署受议会公共账目委员会领导。

英国审计制度的实践也推动了审计监督思想的发展和对审计监督理

[①] 陈贝娜:《英国审计院》,载审计署审计科研所编《世界主要国家和国际组织审计概况》,北京:中国时代经济出版社,2014年,第63—65页。

[②] Flegmann, Vilma, "The Public Accounts Committee: A Successful Select Committee?" *Parliamentary Affairs*, 1979, 33(1): 166-172.

[③] 徐华娟:《英国审计制度的诞生》,《学习时报》2013年8月5日第9版。

第二章 审计监督的历史由来、理论基础与现实需求

论的研究。1881年,英国会计学家、特许会计师弗朗西斯·威廉·皮克斯利(Francis William Pixley)编著了世界上第一部关于审计基础文献和实务的名著《审计人员——他们的义务和职责》(Auditors: Their Duties and Responsibilities),并且论述了审计法规、审计基础理论、审计人员的义务和职责等内容,创造性地提出了一系列审计科学理论。1892年,英国审计学家劳伦斯·罗伯特·迪克西(Lawrence Robert Dicksee)集多年理论研究与实践经验而最终完成的审计学方面的传世之作——《审计学:审计人员实务手册》(Auditing: A Practical Manual for Auditors),对20世纪以来的现代审计理论与实践产生了重要影响。① 审计监督无论是在理论上还是在实践中都体现了一种民主政治理念,即基于对政治家的理性怀疑而致力于对其进行审慎监督(prudential supervision),从而实现民主控权。英国谢菲尔德大学审计学者约瑟芬·马尔特比(Josephine Maltby)指出,皮克斯利和迪克西详细阐述的会计原则对审计监督的审慎性起了关键作用。② 然而,审计理论的发展并不意味着审计监督在政治制度上的民主实践能够自动实现并且得到不断的提升和完善。实际上,民主制度总是有这样或那样不尽如人意的地方。英国审计学家迈克尔·鲍尔创造了"审计爆炸"和"审计社会"这两个颇为吸引人眼球的术语。1997年,鲍尔在《审计社会:验证仪式》一书中提出,审计爆炸最重要的方面是接受了一种理念,即审计思想"已成为某种控制个人风格的核心思想"。③ 对鲍尔来说,审计既是一种技术实践,也是一种理念,是对审计思想及其所体现的社会规范和期望的承诺。2003年,迈克尔·鲍尔在《审计爆炸评

---

① 王章渊:《审计经典理论的历史流变》,《湖北工业大学学报》2009年第6期。
② Maltby, Josephine, "'A Sort of Guide, Philosopher and Friend': The Rise of the Professional Auditor in Britain," *Accounting History Review*, 1999, 9(1): 29–50.
③ Power, Michael K., *The Audit Society: Rituals of Verification*, Oxford: Oxford University Press, 1997: 4.

估》("Evaluating the Audit Explosion")一文中指出,《审计爆炸》是在英国和其他地方盛行的新自由主义保守背景下编写的。正因为如此,我们很容易找出一个政党政治计划(party political program)或"撒切尔主义"(Thatcherism)的正式监督系统的质量和数量明显增加的原因,从而给它贴上更本土化的标签。① 人们对鲍尔"审计爆炸"概念的批评大多与他对这一概念缺乏明确的定义有关,概念的模糊使得几乎每一种做法都可以被视为审计活动。英国谢菲尔德大学管理学院克里斯托弗·G.汉弗莱(Christopher G. Humphrey)和大卫·欧文(David Owen)在一篇评论文章中指出,审计作为一种爆炸性现象,当然是不应该被忽视的!鲍尔使用"审计爆炸"和"审计社会"等术语当然是一种选择情绪化、强力标题的诀窍,以引人注目。② 无论如何,审计监督在经济、社会和政治生活中所发挥的作用和功能越来越重要由此也就可见一斑了。

(二)法国审计监督制度中的政治体制和政治文化传统

法国的审计法院(la Cour des Comptes)作为法兰西的最高政府审计机关,也是其最高的行政司法机关,其地位相当于最高法院。在法国,政府审计与司法相结合,有着悠久的历史传统。早在中世纪,法兰西王室和地方权贵就已经开始对公共财务进行审核和审计。据传,法兰西卡佩王朝第八位国王路易七世(Louis VII,在位时间为1137—1180年,其中1131年—1137年与其父共治)治下,第二次十字军东征时已建立了一个财政处。1256年,圣路易(1226—1270)在一项敕令中提及"审计人员"。1318年,法国皇家规定,由法官来审查有关公款的使用情况。③ 1320年1月,卡

---

① Power, Michael K., "Evaluating the Audit Explosion," *Law and Policy*, 2003, 25(3): 185-202.
② Humphrey, Christopher & Owen, David, "Debating the 'Power' of Audit," *International Journal of Auditing*, 2010, 4(1): 29-50.
③ 杨正良:《法国的审计法院》,《财会月刊》1992年第7期。

佩王朝第十六位国王高个子菲利普五世(Philippe V，1293—1322，在位时间为1316—1322年)发布关于组建审计庭(la Chamber des Comptes)的敕令。审计庭由7名审计官和1名文书组成，设2名庭长。① 作为负责王室财产监管的专门机构，审计庭在君主政体内的权力仅次于枢密院。1467年，法国国王路易十一(Louis XI，1423—1483年)颁布法令，确立审计法官终身制。中世纪后期，法国各省一共设立了8个审计庭，其强大的权力一直持续到17世纪才逐渐衰落。18世纪的法国启蒙运动中涌现出了伏尔泰、孟德斯鸠、卢梭、狄德罗等一大批思想开明的人物，天赋人权、君主立宪、三权分立、主权在民等自由民主思想应运而生，并且在法国社会中日益深入人心。1789年7月14日，法国大革命爆发，其间新制定的法律废除了审计庭。最后一任审计庭长艾马尔-夏尔·尼古拉(Aymard-Charles Nicholay)也于1794年死于断头台上。

为整顿财政秩序，拿破仑于1807年9月16日颁布法律重建了审计法院，其前身就是中世纪的巴黎审计法庭。作为一个只对国王汇报工作的审计监督机构，审计法院实际上成了一个集权化的司法审计机构。② 拿破仑声称要凭借积极的监督压制不忠诚的行为，以保障国有资金的合法使用。其实，审计法院的一切审计监督工作都是要为他这个国王的个人目的和利益服务的。

法国审计法院的创建标志着司法型审计模式的诞生，距今已有200多年的历史。审计法院作为法国最高审计机关，独立于政府和议会的司法监督机构，其地位类似于法国最高法院，可以说是法国政府的一个准司法机关。审计法院是法国君主政体或旧制度下的审计法庭的继承者，并且基于固有司法管辖权对所有公共账务官员和机构进行审计监督。根据

---

① 刘文立：《法国国家审计沿革》，《法国研究》1994年第1期。
② 许宁舒：《法国审计法院》，载审计署审计科研所编《世界主要国家和国际组织审计概况》，北京：中国时代经济出版社，2014年，第165—166页。

1807年9月16日通过的《审计法院法》的规定，审计法院受总检察长的领导。审计法院院长全面负责审计法院的日常工作，总检察长有权监督审计法院的日常工作，审计的结果向总检察长报告。但是，法国审计法院并非完全不受政府的制约，因为审计法院院长直接由总统任命。[①] 1827年，22岁的阿历克西·德·托克维尔（Alexis-Charles-Henri Clérel de Tocqueville）在取得法律学位后，就被任命为凡尔赛法庭的审计法官。

在审计法院的发展历程中，其审计监督职权也是逐步发展扩大的。如果说1814年《审计法》使审计法院摆脱了行政附庸地位的话，那么1946年《宪法》（即《法兰西第四共和国宪法》）和1958年《宪法》（即《法兰西第五共和国宪法》）则相继扩大了审计法院的职责范围。

自1950年起，法国审计法院根据社会发展和政治压力的实际需要在审计监督的内容里增加了社会保障审计。自1976年起，又在政治形势发展和政府行政改革的呼声中增加了公共服务方面的审计。

在1982年法国进行地方分权改革[②]的大背景下，1985年制定的《宪法》和《法国审计法院法》进一步确立了审计法院体制的法律地位和权力，包括账目审查权、调查权、索取资料权、处罚权。审计法院正式开庭审理案件并作出判决，并可作出处罚。[③] 200多年来，虽然法兰西社会经历过长期的演进、急剧的动荡和深刻的变革，但是拿破仑一世所创建的司法型审计制度的基本原则相继为法国历史上的各类政体所遵循，从这个意义上说，审计法院的司法型审计监督模式确实显示出了较强的创造性、适应性和生命力。[④] 回顾法国审计监督制度的发展历程，可以发现，审计监督不仅会受到一个国家的政治体制的制约，而且会受到社会传统和政治文

---

① 孙洪波：《审计问责制的实践路径》，《税务与经济》2014年第1期。
② 许振洲：《法国的地方分权改革——理论动因与托克维尔》，《欧洲研究》1995年第1期。
③ 周佑勇、王诚：《法国行政法院及其双重职能》，《法国研究》2001年第1期。
④ 刘文立：《法国国家审计沿革》，《法国研究》1994年第1期。

化的影响。

（三）美国审计监督制度对于政治腐败的回应

从人类社会发展的实际情形来看,审计监督作为一种政治制度是在政治经济的发展过程中不断推进和完善的。如果说国家审计是国家治理的基石和制度支柱之一,那么同样可以说,审计制度的变迁史就是人类政治文明的发展史。[①] 众所周知,美国是一个没有经历过封建社会而直接在资本主义制度基础上发展起来的资本主义大国。然而,在当代西方发达国家中,美国国家审计制度的建设和理论发展却最为发达,其理论发展和制度建设方面的经验教训值得我们深入研究和借鉴。

政治腐败指政治人物利用手中掌握的公权力或职务之便,用各种手段牟取私利或者小团体利益的行为。众所周知,所有形式的政府在其治理过程中都可能会出现不同程度和不同形式的政治腐败。19世纪末的美国,充斥着腐败横行、假冒伪劣商品泛滥的政治乱局和社会乱象,重大灾难屡屡发生。党魁制、政党分肥制等制度上的固有缺陷为各种腐败现象留下了巨大空间[②],导致美国社会充斥着各种挥之不去的社会丑恶现象、政治腐败现象,社会矛盾日益尖锐,亟待进行深刻的制度变革。与法国先有审计后有预算的制度建设路径不同的是,美国选择了以预算作为制度建设和制度变革的重要突破口。预算绝不仅仅是一个简单的数字汇总问题,而是关系民主制度能否正常运转的政治大问题。没有预算的政府被认为是"看不见的政府",预算制度改革的目的就是要把一个"看不见"的政府变为"看得见"的政府。只有当政府是"看得见"的时候,人民才能行使其民主权,对政府受托公共权力及受托公共责任进行有效的监督。在这个意义上,预算可

---

① 朱殿骅、伍学进:《美国二维联邦审计制度聚焦:历史沿革和启示》,《江汉学术》2018年第4期。

② 倪星、程宇:《美国进步时代的廉政建设及其对中国的启示》,《广州大学学报（社会科学版）》2007年第8期。

以说是一种对政府及官员进行合法的"非暴力的制度控制方法"。① 当然,单靠某一项制度是难以应对政治腐败的,往往需要多项制度或制度体系协同配合,形成合力,才能有效应对各种层出不穷的政治腐败现象。

美国于 1921 年颁布实施《预算与会计法案》(The Budget and Accounting Act),成立最高国家审计机关——会计总署(General Accounting Office,GAO),即审计总署。虽然该法案并没有明确规定审计总署隶属于有立法权的国会机构,但是在美国历史上第一次有了一个独立于财政部这个政府行政部门的联邦最高审计组织,并具有审计行政部门财政行为,特别是支出行为恰当性、合规性、合法性的职责。可以说,《预算与会计法案》成为维持美国审计总署法律权威的基础源泉之一。美国审计总署代表国会依法独立对联邦政府及其官员的行为进行审计监督,监督的内容和范围也根据实际需要不断拓展。1966 年,约翰逊总统任命埃尔默·博伊德·斯达茨(Elmer Boyd Staats,1914—2011)为美国主计长,斯达茨既是一位著名的经济学者,也是一位经验丰富的行政官员,曾担任过美国预算局局长助理、审计总署第五任审计长。他在 GAO 中领导的项目审计,有利于提升国会评估方案的有效性和效率。帕特里克·G.格拉索(Patrick G. Grasso)和艾拉·夏坎斯基(Ira Sharkansky)指出,在埃尔默·斯塔茨的领导下,审计总署明显脱离了其传统上对财务审计的关注。斯塔茨的"3e's"概念(即经济性、效率性和效益性)使审计机构关注项目的运作方式,并审查了需要政府作出反应的社会问题。② 从 1921 年《预算和会计法》的颁布到 1978 年《监察长法》的颁布,美国实际形成了由审计总

---

① 杨光:《美国治理腐败为何从预算开始——读〈美国进步时代的启示〉》,《中国财政》2016 年第 1 期。

② Grasso, Patrick G., Sharkansky, I., "The Auditing of Public Policy and the Politics of Auditing: The U. S. GAO and Israel's State Comptroller," *Governance: An International Journal of Policy and Administration*, 2002, 14(1): 1-21.

署审计制度和监察长办公室审计制度构成的二维联邦审计制度,有效地平衡了审计独立性和行政效率性,实现了审计权在立法机关和行政机关之间的共享。① 这种政府内审和国会外审相结合的审计制度,具有一定的借鉴和启示意义。

审计监督与问责制度作为国家治理的重要工具,有利于推进绩效型政府和责任型政府的建立。2004年,美国审计总署更名为政府问责署,准确地诠释了国家审计的责任,体现了国家审计监督制度发展的趋势,彰显了审计问责在国家治理中的重要地位。② 美国政府问责署宣称自己是一个独立的、无党派的机构,为国会工作。作为"国会监督机构",即"国会的看门狗"的政府问责署负责检查纳税人的钱是如何使用的,并向国会和联邦机构提供客观、可靠的信息,以帮助政府省钱和提高工作效率。在解释审计总署更名的原因及其对人力资源发展的影响时,美国前审计总署署长戴维·M.沃克(David M. Walker)指出,虽然目前用于传统审计和会计活动的机构资源占比不到总资源的15%,但公众、新闻界和国会经常错误地认为,政府问责署仍然只是一个财务审计机构。此外,"我们的名字显然混淆了许多潜在的求职者,他们认为GAO只对雇用会计师感兴趣。我们相信,新的名称将有助于吸引求职者,并解决在GAO之外存在的某些期望差距"。③ 沃克所要表达的观点显然是,美国政府问责署作为国会的左膀右臂之一,绝不只是一个财务会计审计机构,而是权力监督体系中的一个不可或缺的组成部分。作为回应政治腐败的专责制度设置和组织建制,它实际上是政府问责体系中的关键部分之一。

---

① 朱殿骅、伍学进:《美国二维联邦审计制度聚焦:历史沿革和启示》,《江汉学术》2018年第4期。

② 雷俊生、马志娟:《国家治理视角下的审计问责》,《会计之友》2012年第14期。

③ Walker, David M., *GAO: Transformation, Challenges, and Opportunities*, Highlights of GAO - 03 - 1167T, a Testimony before the Senate Committee on Governmental Affairs, Comptroller General's Testimony of July 16, 2003: 76.

政府与公民之间的委托代理关系决定了需要由审计部门对政府依法进行独立的审计,并将结果报告给公众及其代表——立法机构及其他利益相关者,以帮助这些受托人作出相关的决策。① 实际上,在现代民主社会中,各国的审计监督都是为了对政府履行公共受托责任的情况进行独立的验证和评价以促使政府更好地履行受托责任而设计的一项制度。B. 盖伊·彼得斯(B. Guy Peters)指出,"与法国的财政监察局一样,财务检查员经常作为一个独立的部门组织起来,以确保他们在审计公共账户方面的公正性。在美国,这种预防措施甚至走得更远,审计人员与其他公共服务部门完全隔离开来(在审计总署即现在的政府问责署中)"。② 然而,正如安东尼·V. 博萨(Anthony V. Bouza)在《美利坚帝国的衰落:腐败、堕落和美国梦》(The Decline and Fall of the American Empire: Corruption, Decadence, and the American Dream)一书中所指出的,国际信贷商业银行(the Bank of Credit and Commerce International, BCCI)为那些需要给评估贷款申请的审计师留下深刻印象的国家提供快速的现金注入。它贿赂公职人员,误导审计师,绕过监管机构,最终给大多数非美国储户造成 120 亿美元的损失。而安永会计师事务所(Ernst & Young)作为行业巨头之一,在 1990 年代向联邦政府支付 4 亿美元以解决对其不当审计的指控。他们的差错吞噬了 300 家银行和储蓄机构,使纳税人付出了数十亿美元的代价。簿记员不仅没有发现其严重的缺陷,而且正如我们所知的那样,甚至经常协助篡改账目。③ 国际信贷商业银行的惊天骗局和安永会计师事务所的种种丑闻严重挫伤了人们对政府的信心和信任。

---

① 刘笑霞、李明辉:《国家审计与国家治理现代化的关系:历史考察及其启示》,《江苏社会科学》2016 年第 1 期。

② Peters, B. Guy, *The Politics of Bureaucracy* (fifth edition), London: Routledge, 2001: 159.

③ Bouza, Anthony V., *The Decline and Fall of the American Empire: Corruption, Decadence, and the American Dream*, Springer US, 1996: 24 - 30.

对此,博萨还进一步指出,民意测验试图确定统计数据无法衡量的东西,如信心水平、信任度、怀疑态度的权重,或围绕任何机构或想法的冷嘲热讽的普遍程度。美国人对他们的政府感到愤怒,对政府的组成机构更是义愤填膺,是什么驱使一个民族在数个世纪地关注国家命运或家庭进步之后,首先着眼于私利? 腐败总是存在的——而且总是在改革和良好地运作着——然而,当颓废的内心腐朽(the inner rot of decadence)开始超过再生速度(outpace the rate of regeneration)时,社会就开始瓦解。美国人对政治的感觉总是稍加掩饰地失望,其表现形式就是民众对政治的厌恶和逃避。[①] 所以,从这个意义上说,无论是叫审计总署,抑或更名为政府问责署,国家审计监督机关作为国家政治体制中回应政治腐败的专责机构,其发挥职能作用的期望差距的确是客观存在的,其对于各种形式的政治腐败的审计监督与问责依然任重道远。

(四) 日本审计监督制度的民主政治目标

日本近现代国家审计制度始于明治维新时期。1880年创设的日本审计院是日本政治制度、经济制度和法律制度近代化过程中的成果之一。日本在明治维新后创设了国家审计制度。之后,任凭政治与行政制度发生什么样的巨大改革和变动,国家审计制度的地位却基本上没有发生什么变化。[②] 纵观日本审计院发展的历史与现状,我们不难发现,国家审计作为制度建设和组织建制的成果,是适应日本社会、政治、经济等多方面的挑战和需要而逐步形成并稳定发展的。

首先,日本审计监督制度是其现代民主政治发展的根本要求。从财政监督的角度说,现代意义上的财政本质上应该是一种公共性和民主型的财政。由于国家审计的预算监督工作显然构成了这种政治程序中的一

---

① Bouza, Anthony V., *The Decline and Fall of the American Empire: Corruption, Decadence, and the American Dream*, Springer US, 1996: 81-82.

② [日]吉川洋:《会計検査院への期待》,《会計検査研究》第39号卷頭言,2009.3.

环，因而其功能与其说是经济的，不如说是政治的。日本著名行政学者、原东京大学法学部学部长西尾胜教授认为，现代国家被称为税收国家，就是因为现代国家的财政基础是政府单方面强制征收的税收。因此，在现代国家的形成过程中，围绕税收课征的是非问题，经常引发国家与社会的尖锐对立。所以，为了破除这一僵局，政府开始采用召集纳税人代表协商的方式来加以解决，这就是今天议会制度的原型。而且政府的财政应该完全基于议会的议决来处理，这已经成为现代民主政治的一项基本原则。这在财政学上被称为财政民主主义。而实现财政民主主义的基本制度，就是税收法律主义。① 国家审计作为一种制度设计，是日本整个经济管理和监督体系中的重要组成部分。随着资本主义经济的不断发展，财产所有权、使用权和经营管理权逐步分离，日本审计院的职权不断扩大，审计制度也不断完善，在监督各级政府行政机关合理使用国民交纳的税款和其他收入，促使各种团体和公司按照国家法律进行公正的交易活动，保证经济的稳定增长等方面，都发挥了十分重要的作用。作为日本最高审计机关的审计院享有很高的社会地位，它既不属于国会（こっかい，National Diet），也不属于最高司法机关（最高裁判所，さいこうさいばんしょ，Supreme Court of Japan）；它属于行政系统，但又不是内阁（ないかく，Cabinet）所属机构；虽不属于国会，却要向其报告工作。实质上，日本审计院是独立于国会、政府和司法的经济监督机构，是具有独立地位的审计机关，而且其相对于内阁的独立地位还在不断得到强化。②

其次，日本审计监督制度是现代治理对于透明政府建设的现实需要。全球范围内掀起的治理运动在法治化与民主化的基础上对于透明政府建设提出了更高的要求。而治理的透明度与审计监督制度密切相关。日本

---

① ［日］西尾胜：《行政学》，毛桂荣、杜创国、熊达云、张亲培、白智立译，北京：中国人民大学出版社，2001年，第269页。

② ［日］大塚宗春：《会计检查院法施行60周年によせて》，《会计检查研究》第36号，2007。

神户大学经济管理研究所教授山地秀俊(やまじ ひでとし)指出,国家审计离不开政府对公共信息的公开。① 国家治理中审计监督的关键在于信息公开,而政府信息管理的依据则在于公民的知情权,这在日本常表述为"知的权利"。公开政府的活动,使政府的活动置于国民监督之下,这是以国民主权和民主主义为基础的宪法体制的基本要求。公开是确保行政信息能够使国民知晓的基础。为此,《日本国宪法》在立法和司法方面已经建立起了相关的国家机关信息公开制度,如第五十七条第一款建立了国会的会议公开制度,该条第二款建立了议事录的公开制度,第八十二条建立了审判公开制度等。但是,对于行政权,宪法只规定了向国会报告这样一种间接的公开方式,因此有必要建立行政信息公开制度。

最后,日本审计监督制度是现代治理中公共问责的重要内容。审计监督的目的不只是要发现问题,发现问题的目的在于纠错和问责,审计机关进行审计监督是指向公共问责的,审计监督结果离开了问责制就违背了治理的责任性要求,就会在社会中失去公信力。纵观各国审计监督制度的发展历程,问责制已经成为国家治理中审计监督的一项基本职能。所谓审计问责,是指审计机关依据法律法规和相关制度规定对政府公共部门受托责任的履行程度的"权责对等"意义上的公允评价和责任追究。日本《审计院法》第三十一至第三十三条详细规定了财务官员责任,列出了审计问责的具体内容。

第二节 审计监督的理论基础

审计监督过程具有突出的实践性、执行性和可操作性,审计监督人员

---

① [日]山地秀俊:《情報公開論の諸相》,《会計検査研究》第 26 号,2002.9:215-228.

往往只聚焦于被审计单位相关事项的合规性,往往并不涉及背后的审计目标、审计范围、审计性质等抽象的理论问题。审计监督工作甚至被认为只是一些简单程序的集合,[①]无须专门的理论指导。换句话说,审计理论实际上是不太受重视的。1961年,美国著名审计学家罗伯特·库恩·莫茨(Robert Kuhn Mautz)和埃及会计学者侯赛因·A. 夏拉夫(Hussein A. Sharaf)在《审计哲理》(The Philosophy of Auditing)一书中将哲学理论思维和理论方法运用于审计研究,彻底批判了"审计无理论"的片面观点,并首次提出了研究审计理论框架的初步构想。他们提出,一般意义上的审计理论模式应该由五个要素构成,即"哲学基础→假设→概念→规则→实际运用"。[②] 虽然查尔斯·W. 尚德尔(Charles W. Schandl)早就指出了在最近的150年中,没有一个学术领域像审计领域这样沉寂。[③] 但是,为国家治理体系中的审计监督制度建构理论基础和分析框架无疑是一项重要的工作。其目标就是要通过对国家治理中审计监督的客观的且合乎逻辑的规律加以概括、抽象,从而形成完整的知识体系。[④] 与此同时,也致力于在国家治理实践中用其来分析和指导具体的审计监督工作。

一、西方权力监督与制约理论

西方权力监督与制约理论的思想渊源可以追溯到古希腊时期。回溯治理理论的发展对于理解国家治理体系中的审计监督具有广泛的启发意义。委托代理理论中的受托公共责任监督是审计监督与问责的直接理论依据。

[①] 王章渊:《审计经典理论的历史流变》,《湖北工业大学学报》2009年第6期。
[②] 蔡春、李明、毕铭悦:《构建国家审计理论框架的有关探讨》,《审计研究》2013年第3期。
[③] Schandl, Charles W., *Theory of Auditing: Evaluation, Investigation, and Judgment*, Houston, TX: Scholars Book Co., 1978: preface.
[④] 王会金、黄溶冰、戚振东:《国家治理框架下的中国国家审计理论体系构建研究》,《会计研究》2012年第7期。

第二章　审计监督的历史由来、理论基础与现实需求

（一）权力监督与制约的思想渊源

一般认为,分权理论最早可以追溯到古希腊哲学家柏拉图(公元前427年—公元前347年)的混合政体学说,即最好的政体应该是一种对君主制和民主制进行某种混合的政体。在《理想国》(*Republic*,即《国家篇》)中,柏拉图指出了呈衰败趋势的四种政治制度,即:荣誉政制(timocratic reigme)、寡头政制(oligarchic regime)、民主政制(democratic regime)、僭主政制(tyranny regime)。[①] 在柏拉图看来,最好的政体是君主制和民主制的混合政体。

政治学鼻祖亚里士多德(公元前384年—公元前322年)继承了柏拉图的混合政体思想,认为政府有三种形式:君主政体(monarchy)、贵族政体(aristocracy)和共和政体(republic)。这些政体的变态形式是暴政(tyranny)、寡头(oligarchy)和民主(democracy)。在此基础上,亚里士多德开西方分权学说的先河,提出了议事、行政和司法三种职能要素的划分,[②]并且成为近现代立法、行政、司法三权分立与权力监督制约理论的思想渊源。

英国经验主义哲学家、自由主义奠基人约翰·洛克(John Locke,1632—1704)在《政府论》(*The Second Treatise of Government*)下篇中从主权在民原则、社会契约理论和有限政府论等观点出发,阐发了"民主政府的起源、职能和宗旨",并提出了权力分立的主张,将国家权力分为立法权(legislative power)、行政权(executive power)和联盟权(federative power),进而引发了对权力的限制问题。在洛克看来,一切政治权力的来

[①] Ferrari, G. R. F. (ed.), *The Cambridge Companion to Plato's Republic*, Cambridge and New York: Cambridge University Press, 2007: 350.

[②] 黄颂杰:《权力制衡,幸福至善——亚里士多德政治哲学要义》,《学术月刊》2007年第12期。

源都是个人的自然行政权,①因而必然是有限的。政府权力的有限性意味着必须对政府自由裁量权设置"明确的限制"以防止其越过公共利益的范围谋求私利,并且要"将政府权力的若干部分置于不同部门的手中,平衡政府权力"。② 当然,洛克强调了立法权在权力结构中的重要性,并且认为民选的议会作为一个立法机构,也是一个最高的立法权力机关,这种"议会至上"的政治思想与日后美国所进行的"三权分立"式的政治结构设计与政治制度实践是有不同之处的。③ 但是,洛克所强调的只有议会享有征税权和看管政府"钱袋子"的权力的思想,则成为以英美国家为代表的立法型审计监督模式的共同理论渊源。

在权力制衡、制约与监督的思想史和学术史上,法国启蒙思想家孟德斯鸠一定是一位高被引作者。孟德斯鸠从政治自由的角度论证了国家权力分立与制约的分权学说。在他看来,即使是在那些政治宽和的国家中,政治自由也只是在国家权力不被滥用的时候才可能存在。因为"一切有权力的人都容易滥用权力,这是万古不易的一条经验。有权力的人们使用权力一直到遇到界限的地方才休止"。因此,要防止权力被滥用,就必须坚持"以权力约束权力"(power must check power)。政制可以是这样的,没有人会被强制去做法律没有要求他去做的事情,或者被阻止去做法律允许他做的事情。④ 在一个有法律的社会里,必须通过以权治权、以法治权才能实现政治自由。孟德斯鸠认为,政体有三种:共和政体

---

① Tully, James, *An Approach to Political Philosophy: Locke in Contexts*, Cambridge: Cambridge University Press, 1993: 15-21.

② Locke, John, *The Second Treatise of Government*, Indianapolis, IN: Hackett Publishing Company, 1980: 80.

③ 燕继荣:《西方政体原则、权力制衡与我国政治体制改革》,《国际政治研究》1988年第1期。

④ Montesquieu, Charles de Secondat (baron de), *The Spirit of the Laws*, Traduction par Cohler, Anne M.; Basia Carolyn Miller & Harold Samuel Stone, Cambridge University Press, [1853]1989: 155-156.

(republican government)、君主政体(monarchical government)和专制政体。在他看来,共和政体是全体人民或仅仅一部分人民握有最高权力的政体;君主政体是由单独一个人执政,不过遵照固定的和已确立了的法律;专制政体是既无法律又无规章,由单独一个人按照一己的意志与反复无常的性情领导一切。① 所以,孟德斯鸠推崇共和政体,提出建立"法律""自由"及"宪法"之间三位一体的结构,实行立法权、司法权和行政权的相互制约。孟德斯鸠指出:"国家的收入是每个公民所付出的自己财产的一部分,以确保公民能安全或快乐地享有所余财产。"在此基础上,孟德斯鸠还进一步认为,税赋与政治体制是密切相关的,他从共和政体立场出发,反对赋税侵犯市民财产所有权。恩格斯就此指出,孟德斯鸠的三权分立原则"也像其他一切永久性的、神圣不可侵犯的原则一样,这个原则只是在它符合于现存的种种关系的时候才被采用"。② 可以说,不同国家在政治体制、政治制度设计和具体设置中的样式各不相同,但是,在制度设置中对于权力进行分工合作与监督的理念和做法则是普遍采用的。而审计监督制度则是基于权力分工合作与监督的理念而进行的制度设计和具体设置,无论是在立法型、司法型、行政型,抑或是独立型审计模式中,都是结合各自国家或地区的历史文化及政治制度传统和现实需要所做的选择。说到底,都是其权力监督体系中不可或缺的组成部分。

在美国,亚历山大·汉密尔顿(Alexander Hamilton)、托马斯·杰斐逊(Thomas Jefferson)等人强调政府的权力必须受到限制。如詹姆斯·麦迪逊(James Madison)在《联邦党人文集》中指出:"在组织一个人统治人的政府时,最大困难在于必须首先使政府能管理被统治者,然后再使政

---

① Montesquieu, Charles de Secondat (baron de), *The Spirit of the Laws*, Traduction par Cohler, Anne M.; Basia Carolyn Miller & Harold Samuel Stone, Cambridge University Press, [1853]1989:8.

② 《马克思恩格斯全集》第五卷,北京:人民出版社,1958年,第225页。

府管理自身。毫无疑问,依靠人民是对政府的主要控制;但是经验教导人们,必须有辅助性的预防措施。"[1]所以,正如美国公共预算学者艾伦·伯纳德·威尔达夫斯基(Aaron Bernard Wildavsky)所指出的,对公共资金的控制和对公共权力的问责是预算编制最初的目的,公共部门预算应确保问责制,[2]而问责制的实施有赖于依法推行公共预算制度和审计监督制度。可以说,公共财政制度和审计监督制度作为国家政治体制中权力监督体系最重要的组成部分,其重要性丝毫不逊色于民主选举制度、政党政治制度和舆论监督制度。审计监督制度对于看管政府"钱袋子"、遏制公权力腐败、促进政府政务透明和增强国家治理能力都具有极其重要的意义。

(二) 治理理论谱系中的审计监督

公共治理理论说到底就是关于依法进行公共权力配置、实施权力监督和公共问责制度化的问题。治理意味着在分权、放权、授权和赋权的过程中实现权力法治、信息公开,以及对于权力运行过程进行民主监督和民主问责。但是,治理并不意味着"掏空国家"(hollowing out the state),使国家空心化。国家作为一个"多形态的结晶体"(polymorphous crystallization)[3],无疑是一种巨型的权力容器(power container)。因此,在国家治理现代化进程中,要依法强化民主参与、协同合作、权力监督和公共问责。元治理(Metagovernance)理论强调国家在社会治理体系中的主导作用,如鲍勃·杰索普(Bob Jessop)指出,元治理实际上就是作为治理的治理

---

[1] [美]汉密尔顿、杰伊、麦迪逊:《联邦党人文集》,程逢如、在汉、舒逊译,北京:商务印书馆,1980年,第264页。

[2] Wildavsky, Aaron B., "A Budget for all Seasons: Why the Traditional Budget Lasts," In Benjamin Geist (ed.), *State Audit: Developments in Public Accountability*, London: The Macmillan Press LMT, 1981: 253–268.

[3] Mann, Michael, *The Sources of Social Power*, Vol. II, *The Rise of Classes and Nation-States*, 1760–1914, Cambridge: Cambridge University Press, 1993: 75–88.

(governance of governance)。①

回溯治理理论的发展对于理解国家治理体系中的审计监督具有广泛的启发意义。在国家治理过程中，政府公共部门的受托责任一般被称为公共受托责任，其中包括受托公共经济责任，还包括政治责任、法律责任以及其他公共责任。1985年5月，最高审计机关亚洲组织（Asian Organization of Supreme Audit Institutions，ASOSAI）第三届大会发表的《东京宣言》中认为，公共受托经济责任是指受托经营公共财产的机构或人员负有的责任。随着社会民主意识的增强，人们对受托经济责任的要求愈来愈高。② 1991年5月，在北京举行的最高审计机关亚洲组织第五届大会通过的《北京宣言》将公共受托责任表述为受托管理公共资源的人对那些资源所负有的职责。由此看来，审计监督的功能不仅在于要保证公共资金的公共使用，还在于最大限度地保障这种公共使用的绩效。③ 对各级政府公共部门及公职人员来说，受托公共责任不仅包括财务责任，还应包括经济有效地使用、管理公共资源，并使其最大限度地达到预定目的。④ 他们不仅有妥善管理和有效经营公共资源的责任，而且具有向公众报告履职情况的义务。⑤ 在受托公共经济责任的视角下，国家治理中的审计监督只需发挥查错纠弊的经济责任审计监督职能即可；而在广义上的受托公共责任视角下，审计监督除了发挥经济责任审计监督的职能作用外，更要在政府公共部门的公共事务管理上发挥更具建设性的作用，即在合规性审计的基础上，对被审计单位进行客观评估和公正评价，进而提出

---

① 郁建兴：《治理与国家建构的张力》，《马克思主义与现实》2008年第1期。另参见郁建兴：《杰索普国家理论述评》，《求是学刊》2007年第4期。
② 秦荣生：《公共受托经济责任理论与我国政府审计改革》，《审计研究》2004年第6期。
③ 任剑涛：《财政监督与政府执行力——对〈利马宣言〉的扩展性解读》，《中国行政管理》2011年第6期。
④ 杨时展：《实现两个根本转变的主要手段（下）》，《中南财经大学学报》1997年第1期。
⑤ 刘笑霞：《政府公共受托责任与国家审计》，《审计与经济研究》2010年第2期。

建设性的审计意见。① 如果说公共治理理论强调了基于多元共治意义上的审计监督协同性，那么，元治理理论则突出了治理过程中的权威引领和政府主导责任，以保障审计监督的权威性、协同性和有效性。

（三）委托—代理理论与审计问责

委托—代理理论是20世纪30年代由美国经济学家阿道夫·A. 伯利（Adolf Augustus Berle, Jr.）和加德纳·C. 米恩斯（Gardiner C. Means）在《现代股份公司与私有财产》（*The Modern Corporation and Private Property*）一书中提出的，并且已成为现代公司治理（corporate governance）的逻辑起点。委托—代理理论是在制度经济学契约理论的基础上发展起来的理论学说，也是契约理论的主要内容之一。委托—代理关系中的授权者就是委托人，被授权者就是代理人。现代意义上的"委托—代理"概念最早是由麻省理工学院的经济学家史蒂芬·A. 罗斯（Stephen A. Ross）提出的。委托—代理理论认为，如果当事人双方，其中作为代理人的一方接受委托并代表委托人一方的利益行使某些决策权，那么，代理关系也就随之产生了。委托—代理理论关心的主要议题是：在代理人具有明显的信息优势并且与委托人有不同的利益目标时，如何使代理人为了委托人的利益最大化行事。

委托—代理关系起源于社会发展过程中越来越细化的社会分工和"专业化"（specialization）现象的存在。当社会生活中的经济、政治以及其他领域中形成专业化社会分工时，就有可能出现某种形式的委托—代理关系。在这种委托—代理关系中，代理人一方往往是由于其在知识、信息或技能等方面拥有相对优势而代表委托人的利益和目标从事委托人所期望的行动。

---

① 马轶群、王文仙：《国家审计容错纠错机制的构建——理论基础、现实问题与可行路径》，《中南财经政法大学学报》2018年第2期。

委托—代理理论是建立在非对称信息博弈论基础上的。在信息不对称(information asymmetry)的情况下,委托人不能观测到代理人的行为,存在逆向选择和道德风险。代理人利用其与委托人之间所掌握信息的不对称性,采取委托人无法监督的隐蔽性行动以及机会主义行为以追求自身利益最大化。

一般来说,只要是存在所有权与经营权分离的地方,就可能出现这种委托—代理关系。其实,委托—代理是现代社会中普遍存在的社会经济现象,广泛地存在于现代社会的政治、经济及管理等各个领域和各个方面,而并不仅仅局限于经济生活领域。进一步讲,只要存在委托—代理关系,监督就是不可避免的。审计监督正是在所有权和经营管理权相分离以及多层次经营管理分权体制所形成的受托公共经济责任的条件下,基于加强受托公共经济责任监督的需要而产生和发展起来的制度。从中西方审计史料来看,国家审计的产生早于民间审计,这主要是由于国家(国有)经济的产生与发展早于民间(私有)经济的产生与发展。[①] 在现代民主国家中,公民选举政治家(如国会议员、人民代表等)来代表自己做出公共决策,那么,在公民和政治家之间也就形成了一种事实上的委托—代理关系。[②] 而要确定作为代理人的政治家是否在国家治理过程中切实履行了受托公共责任并实现了公共利益和公共目标,必须对其进行包括审计监督在内的全方位监督。同时,还要在审计监督的基础上进行民主监督和公共问责。

二、马克思主义权力监督理论

在权力监督方面,马克思主义理论认为,一切权力都是属于人民的,人民是权力的根本来源。离开了人民群众的监督,是无法找到权力监督

[①] 张其镇:《论西周时期的审计制度及其历史贡献》,《江西师范学院学报》2006年第7期。

[②] 周晓丽、毛寿龙:《论透明政府及其实现——兼评〈政府信息公开条例〉的实施》,《商丘师范学院学报》2009年第2期。

和权力制约的有效途径的。

(一) 权力监督的人民主权本质

人民主权决定了政府的公共权力是来自人民的,因而必须体现政权的人民主体性。

首先,人民主权是指国家最高权力掌握在人民手中。在《法兰西内战》初稿中,马克思指出:"无产者对全社会负有消灭一切阶级和阶级统治的新的社会使命。"[①]马克思主义强调无产阶级国家(即社会主义国家)就是通过无产阶级革命取代资产阶级国家的新型国家,是最高权力回到人民手中的国家。恩格斯指出,对马克思而言,"在全部纷繁复杂的政治斗争中,问题的中心仅仅是社会阶级的社会的和政治的统治,即旧的阶级要保持统治,新兴的阶级要争得统治"。这一观点强调了政治权力的阶级性基础并以阶级性为主导。[②]

其次,人民主权是真正的民主制度的基础和要义。人民主权意味着人民能够参与国家的民主治理并对公共权力进行民主监督。民主治理是民主制度对于人民主权原则的基本遵循。马克思曾称赞巴黎公社为共和国奠定了"真正民主制度的基础"[③]。

最后,人民主权意味着人民掌握自己的生活。人民掌握自己的生活就必须要自己监督由自己授权的政府,使其服务于全体人民的共同利益。只有这样,才能真正实现人民当家作主。

(二) 权力监督的政务公开基础

众所周知,监督和制约政府公共权力的难点在于其权力运行过程本身,马克思曾对资产阶级政府官僚机构的封闭性和神秘性进行了深刻的

---

① 马克思:《〈法兰西内战〉初稿(摘录)》,《马克思恩格斯选集》第三卷,北京:人民出版社,1995年,第94页。
② 《马克思恩格斯选集》第三卷,北京:人民出版社,1995年,第334页。
③ 《马克思恩格斯选集》第三卷,北京:人民出版社,1995年,第58页。

揭露,他在《黑格尔法哲学批判》中曾经一针见血地指出:"官僚机构的普遍精神是秘密,是奥秘……权威是它的知识原则,而崇拜权威则是它的思想方式。"①官僚机构为了暗箱操作,总是将自己笼罩在一层神秘的面纱之下。马克思在讨论巴黎公社普选制的时候就曾指出:"从前有一种错觉,以为行政和政治管理是神秘的事情,是高不可攀的职务,只能委托给一个受过训练的特殊阶层……现在,错觉已经消除。彻底清除了国家等级制,以随时可以罢免的勤务员来代替骑在人民头上作威作福的老爷们,以真正的责任制代替虚伪的责任制,因为这些勤务员总是在公众监督之下进行工作的。"②在资产阶级的官僚机构中,国家寄生虫凭借手中的权力而垄断本应公开的政务信息,把公众排斥在官僚体系和政府过程之外。因而,所谓的责任制其实只是一种虚伪的制度。相反,在巴黎公社里,"一切社会公职,甚至原应属于中央政府的为数不多的几项职能,都由公社的勤务员执行,从而也就处在公社的监督之下"。虽然中央政府的职能还会存在,不过,"行使职能的人已经不能够像在旧的政府机器里面那样使自己凌驾在现实社会之上了,因为这些职能应由公社的勤务员执行,从而总是处于切实的监督之下"。③

(三) 权力监督的廉价政府目标

廉价政府就是用最小的政府行政成本实现公共利益的最大化。在马克思看来,"赋税……是行政权力整个机构的生活来源。强有力的政府和繁重的税赋是一个概念"。④ 赋税不仅是"政府机器的经济基础",⑤甚至还

---

① 《马克思恩格斯全集》第一卷,北京:人民出版社,1965年,第302页。
② 马克思:《〈法兰西内战〉初稿(摘录)》,《马克思恩格斯选集》第三卷,北京:人民出版社,1995年,第96页。
③ 马克思:《〈法兰西内战〉二稿(摘录)》,《马克思恩格斯选集》第三卷,北京:人民出版社,1995年,第121页。
④ 《马克思恩格斯全集》第八卷,北京:人民出版社,1961,第221页。
⑤ 马克思:《哥达纲领批判》,《马克思恩格斯选集》第三卷,北京:人民出版社,1995年,第315页。

可以说,"赋税就是喂养政府的母奶"①。为了维持公共权力,"就需要公民缴纳费用——捐税……官吏既然掌握着公共权力和征税权,他们就作为社会机关而凌驾于社会之上"。②国家财政(税收)权力作为国家权力的重要组成部分,必须基于人民的同意,这也是税收法定原则的根本依据所在。因此,廉价政府必须大规模地节省政府开支和社会开支,以尽可能少的政府行政成本更加高效地提供优质的公共服务。

降低政府行政成本的基本路径是精简机构和人员,缩减政府行政开支,提高政府行政效率。过去官僚机关所实行的自上而下的等级制及相应的滋生腐败的特权待遇都应该被彻底消除。这是建设廉价政府、廉洁政府的题中之义。

作为无产阶级政权雏形的巴黎公社真正回归了"廉价政府"的本来目标,即取消一切特权,依法监督公共权力,防止公共权力行使者由"社会公仆"演变为"社会主人",③使所有公务员真正成为人民的勤务员。

三、本土化的权力监督理论探索

权力监督制度是国家政治制度和法律制度的重要组成部分,是人民民主权利实现的重要制度保障,其核心是对权力运行过程的监督。权力制约与监督是民主政治的重要原则和实现途径,也是政治文明得以实现和发展的基石和制度支柱。权力制约与监督作为一种制度性的实践和理论探索,在中国源远流长。在中国反腐倡廉的新时代,权力监督制度更是受到了普遍的关注。

(一)民主革命先行者对权力监督与制约的理论探索

在我国,探索权力监督和权力制约的思想、理论与实践源远流长。近

---

① 《马克思恩格斯全集》第七卷,北京:人民出版社,1959年,第94页。
② 恩格斯:《家庭、私有制和国家的起源》,《马克思恩格斯选集》第四卷,北京:人民出版社,1995年,第171—172页。
③ 恩格斯:《〈法兰西内战〉1891年版导言》,《马克思恩格斯选集》第三卷,北京:人民出版社,1995年,第12—13页。

代以来,更是有着各种类型权力监督与制约的理论建构和制度设计。前文提到了中国民主革命的伟大先行者孙中山先生在审计监督制度设计与实践方面的探索,实际上,孙中山先生的审计监督思想有着深厚的政治理论基础和依据。他认为:"政治两字的意思,浅而言之,政就是众人之事,治就是管理,管理众人的事便是政治。"①从这个意义上说,政治作为众人之事务必须是由众人共同治理的事务,众人就应该有知情权、参与权、表达权、监督权和决策权等各项依法享有的民主权益。因此,审计监督就是权力监督与制约体系中不可或缺的重要组成部分。孙中山先生在《三民主义》中说:"权就是力量,就是势,那些力量大到同国家一样,就叫作权……所以,权和力实质是相同的。有行使命令的力量,有制服群论的力量,就叫作权。"孙中山时期倡导"五权宪法",曾对行政问责给予充分肯定和继承,认为行政问责制对于整顿吏治、刷新行政起到了重要作用。② 行政问责制就是要通过公共监督和民主问责促进权力运行的法治化、公开化和责任性。

(二) 中国共产党人对权力监督与制约的理论探索

中国共产党很早就清醒地认识到权力监督与制约的重要性。1945年7月初,毛泽东与黄炎培进行了著名的关于历史周期率的"窑洞对话"。毛泽东在回答黄炎培关于如何跳出历史周期率的问题时说:"我们已经找到新路,我们能跳出这周期率。这条新路,就是民主。只有让人民来监督政府,政府才不敢松懈。只有人人起来负责,才不会人亡政息。"③民主作为一种权力控制机制,是监督和制约权力的根本之策。1949年以来,尤其是改革开放以来,党和国家的制度建设不断完善。十一届三中全会后,党和国家的监督机制逐步恢复,邓小平反对搞三权分立,他主张对权力进行制

---

① 孙中山:《孙中山选集》,北京:人民出版社,1981年,第692页。
② 侯琦:《"民主问责制":走向政治文明的重要路径》,《党政干部学刊》2004年第9期。
③ 尚丁:《黄炎培》,北京:人民出版社,1986年,第106—107页。

约。"制度好可以使坏人无法任意横行,制度不好可以使好人无法充分做好事,甚至会走向反面。"[①]十八大以来,监督机制建设进一步强调经济责任审计。至此,党和国家关于加强权力监督与制约和对发挥经济责任审计职能作用的认识逐步走向制度建设及制度改革与完善的阶段。

(三)新时代中国特色社会主义思想中的权力监督与制约理论

在当代中国政治语境下,权力监督力度与效果主要取决于执政党的决心和意志,忽视这一点去奢谈所谓的多元监督无疑是不现实也是不负责任的。[②] 中共十八大以来,以习近平同志为核心的党中央在引领国家治理现代化的历史进程中,高度重视权力监督工作。权力制约监督机制建设已经成为推进改革发展的突破口。[③] 2017年,习近平在中共十九大报告中明确提出"构建党统一指挥、全面覆盖、权威高效的监督体系",并且提出要"改革审计管理体制"。为了加强党中央对审计工作的领导,构建集中统一、全面覆盖、权威高效的审计监督体系,更好地发挥审计监督作用,我国于2018年组建成立了中央审计委员会,为国家审计机关依法独立审计提供了领导体制保障。十九届四中全会进一步提出了要发挥审计监督的职能作用。

第三节 国家治理对审计监督的现实需求

国家治理需要加强审计监督,因而我国的审计理论研究也蓬勃兴起,并不断发展。[④] 相应地,国家审计实践要更好地发挥职能作用,以进一

[①] 《邓小平文选》第二卷,北京:人民出版社,1994年,第333页。
[②] 蔡林慧:《试论中国行政监督机制的困境与对策》,《政治学研究》2012年第5期。
[③] 梁波:《十八大以来中国政治权力制约监督机制的新发展》,《理论学刊》2017年第6期。
[④] 廖洪、李德文:《我国国家审计理论研究的回顾与思考》,《审计研究》2002年第3期。

步适应国家治理对审计监督的现实需求。① 可以说,国家治理的现实需求决定了国家审计监督的产生,国家治理的目标决定了国家审计监督的方向,国家治理的模式决定了国家审计监督的制度形态。

一、国家治理法治化与审计监督

国家审计作为国家治理的基石与保障,无疑是要体现国家的政治意志的。② 而国家的政治意志就在于实现国家治理的法治化,依法配置公共权力,依法监督公共权力运行过程,并且在民主与法治的有机统一中推进国家治理现代化进程。

(一) 国家治理法治化的实质是依法配置公共权力

在国家治理体系中,首先要通过公共权力的配置使国家审计主体依法有权对公共受托责任,如政府公共资源的利用情况等进行监督和评价,并将审计结果报告给作为委托人的公众,让公众在知情的基础上参与监督政府行为和政府履行责任的实际情况。审计监督作为国家治理体系中的一个"监督子系统""问责子系统"和"免疫子系统",独立、专门、主动地预防、揭示和抵御经济社会运行中的障碍、矛盾和风险,致力于保障国家经济安全,维护人民群众根本利益。③ 国家审计有效发挥审计监督职能作用的基础在于依法进行合理的权力配置,并且具有政治体制的可靠保障,使得国家审计机构能够依法独立行使审计监督权,对审计对象实施权威性、协同性、有效性且全覆盖的审计监督。

(二) 国家治理法治化的关键是依法监督公共权力运行

国家治理法治化说到底就是权力法治,即依法治权。国家审计作为

---

① 王会金、黄溶冰、戚振东:《国家治理框架下的中国国家审计理论体系构建研究》,《会计研究》2012年第7期。
② 晏维龙:《国家审计理论的几个基本问题研究——基于多学科的视角》,《审计与经济研究》2015年第1期。
③ 李永强、辛金国:《"免疫系统"理论下审计质量控制研究》,《财会通讯·综合》2010年第10期。

国家治理体系的重要组成部分,其服务于国家治理法治化的过程,就是通过监督和制约权力运行过程,发挥其对国家治理的预防、揭露、抵御功能。①在国家治理中,政府作为代理人的责任不仅仅是经济责任,还涉及行政责任、政治责任、社会责任、法律责任和道德责任等等。责任政治的基本原则就是强调权力与责任的统一,有权必有责。"一切国家机关……实行工作责任制。"②这些都体现了人民主权原则与公共权力行使者的相互关系,体现了行使职权与承担责任相统一的基本原则。从这个意义上说,一切行使公共权力和使用公共资源的政府公共部门以及其中的个人都依法具有接受审计监督的义务。

(三)国家治理法治化是民主与法治的有机统一

国家治理法治化是民主与法治的有机统一。没有法治的民主会陷于社会混乱和政治动荡中,甚至是托克维尔所说的以多数人的名义行使无限权力的"多数人暴政"(tyranny of the majority)③。而没有民主的法治则会由"治权"演变为"治民",最终将变成暴政和专制。托马斯·潘恩(Thomas Paine,1737—1809)坚定地主张,法治的实质是"法律至上"(supremacy of law)。他曾在《常识》(*Common Sense*)中精辟地论述道:"在专制国家中国王就是法律,同样地,在自由国家中法律也应该成为国王,而且不应该有其他的例外。"④在我国,国家治理现代化首先意味着国家治理的法治化,通过法治国家、法治政府和法治社会的一体化建设,实现依法治权。审计监督作为国家治理体系中的权力制约和监督机制之一,是权力监督体系中不可或缺的组成部分。审计监督的基本逻辑就是要在民

---

① 王会金、黄溶冰、戚振东:《国家治理框架下的中国国家审计理论体系构建研究》,《会计研究》2012年第7期。
② 陆德生、纪荣荣:《论责任政治》,《学术界》2002年第5期。
③ Tocqueville, Alexis de, *Democracy in America*, Vol. 1, edited by Phillips Bradley, New York: Vintage Books, 1955: 271 - 272.
④ [美]托马斯·潘恩:《常识》,何实译,北京:华夏出版社,2003年,第56页。

主与法治相统一的基础上依法独立鉴证公共权力行使者在责任履行、资源使用、信息报告等方面是否存在机会主义行为,[①]以确保公共权力始终服务于人民的根本利益。

二、国家治理透明化与审计监督

国家治理现代化不仅意味着法治化,还要求国家治理过程的透明化。可以说,透明化是国家治理的一个重要特质。国家治理透明化是在国家治理法治化的基础上落实依法治权,并且通过审计监督消除信息报告机会主义现象,消除委托—代理关系中广泛存在的信息不对称问题。此外,还需要审计监督为民主问责的有效实施提供信息保障。

(一)国家治理透明化需要通过审计监督消除信息报告机会主义现象

国家治理透明化是治理法治化的必然要求,是法治政府的题中应有之义,其基本要义就是政府公共权力部门的信息公开。我国在2007年制定的《中华人民共和国政府信息公开条例》指出,信息公开的目的是保障公民、法人和其他组织依法获取政府信息,提高政府工作的透明度,促进依法行政,充分发挥政府信息对人民群众生产、生活和经济社会活动的服务作用。2019年修订后更是突出强调了"建设法治政府"的目标要求。从审计监督的理论与实践来看,国家治理法治化和透明化与审计监督是互相促进的。诚然,审计监督要基于治理的法治化赋予国家审计机关依法独立行使审计权。但是,与此同时,加强审计监督、发布审计公告、揭露问题,可以有力地促使代理人按委托人的期望和要求真实、完整、及时地报告信息,消除信息报告中存在的机会主义现象。

(二)国家治理透明化需要通过审计监督消除信息不对称问题

国家治理透明化还意味着在治理过程中打破信息垄断,消除信息孤

---

① 郑石桥:《政府审计对公共权力的制约与监督:基于信息经济学的理论框架》,《审计与经济研究》2014年第1期。

岛,实现信息共享。其中,审计监督在党和国家监督体系中所发挥的独特功能,主要是针对委托—代理关系中的公共受托责任进行信息鉴证,促进信息公开和推动信息使用,消除客观存在的信息不对称问题。在公众与各级政府机关之间的委托—代理关系中,为了避免委托人和代理人之间的信息不对称可能导致的道德风险和逆向选择,就需要一个独立的机构依法独立对各级政府机关受托责任的履行情况进行审计监督。① 受托公共责任作为国家审计产生的基础和存在的理由,无疑是国家审计监督的重要出发点。公众作为委托人有权知悉各级政府机关作为代理人在受托管理公共资源时履职尽责方面的相关信息。各级政府机关作为受托人应该按照公众的期待和要求管理公共资源,对公众负责,向公众报告,并且要在接受审计监督的基础上进一步接受公众监督。而审计监督的使命和任务就是在消除信息不对称的同时,致力于实现信息共享,为党内监督、人大监督、民主监督、法律监督、舆论监督和公众监督提供必要的信息条件,促进国家治理的透明化。

(三)国家治理透明化需要通过审计监督为民主问责提供信息保障机制

一切问责制度的有效实施都是建立在信息公开制度的基础上的。离开了全面、准确、及时的信息,无论设计得多么完备严密的问责制都无从落实。从这个意义上说,国家治理透明化是国家治理责任性的前提和保障。在国家治理中,审计监督无疑可以在问责机制中发挥信息保障的基础性作用。审计监督可以预防代理人给委托人提供虚假信息。代理人所提供的信息是否真实,通过审计可以得到鉴证。② 审计监督通过审计公告等方式,可以有效促进政府治理透明度的不断提升,保证社会公众对政府公共事务的知情权,创造条件推动公众参与,并且在广泛的公众参与中监

---

① 梁小平:《基于国家治理视角的国家审计问题研究》,《绿色财会》2012年第7期。
② 郑石桥:《政府审计对公共权力的制约与监督:基于信息经济学的理论框架》,《审计与经济研究》2014年第1期。

督政府的行政行为，从而不断提升国家的治理水平和效能。

三、国家治理责任性与审计监督

在民主政治下，人民主权意味着作为权力代理人的政府不仅要接受民主监督，而且要受到公共问责。责任性是确保"公共政策的制定与实施之间的一致和对公共资源的有效配置与使用"的关键。[①] 因此，在国家治理中，必须通过依法独立实施的审计监督和审计问责，促进责任政治和责任政府建设。国家审计作为一种以审计监督为基础而建立起来的规则化的问责体系，涵盖了审计机关的直接问责与其他机构借助审计结论所进行的间接问责。[②] 在国家治理体系中，审计问责制实际上是针对政府审计结果的一种责任追究体系。[③]

（一）通过审计监督厘清经济责任

在国家治理体系中，政府部门的经济责任、经济法义务或经济合同义务还包括行政方面的丰富内涵。经济责任"是指领导干部在任职期间，对其管辖范围内贯彻执行党和国家经济方针政策、决策部署，推动经济和社会事业发展，管理公共资金、国有资产、国有资源，防控重大经济风险等有关经济活动应当履行的职责"。从根本上看，一切审计监督都意味着对经济责任的审计监督。目前，领导干部经济责任审计已经成为许多审计机关的主要审计业务。[④] 其原因就在于领导干部经济责任审计的目标是推动国家治理体系中责任政府的建立，强化和落实责任意识和建立责任追究制度，促进反腐倡廉建设。可以说，经济责任审计对完善领导干部监管

[①] Williams, David and Tom Young, "Governance, the World Bank and Liberal Theory," *Political Studies*, 1994, 42(10): 84-100.

[②] 冯均科：《国家审计问责制度目标设定探微》，《财会月刊》2008年第11期。

[③] 汤小莉：《国家审计问责制度解析——基于审计问责要素视角》，《审计与经济研究》2010年第5期。

[④] 郑石桥：《领导干部经济责任审计内容：理论框架和例证分析》，《会计之友》2015年第19期。

机制、加强党风廉政建设、促进民主政治、维护国家经济安全都具有重要的现实意义。[①] 所以,聚焦领导干部经济责任,就是要强化对权力运行的制约和监督,促使干部依法用权、秉公用权、廉洁用权。

(二) 基于审计监督明确行政责任

问责是责任政府得以实现的关键机制。在治理过程中,公共行政官员必须承担相应的治理责任,因为他们工作中的许多因素都可能导致对公共利益的曲解,引发腐败行为甚至是颠覆破坏行为。行政责任指行政机关及其公职人员对国家所应承担的责任。诚然,公共行政伦理可以被视为公共行政人员的一种"自我责任"(self-accountability)或者一种内部控制(inner-check)形式。然而,"这种内部控制可能是通过要求公共行政官员遵循一系列外部标准才得以实施的"。[②] 美国南加州大学索尔·普赖斯公共政策学院的著名行政伦理学家特里·L.库珀(Terry L. Cooper)在《行政伦理学:实现行政责任的途径》(*The Responsible Administrator: An Approach to Ethics for the Administrative Role*)一书中指出,用委托—代理理论来解释行政伦理学中的客观责任有很大的局限性。公共行政人员作为代理人,其角色是复杂的,对多种委托人负有责任,这些委托人包括组织的上级、政府官员、职业性协会、公民等等。处理委托人之间的相互冲突和对抗性的价值观、处理职责和义务之间的矛盾,这些都需要伦理反思(ethical reflection)和伦理分析(ethical analysis),而这些常常被委托—代理理论忽视了。[③] 赫尔曼·芬纳(Herman Finer)认为,外部控制是保证公职人员恪守行政责任的最佳途径。芬纳甚至认为,以法律和行政

[①] 蔡春、田秋蓉、刘雷:《经济责任审计与审计理论创新》,《审计研究》2011年第2期。

[②] Rosenbloom, David H., Robert S. Kravchuk, *Public Administration: Understanding Management, Politics and Law in the Public Sector* (6th ed.), The McGraw-Hill Companies, Inc., 2005:516.

[③] Cooper, Terry L., *The Responsible Administrator: An Approach to Ethics for the Administrative Role* (4th ed.), San Francisco, CA: Jossey-Bass, 1998:66-78.

程序的形式建立一套外在约束机制来施以惩戒是唯一有效的措施。所有时代的政治与行政的历史,无论是仁慈的还是暴政的,无论是神学的还是世俗的,都毫无疑问地表明,在缺乏外部惩罚性控制的情况下迟早会出现滥用权力的现象。① 政府行政责任的各项制度安排,都存在既定标准,审计都可以嵌入这些制度,具体的路径包括:行政机构绩效审计,行政机构内部控制评估,行政机构首长经济责任审计。②

(三) 基于审计监督落实政治责任

在国家治理中,对公共权力进行问责说到底就是要致力于建立一个有责任心的政府。换句话说,对权力进行问责是责任政府得以实现的关键。③ 问责的基本逻辑就是坚持"在其位、谋其政"的岗位职责要求和原则,并且在积极履职尽责的基础上主动接受外部监督,这就意味着行使公共权力者未能履职尽责就要受到相应的问责。④ 一般说来,对于受托责任履行情况的监督是政府审计活动的固有功能,是国家治理责任性的基本要求。同时,在中国特色社会主义审计监督体系中,建立健全审计问责机制,是国家建立责任政府、深化政治体制改革、促进社会主义民主政治的现实需求。⑤ 民主政治中的审计监督针对的是审计对象在国家治理体系中所承担的政治责任。从理论上讲,所有行政人员都必然要承担其所扮演的政治角色理应负有的政治责任和政治义务。但是,现实政治中的审计监督则主要是基于权力责任对等原则之上的对于政府作为公共权力行使者履行政治责任情况的监督。政府政治责任是指政府的所作所为必须

---

① Finer, H., "Administrative Responsibility in Democratic Government," *Public Administration Review*, 1941, 1(4): 335 – 350.
② 郑石桥:《政府审计嵌入责任政府制度建设路径研究》,《学海》2014 年第 3 期。
③ 陈国权:《论责任政府及其实现过程中的监督作用》,《浙江大学学报(人文社会科学版)》2001 年第 2 期。另参见陈国权、徐露辉:《责任政府的法治基础与政治架构》,《江海学刊》2005 年第 3 期;陈国权、王勤:《责任政府:以公共责任为本位》,《行政论坛》2009 年第 6 期。
④ 陈芳:《公共责任与官员问责制》,《东南学术》2005 年第 2 期。
⑤ 王会金、王素梅:《建立健全政府审计问责机制研究》,《财经科学》2009 年第 1 期。

合乎人民的利益，其决策以及决策的执行都必须合乎人民的意志和利益，否则，就要承担政治责任。[①] 我国作为议行合一的国家，政府政治责任主要由人民代表大会及其常务委员会来监督并实施。[②] 同时，政府审计可以通过三个路径嵌入政府政治责任制度之中：国民经济和社会发展计划执行审计，财政预算执行审计，政府政策执行评估。[③] 从审计监督的视角出发，经济责任履行情况可以作为审计业务，同样，财政责任履行情况以及政策执行效果也都可以作为审计业务进行审计监督。

（四）基于审计监督追究法律责任

政府公共受托责任不仅体现为财政财务的合规责任，更主要的是权力人要对政府干预经济的结果负责。政府各种权力的行使，有的表现为公共资源的取得和分配，有的是政治与法律权力（非资源权力）的运用。[④] 最高审计机关国际组织于1977年发布的《利马宣言——审计规则指南》(The Lima Declaration of Guidelines on Auditing Precepts)指出，审计是控制体系不可缺少的组成部分，这种控制系统的目的是及早揭露背离公认标准、违反原则和法令及违背资源管理效率、效果和经济原则的现象(INTOSAI, 1977)。从技术逻辑来看，第一，审计强调以独立、客观和系统的方法搞清楚客观事实的真相；第二，将客观事实与既定标准相对照，判断二者之间的相符程度，并就二者的相符程度发表意见。将上述两方面概括起来，审计的技术逻辑就是查明事实真相并判断客观事实与既定标准的相符程度。简而言之，审计就是查明客观事宜是否存在与既定标准不一致的情形。近几十年来，审计已开始超越传统的"可靠性检查"

[①] 高秦伟：《构建责任政府：现代政府管理的必然要求》，《中共济南市委党校学报》2002年第1期。蔡放波：《论政府责任体系的构建》，《中国行政管理》2004年第4期。
[②] 陈素慧：《论责任政府及政府责任体系》，《理论导刊》2010年第6期。
[③] 郑石桥：《政府审计嵌入责任政府制度建设路径研究》，《学海》2014年第3期。
[④] 许百军：《寻租理论、政府权力的监督与公共责任视角下的经济责任审计》，《审计研究》2005年第4期。

(reliability check)职能,成为政府提高绩效的一种手段。① 唐纳德·C.门泽尔(Donald C. Menzel)和哈维·L.怀特(Harvey L. White)等人认为,很多公民不信任政府机构并不是因为没有公开听证、独立审计或绩效报告,而是因为当透过这些技巧揭露不法行为时,实际上没有人被追究责任。②

(五) 基于审计监督鉴别道德责任

一般意义上的道德责任是人们对自己行为的过失及其所造成的不良后果在道义上应承担的责任。在委托—代理关系中,代理人服务于委托人不只是有关权利、义务、报酬、激励、信息等变量,而且涉及道义方面的考虑。如果代理人在每个方面都像为自己办事一样来替委托人考虑和行事,那么也就是符合道义的了,即实现了所谓的"最大善意"。对于公共权力运行来说,代理人需要选择最合理的运行机制。③ 当然,在一些学者看来,光是道义、价值观之类的责任是不会有多大影响的。正如美国学者查尔斯·桑普福德(Charles Sampford)、澳大利亚学者诺埃尔·普雷斯顿(Noel Preston)以及英国学者卡罗尔·A.博伊斯(Carol A. Bois)等人所认为的,还必须执行行为准则(codes of conduct)、行政法机制(administrative law mechanisms)、举报人保护立法(whistleblower protection legislation)、有效执行刑法(enforcement of criminal law)、有效的审计和监督制度(auditing and monitoring regimes)等,来为道德环境的繁荣创造基础条件。④ 美国学者迈克尔·M.哈蒙(Michael M. Harmon)

---

① Ingraham, Patricia W. (ed.), *In Pursuit of Performance: Management Systems in State and Local Government*, Baltimore, MD: The Johns Hopkins University Press, 2007: 40.
② Menzel, Donald C. and White, Harvey L. eds., *The State of Public Administration: Issues, Challenges, and Opportunities*, Armonk, NY: M. E. Sharpe, 2011: 174.
③ 郑石桥:《政府审计对公共权力的制约与监督:基于信息经济学的理论框架》,《审计与经济研究》2014年第1期。
④ Sampford, Charles, Preston, N. and Bois, Carol A. (eds.), *Public Sector Ethics: Finding and Implementing Values*, Routledge, 1998: 4.

甚至认为,如果公务员只对有效实现政治权力授权的目的负责,那么作为这一政治权力的工具,他们身为道德代理人就不对其行动结果承担个人责任。另一方面,如果公务员积极参与确定公共目标,对他们的问责制就会受到削弱,政治权威也会受到损害。[1] 其实,行政人员在行政过程中行使了大量自由裁量权。

综上所述,我们可以发现,国家治理法治化、透明化和责任性是相互促进的,而审计监督在其中发挥了不可或缺的作用。审计监督作为国家治理体系中权力监督的制度支柱之一,就是要不断促进审计监督的法治化、公开化、透明性以及责任性,这也是党和国家以及全社会对审计监督制度的普遍期待,也只有不断提高审计监督的独立性、公开性和责任性,才能在国家治理中更好地发挥审计监督的职能作用。

---

[1] Harmon, Michael M., *Responsibility as Paradox: A Critique of Rational Discourse on Government*, Thousand Oaks, CA: Sage Publications Inc., 1995: 163-164.

第三章 国家治理体系中审计监督的政治逻辑

在国家治理体系中,审计监督作为党和国家监督体系的制度支柱之一发挥着权力监督和制约的职能作用,因而其在本质上是政治性的,具有深刻的政治逻辑。国家审计作为对公共经济权力的监督机制,能以政治权力为基础依法独立行使审计监督权,它是国家政治权力结构中的重要组成部分,并且具有政治体制的保障。国家治理体系中的审计监督说到底是民主政治发展的根本要求,是政治文明的标志。现代国家治理中审计监督发展的真实动因其实是政治性的,是政治发展的民主化进程所推动的。现代审计监督制度作为民主与法治的产物,更是民主与法治建设的工具。

第一节 审计监督的政治权力基础

理解审计监督的政治权力基础需要运用政治学思维。国家审计监督作为一种对受托公共经济责任的"检查与证明",其工作重心的确立应以政治发展为基础,包括维护好人民群众的根本利益,满足国家治理中各方面审计监督需求,以财政合规性审计为基点不断扩展审计领域和范围,在依法独立审计的基础上发挥权力制约与监督功能。① 也就是说,国家治理体系中的审计监督基于人民赋予的政治权力依法独立行使经济监督权,预防、制约和监督权力腐败行为,维护人民群众的根本利益以及社会的公平和正义。

一、理解审计监督的政治学思维

在国家治理视域中理解审计监督不仅要有考察经济问题的政治学思维,而且要有丰富的政治学想象力。国家治理体系中的审计监督作为对国家经济财产权和公共受托经济责任的监督和控制机制,其背后具有深刻的政治逻辑,必须在政治视野中以政治学的思维加以理解。审计监督权是国家政治权力结构中的重要组成部分,国家审计的核心就在于对审计监督权的配置和运用。

(一)审计监督是基于政治权力的经济财产监督

第一,审计监督是对经济活动的政治权力监督。对于公共受托经济责任的监督是基于权力责任对等原则之上的,即对公共权力的监督和问责。在公共部门管理中,权力监督是通过内部控制和外部控制的手段实现的。内部控制是指在某一机构内建立和实施的内部监督和制约,即行政人员身边的人或上级看到他履行了职责。外部控制涉及立法监督(legislative supervision),预算和审计活动(budget and audit activities),利用监察专员(ombudsman)等新闻界的批评,消费者团体、利益集团和其他有关个人的监督。② 美国行政学者杰伊·M. 沙夫里茨(Jay M. Shafritz)等人指出,作为审计监督活动最古老、最传统的一种形式,合规性审计就是要针对组织的财政管理情况、遵循相关法律法规和公认准则等

---

① 杨肃昌、李敬道:《从政治学视角论国家审计是国家治理中的"免疫系统"》,《审计研究》2011年第6期。

② Denhardt, Janet Vinzant and Denhardt, Robert B., *The New Public Service: Serving, not Steering*, Armonk, New York: M. E. Sharpe, 2007:125.

第三章　国家治理体系中审计监督的政治逻辑

方面的情况进行审计,是用来防范多种类型腐败的重要而有力的工具。①如前文所述,这种重要而有力的工具必然是一种法律赋予的能够监督公共经济权力并且预防、控制和制约其腐败行为的政治权力。其权力来源只能是人民的委托以及国家治理体系中权力的配置和优化,因而只能是来源于政治中的授权和赋权。现代国家不仅意味着统治或治理的专业化、权力中心的集中化,而且意味着政治权力的制度化、非人格化和非家族化。政府与政治是国家在领土、人民和文化之外的最为核心的构成要素。在德国社会学家马克斯·韦伯(Max Weber)看来,所谓政治,就是指争取分享权力或者影响权力分配的努力,这或是发生在国家之间,或是发生在一国之内的团体之间。② 换句话说,在一国之内,政治就是政府、政党以及其他各种团体以国家权力为核心而展开的各种社会活动和社会关系的总和。政治始终是围绕政治权力进行的利益博弈和公共事务运作。用美国政治学家哈罗德·德怀特·拉斯韦尔(Harold Dwight Lasswell)的话说,政治就是要决定谁得到什么,何时和如何得到("Politics: Who Gets What, When, How")③。美籍加拿大学者戴维·伊斯顿(David Easton)认为,在政治社会中,一切公共政策也都是基于公共权力制定的,是政府对整个社会的价值作权威性的分配。④ 马克思主义政治学认为,政治是以经济为基础的上层建筑。列宁说:"政治同经济相比不能不占首位。不肯定这一点,就是忘记了马克思主义最起码的常识。""政治是经济的集中表

---

① Shafritz, Jay M., E. W. Russell and Christopher P. Borick, *Introducing Public Administration* (fifth edition), Pearson Education, Inc., 2007: 487-488.
② Weber, Max, "Politics as a Vocation," in H. Gerth and C. W. Mills, *From Max Weber: Essays in Sociology*, New York: Oxford University Press (originally published 1919), 1946: 77-128.
③ Lasswell, Harold D., "Politics: Who Gets What, When, How," in *The Political Writings of Harold D. Lasswell*, Glencoe, Illinois: Free Press, 1951: 295-461.
④ Easton, David, *The Political System*, New York: Knopf, 1953: 125-141.

现。"①在政治与公共领域中,公共权力是管理公共事务的权力,涉及公共资源的配置,致力于实现公共目标和公共利益。从这个意义上说,公共权力"就是关于政治社会的权力。所以,公共权力即政治权力"。② 政治作为经济的集中表现,不仅仅是以经济为基础的上层建筑,而且能基于政治权力监督、控制和影响经济活动。

第二,审计监督是对公共经济权力扩张和腐败的政治权力监督。美国著名政治学家罗伯特·艾伦·达尔(Robert Alan Dahl)在《现代政治分析》(Modern Political Analysis)一书中认为,权力"自古以来一直是政治分析的中心"。③ 英国著名政治思想家托马斯·霍布斯(Thomas Hobbes)在《利维坦》(Leviathan)一书的第十三章"论人类幸福与苦难的自然状况"中作出的论断,即"所有人对所有人的战争"(a war as is of every man against every man)④,认为自然状态是人与人互相残害的敌对状态,为了克服这种恐怖状况,出现了拥有巨大政治权力的"利维坦",它是根据社会契约和人们的委托授权,运用全体人民的力量和手段来进行共同防卫和维护和平的人格。⑤ 霍布斯的"利维坦"后来成了具有扩张性和掠夺性特质的政府的代名词。基于理性经济人的分析视角,澳大利亚国立大学社会科学研究学院制度经济学家杰弗里·布伦南(Geoffrey Brennan)和美国经济学家、公共选择理论的代表人物之一詹姆斯·M. 布坎南(James M. Buchanan)在双方合著的《征税权——财政宪法的分析基础》(The Power to Tax: Analytical Foundations of a Fiscal Constitution)一书中

---

① 《列宁选集》第四卷,北京:人民出版社,1995年,第407页。
② 陈振明主编:《政治学——概念、理论和方法》,北京:中国社会科学出版社,2007年,第277页。
③ [美]罗伯特·A.达尔:《现代政治分析》,王沪宁、陈峰译,上海:上海译文出版社,1987年,第31页。
④ Hobbes, Thomas, *Leviathan*, New York: Touchstone, 1997: 77.
⑤ 许忠明:《政治权力与公民权利的博弈》,《中国石油大学学报(社会科学版)》2009年第1期。

将政府视为与垄断企业目标相似的组织,同样追求着从经济发展中获取最大化的收益。自然政府(natural government)就是垄断政府(monopoly government)。① 他们建议,良好的财政税收体系的核心要义是财政分权,它能起到遏制政府规模扩张的效果。② 实际上,财政分权就是建立一种体现民主精神、采取民主方式,并具有法律保障的财政税收体制。换句话说,一个国家的财产税收权要体现民主与法治的统一,即在法治的基础上以民主的方式加以确定和监督。负责履行具体职责的政府行政机关,其行政权限必须受到适当的制约,其提供公共物品和公共服务的活动必须受到严格的监督。③ 可以说,离开了财政税收的民主与法治原则和国家政治权力意义上的审计监督制度,"利维坦"政府就会本能地进行扩张和掠夺。

第三,审计监督通过对公共经济权力的监督体现人民的政治监督权,并服务于人民的公共利益。洛克认为,政治学最大的问题就是研究"谁应当拥有权力"。在洛克看来,人类在自然法的范围内,按照他们认为的合适的办法,决定他们的行动和处理他们的财产,而无须得到任何人的许可或听命于任何人的意志。④ 人们在社会契约原则的基础上建立政府以发挥其在社会生活中所具有的多方面积极的职能,洛克将政府所具有的诸多积极职能弱化为保护人民财产。⑤ 在洛克那里,政治权力的存在形态是"立法权力"这一最高权力。政治权力必须为人们享受自由和财产创造更

---

① Brennan, Geoffrey and Buchanan, James M., *The Power to Tax: Analytical Foundations of a Fiscal Constitution*, Cambridge, UK: University Press, 1980: 20.
② 庄玉乙、张光:《"利维坦"假说、财政分权与政府规模扩张:基于 1997—2009 年的省级面板数据分析》,《公共行政评论》2012 年第 4 期。
③ 石爱中:《国家审计的政治思维》,《民主》2005 年第 1 期。
④ [英]洛克:《政府论》(下),叶启芳、瞿菊农译,北京:商务印书馆,1983 年,第 5 页。
⑤ 陈炜:《政治权力的证成性——洛克主义的政府目的论》,《吉林师范大学学报(人文社会科学版)》2014 年第 5 期。

好的秩序。①立法权力的意志必然要求政府行政权力的实施与执行,发挥其积极职能。洛克指出:"政府没有巨大的经费就不能维持,凡享受保护的人都应该从他的产业中支出他的一份来维持政府。但是这仍须得到他自己的同意,即由他们自己或他们所选出的代表所表示的大多数的同意。"②既然政府的财政税收权力来源于人民权力的让渡,那么这一权力的行使就必须基于人民的同意,而且必须接受人民的监督。在现代民主法治社会中,这一原则表现为体现人民意志的公共财政体系中的公共预算制度以及依法独立实施的审计监督制度。

(二)审计监督权是国家政治权力结构中的重要组成部分

世界各国在不同的国家政体形式基础上设计出了各种不同的国家权力结构。国家权力结构中的政治权力是这里讨论的基本内容。政治权力基础和来源的合法性是基于人民的同意和授予,政治权力在本质上表现为社会政治生活中特定的力量制约关系,在形式上呈现为特定的公共权力。③

如前文所述,古希腊哲学家柏拉图、亚里士多德等人的早期分权学说强调了政体中的权力分立和相互制衡。英国哲学家托马斯·霍布斯、约翰·洛克,法国启蒙思想家孟德斯鸠,以及美国建国先贤亚历山大·汉密尔顿和托马斯·杰斐逊等人则是从理论上阐释了分权制衡、权力监督和问责思想。众所周知,三权分立理论作为一种关于国家政权架构和权力资源配置的政治学说,在政治实践中已经发展成资本主义国家中政体设计的指导思想。虽然资本主义国家政体的具体形式各不相同,有美国的总统制、英国的议会制、法国的半总统制以及瑞士的委员会制等类型差

---

① 王涛:《洛克对政治权力内涵的分析》,《北京行政学院学报》2011年第2期。
② [英]洛克:《政府论》(下),叶启芳、瞿菊农译,北京:商务印书馆,1983年,第88页。
③ 高晓霞:《党和国家监督体系中的审计监督:政治逻辑、治理功能与行动路向》,《江海学刊》2018年第6期。

别,但是基本上都强调了国家权力应分为立法权、行政权和司法权,这些权力分别由议会、政府和法院执掌和行使,形成分权制衡的国家政治权力结构。

当代西方权力结构学说作为一种政治分析理论,其主要目的是研究国家权力的构成与分配情况,特别是权势人物及其同国家机构、国家政策制定过程之间的关系。主要代表是美国政治社会学者查尔斯·赖特·米尔斯(Charles Wright Mills)、G. 威廉·多姆霍夫(G. William Domhoff)以及托马斯·R. 戴伊(Thomas R. Dye)等人。1956年,查尔斯·赖特·米尔斯出版了《权力精英》(*The Power Elite*)一书,认为美国是由一系列权力精英或由这些权力精英组成的单一的权力集团所统治的。权力精英"主宰着现代社会的主要等级制度和组织结构,他们支配着大公司,他们操纵着国家机器并拥有各种特权。他们指挥军事机构,占据着社会的战略指挥权,其核心是他们所享有的权力、财富和名望的有效手段"。[①] 米尔斯指出,从纵向上看,权力结构是由权力顶层的权势人物、权力中层的特殊利益集团和权力底层的大众社会所组成的。美国权力结构的顶层更加统一和强大,底层更加支离破碎,事实上是无能为力的,而权力中层既没有表达底层存在的意愿,也没有参与顶层的决策制定。权力精英总是试图摆脱审计监督。米尔斯在讨论"公司富豪"(the corporate rich)时援引一位调查员的观点,在纽约、华盛顿和芝加哥这样的城市里,在任何特定时刻,在最好的酒店、最好的夜总会和最好的餐馆里,半数以上的人都会把账单作为记账报销项目向他们的公司报销,而后者又以减税的形式向政府收取费用。长期以来,记账报销表格一直被其钟爱者亲切地称为"欺诈单"(swindle sheets)。填写记账报销项目被视为与公司审计师之间的斗

[①] Mills, Charles Wright, *The Power Elite*, New York: Oxford University Press, 1956: 4.

智斗勇之举,这其中使用最离谱的半真半假内容、善意的谎言和彻头彻尾的想象都是完全有理由的,无论审计师有多愤怒,都不可能完全证明其是虚假的。[1] 1967年,多姆霍夫发表了《谁统治美国:权力政治和社会变迁》(Who Rules America: Power, Politics and Social Change)。他通过大量的调查和分析,找到了美国社会中紧密连接大公司董事会、著名的俱乐部、重要的基金会、政府和政治集团、各名牌大学和研究机构的政治权力关系网。权力结构的研究对象包括社区权力结构和国家权力结构。社区权力研究是国家权力研究的基础,而国家权力研究则是社区权力研究的逻辑发展。1980年,美国政治学者托马斯·R.戴伊在《谁掌管美国》(Who's Running America?)一书中将权力理解为"不过是担当某些职务的人,在作出会影响同一社会制度内其他人的决定时,所具有的能力或者潜力"。[2] 社会机构或者政治机构是权力的基础,而权力的表现形式就是进行决策或者参与决策。在此基础上,戴伊认为,统治美国的仍然是那些在重要制度中占据高位的权力精英或精英集团。在2001年出版的《自上而下的政策制定》(Top-Down Policymaking)一书中,戴伊进一步指出,"美国的经济权力是高度集中化的(highly concentrated)"。同时,经济权力的全球化造就了全球化的精英,他们所拥有的经济权力正在挑战"国家主权"的理念。[3] 权力精英及其全球化发展不仅在美国国内形成了日益加剧的社会不平等现象,而且在世界上不同国家和地区制造了种种不平等现象。2009年,戴伊在和哈蒙·齐格勒(Harmon Zeigler)合著的《民主的嘲讽》(The Irony of Democracy)一书中开宗明义地指出,统治美国的

---

[1] Mills, Charles Wright, *The Power Elite*, New York: Oxford University Press, 1956: 160.

[2] [美]托马斯·戴伊:《谁掌管美国——卡特年代》,梅士、王殿宸译,北京:世界知识出版社,1980年,第9页。

[3] Dye, Thomas R., *Top-Down Policymaking*, New York and London: Chatham House Publishers of Seven Bridges Press LLC., 2001: 17-23.

是精英而不是大众。① 精英是有权力的少数人,而民众则是没有权力的大多数人。权力决定了谁得到什么,什么时候得到,如何得到;因此,精英的权力必须受到监督和控制。2012年,戴伊在《理解公共政策》(Understanding Public Policy)一书中指出,美国审计总署作为国会的左膀右臂,拥有对联邦机构的业务和财务状况进行审计的广泛权力,可以评估其计划,并向国会报告调查结果。在历史上的大多数时期,审计总署仅限于财务审计以及对行政管理的研究,然而随着时间的推移,他们开始越来越多地对政府方案进行评估性研究。②

社会主义国家的指导思想是马克思主义民主集中制理论,其政体形式统称为民主集中制。在国家权力结构中,社会主义国家的一切权力属于人民。在我国,中央权力结构由三个层次构成,即全国人民代表大会、全国人民代表大会常务委员会和其他中央国家机关,实际上是在横向权力分工和纵向层次建设的基础上形成立体交叉的权力网络。③ 民主集中制的政体形式和国家权力结构设计体现了马克思主义的指导思想,即国家的一切权力属于人民,公共权力的运行服务于人民的公共利益,最终也是由人民来监督。在权力结构与权力运行的表面上探寻权力间的相互制约会遮蔽权力的本质和本源,所以在马克思主义者看来,只有人民群众实现了权力的监督,才是真正有效的控制和制约。④ 恩格斯在《家庭、私有制和国家的起源》中指出:"国家的本质特征,是和人民大众分离的公共权

---

① Dye, Thomas R., Zeigler, Harmon, *The Irony of Democracy: An Uncommon Introduction to American Politics* (14th ed.), Belmont, CA: Wadsworth Cengage Learning, 2009: 1.

② Dye, Thomas R., *Understanding Public Policy* (14th ed.), San Antonio, TX: Pearson Education, Inc., 2012: 73-74.

③ 吴大英、杨海蛟:《有中国特色的社会主义民主政治》,北京:社会科学文献出版社,1999年,第265页。

④ 张康之:《评政治学的权力制约思路》,《中国人民大学学报》2000年第2期。

力。"①也就是说,国家存在的前提实际上是建立在和人民大众相分离的公共权力之上的。这种公共权力虽然是从社会中产生的,却又凌驾于社会之上。自从诞生了国家,公共权力就不再是由社会中的全体居民所行使,相反,直接行使公共权力的只是部分人甚至是极少数人。显然,公共权力行使过程中的委托—代理关系造成了公共权力所有者和行使者不一致的实际状态。因此,为维护公众整体利益,就必须对"代理人"行使权力的过程和结果进行监督。② 基于信任而产生的受托责任必须得到履行,并且向委托人加以说明。国家审计监督作为一种对受托公共经济责任的"检查与证明",其工作重心就是监督政府公共部门作为代理人的责任履行情况,从而维护好人民群众的根本利益;同时以财政合规性审计为基点不断扩展审计领域和范围,在依法独立审计的基础上充分发挥权力制约与监督功能。③ 也就是说,在国家治理中,作为党和国家监督体系中制度支柱之一的审计监督制度是国家政治权力结构的重要组成部分,其职能就是要依法独立行使经济监督权,预防、制约和监督权力腐败行为,实现社会对于国家良政善治和公平正义的期望。

(三) 国家审计的核心在于审计监督权的配置和运用

审计作为一种国家政治制度,最早诞生于英国,实际上是作为高悬于最高政治权力头顶的"达摩克利斯之剑"而出现的,是英国议会与王权斗争并最终使国王财政权受到限制的产物,是民权与王权围绕财产权、征税权斗争和博弈的结果。所以说,审计从一开始就是一种对国家财产权力进行监督制约的机制。人类政治文明的共同目的便是通过各种手段限

---

① 《马克思恩格斯选集》第四卷,北京:人民出版社,1995年,第116页。
② 陈全民:《马克思主义权力学说与行政权力制约和监督》,《西南民族大学学报(人文社会科学版)》2015年第6期。
③ 杨肃昌、李敬道:《从政治学视角论国家审计是国家治理中的"免疫系统"》,《审计研究》2011年第6期。

制国家专断的权力……虽然各国有关审计的法律形式各不相同,但都与某一特定国家的政体相关联,表现为国家权力的配置关系和运行方式。①同时,在政治发展和政治现代化进程中,审计监督权作为一种政治权力也是随着经济社会的发展变化而不断调整的。如前文所述,十九世纪英国审计制度经历了一系列的变化。从1834年开始,英国增设国库审计长办公室与1780成立的公共账目审计委员会合作,共同负责财政收入的审计监督。1861年,英国议会下院设立决算审查委员会,专门负责对决算进行审查并向议会报告。1866年颁布的《国库和审计部法案》设立主计审计长职位以及国库审计部,对政府部门和公共机构进行审计,为确立英国现代国家审计制度奠定了法律基础。② 这一法案的颁布,不仅标志着现代英国国家审计制度的建立,而且正式宣告了世界上第一个现代立法型国家审计制度的诞生。曾在英国国库审计部供职的E.莱斯利·诺曼顿(E. Leslie Normanton)不无自豪地宣称,很少有一套官方和宪法的实践能受到如此的赞扬,多年来一直如此。③ 其实,国家审计的核心在于国家权力结构中审计监督权的恰当配置和有效运用。这是任何一个国家审计监督机关有能力扮演"达摩克利斯之剑"角色和发挥控权防腐利剑作用实效性的前提和条件。就英国审计监督的权力配置而言,英国政府审计机关由三级组成,即除了国家审计署之外,还有地方审计署,包括审计委员会、苏格兰审计署、威尔士审计署、北爱尔兰审计署,以及地方政府(市区)审计办公室。④ 其中,审计委员会成立于1983年4月,其前身是英国原地方审计处,隶属于英国副首相办公室,是具有高

---

① 王世涛:《论宪法视域下审计体制的变革——检察机关行使审计职权的可能路径》,《法治研究》2015年第4期。
② 徐华娟:《英国审计制度的诞生》,《学习时报》2013年8月5日第9版。
③ Normanton, E. Leslie, "Reform in the Field of Public Accountability and Audit: A Progress Report," In Benjamin Geist, (ed.), *State Audit: Developments in Public Accountability*, London: The Macmillan Press LMT, 1981: 23.
④ 舒文定:《影响英国政府审计定位的因素》,《中国审计报》2004年6月23日。

度独立性的地方政府审计监督机构。

当然,在国家政治权力结构中,审计监督权的配置主要是针对政府公共权力机关所行使的对经济权力的制约与监督。但是,政府权力机关的权力配置和行使并不总是处在均衡状态之中的。例如,美国在建国后的很长一段时间里,政府行政机关的实际预算权总是大于国会。由于政府预算缺乏公开性和透明性,使美国政府演变成"看不见的政府"(invisible government),而"看不见的政府"必然会演变成"不负责任的政府"(irresponsible government)。众所周知,镀金时代(the Gilded Age,1870—1900)是美国历史上一个腐败猖獗、腐朽黑暗的时代,在政府中出现了系统性腐败。美国历史学者理查德·怀特(Richard White)认为,镀金时代的金融腐败包括日常的错误——说谎、欺骗和不诚实——主要是在纸上和电话线上表现出来的,却是在国家和国际规模上的。人们不必变得更加腐败,旧的错误已经产生了新的结果。在一页纸上修改几个单词或数字就可以带来巨大的财富。[①] 虽然在"进步时代"(the Progressive Era,1880—1920)早期开始了反腐败行动,但是直到20世纪初,美国政府才迫于各种政治压力特别是社会公众的压力,着手进行反腐败的制度设计,正式启动了公共预算制度改革。国会于1921年通过了《预算与会计法案》,立法机关最终确立了对国家预算的权力,强化了对政府"钱袋子"的控制权和监督权。与此同时,为了使预算权和预算监督权真正落到实处,该法还同时宣告了美国现代国家审计制度的诞生。[②] 根据该法案,美国还成立了联邦最高国家审计机关——审计总署。虽然该法案并没有明确规定审计总署隶属于有立法权的机构,但是在美国历史上第一次有了一个独立于财政部这个政府行政部门的联邦最高审计组织,这一组织具有审计政府行政部门财政行为,特别是支出行为恰

[①] White, Richard, "Information, Markets, and Corruption: Transcontinental Railroads in the Gilded Age," *The Journal of American History*, 2003, 90(1): 19-43.

[②] 石爱中:《国家审计的政治思维》,《民主》2005年第1期。

当性、合规性、合法性的职责。可以说,《预算与会计法案》成为维持美国审计总署法律权威的基础源泉之一。这也被认为是国会从制度的角度对总统的权力产生了怀疑。法案后半部分决定成立联邦审计总局,作为国会的支持性机构,其职能是审计联邦政府的支出,并协助国会行使立法监督职责。[①]可以说,审计监督权作为一个国家政治权力结构的重要组成部分,就是在动态的配置和调整过程中,或者说是在政治体制改革中实现了对行政权力的制约、监督和控制。

  国家治理的法治化、民主化和责任性意味着必须真正实现对政府公共行政权力的监督和控制。在国家治理现代化进程中,国家治理体系本质上就是在依法设权、授权、分权、赋权的基础上规范政府公共权力运行的一系列制度和程序,其目标是公平、公正、公开地提供公共服务以达成公共目标和维护公共利益。作为人类政治文明发展必须遵循的普遍规律,强化权力制约和监督是新时期我国国家治理体系建设的内在要求和必然结果。[②] 从这个意义上说,国家治理现代化就是要在依法设权、民主控权和问责治权的过程中实现对权力的监督和控制,确保其始终致力于维护公共利益并创造公共价值。在国家治理中,权力关系是国家治理能力现代化的内在主线,权力的失范已经成为国家治理能力现代化的深层制约因素,需要从权力监督的路径去促进和实现国家治理能力现代化。[③] 因此,如何构建一个均衡有力的权力监督体系是实现国家治理体系现代化首先要解决的问题。在国家治理视域中,国家权力分工应当符合决策权和执行权相互独立、决策权和监督权高度统一的辩证逻辑,[④]并且不断健全、完善和优化新时代党和国家监督

[①] Shafritz, Jay M. and E. W. Russell and Christopher P. Borick, *Introducing Public Administration* (fifth edition), Pearson Education, Inc., 2007: 485.
[②] 王寿林:《强化权力制约的理论探讨》,《中国特色社会主义研究》2014年第5期。
[③] 吴永生:《权力监督与国家治理能力现代化》,《理论导刊》2015年第5期。
[④] 连振隆、倪国良:《国家治理现代化视域下人大司法监督主体科学化研究》,《甘肃社会科学》2016年第3期。

制度体系,提升权力监督的权威性、协同性和有效性。当然,制约和监督作为两种不同的控权逻辑和制度形式,其目标都是指向依法控权的。如果说制约控权逻辑的缺陷在于降低决策效率,且造成权力滥用者将滥用权力的成本转嫁给组织和制度本身的话,那么,监督控权逻辑的问题则在于"谁来监督监督者",而且权力监督过程也存在效力递减的缺陷。[①] 所以,为了避免制约权力和控制权力的制度性难题,一个有效的控权制度体系需要同时兼顾权力制约和权力监督的制度设计逻辑内在的优缺点,以不断提高控权的制度实效性。在国家治理体系中,审计监督是国家权力结构中"决策权—执行权—监督权"三分框架下监督权子系统的重要组成部分。

国家审计作为在国家治理体系中发挥"免疫系统"功能的一个子系统,其实质是站在政治的高度上执行的一种权力制约与监督行为,其职责更多的是对受托公共责任进行"检查与证明",凭借制度优势和专业能力揪出经济、社会和政治运行过程中侵害公共利益的蛀虫、害虫,以确保国家机体的健康状态和社会的和谐稳定。基于此,审计监督工作重心的确立应以政治发展为基础,以财政审计为基点,并不断扩展审计领域、维护法治建设和发挥权力的制约与监督功能。[②] 作为党和国家监督体系中权力制约与监督制度设计而存在并发挥权力制约功能的审计监督,无疑"是一项政治性、政策性、专业性很强的工作,尤其是政治性,决定了审计工作的生命"。[③] 从国家治理的意义上说,审计监督的政治使命就是要在政治制度赋予的政治权力的基础上,通过对受托公共责任进行有效的审计监督,促进国家的良政善治,维护社会的公平与正义。突出审计监督权的合规性、合法性以及目标和

[①] 陈国权、周鲁耀:《制约与监督:两种不同的权力逻辑》,《浙江大学学报(人文社会科学版)》2013年第6期。

[②] 杨肃昌、李敬道:《从政治学视角论国家审计是国家治理中的"免疫系统"》,《审计研究》2011年第6期。

[③] 刘家义主编:《中国特色社会主义审计制度研究》,北京:商务印书馆,2016年,第73页。

程序的正当性、合理性,同时突出手段和方式的公众性、合作性,从而体现契约正义、程序正义与道德正义的有机统一。① 也就是说,国家审计的职能主要是经济监督,但是其效能却远远超出了经济领域,实际上因基于政治权力而具有政治性,并发挥政治影响力。

二、审计监督的政治权力分析

政治权力作为国家权力在政治领域的特殊表现,是一种政治力量,其所要实现的目的与政治相联系。政治权力在本质上表现为特定的力量制约关系,在形式上呈现为特定的公共权力,表现为一种强制力。审计权力是国家或组织为监督、鉴证、评价财政、财务收支的真实性、合法性、效益性而赋予审计机关及其审计人员的强制力量,是一种公共权力,即"公权"。从性质上看,审计权作为国家权力结构中的重要组成部分,是以国家审计监督制度为载体的一种法定权力,是人民主权和人民意志的体现,因而具有很强的政治性。从本源上看,审计权力如同财政税收权力一样,都是国家主权的派生物。民主国家的人民主权原则决定了以财政税收为物质基础的一切国家权力只能服务于人民的公共利益。在公共权力的社会契约论视角中,政府权力来自公民个人权力的让渡,即权力受托人在行使权力的过程中必须承担相应的受托责任。从结构上来看,审计监督权还应包括独立的审计启动权、充分的审计过程权、合理的审计结果权三方面的内容。② 从对象上看,审计监督权行使过程中所指向的权力客体包括管理、使用国家财政资金或公共资源的一切组织和个人。基于国家治理的依法设权、民主控权、问责治权的权力逻辑,审计监督作为一种政治权力要致力于在党和国家监督体系中发挥相应的功能和作用,从而与相互联系、相互作用和相互依赖的决策系统、

---

① 晏维龙:《国家审计理论的几个基本问题研究——基于多学科的视角》,《审计与经济研究》2015年第1期。

② 雷俊生:《审计监督权的结构分析》,《广西财经学院学报》2014年第4期。

执行系统共同维护经济社会的健康运行。① 一般来说,国家治理体系中的审计监督权由权力主体、权力客体、权力范围三部分构成。

(一) 审计监督权的主体

权力主体是指权力关系中具体权力行为的实施者。在国家治理中,审计监督权的主体是指依法行使审计监督权的各级审计机关、派出机构以及其中具体实施审计的人员。世界上绝大多数国家都依法设有国家审计机关,但是具体名称各异。例如,在英国叫国家审计署,在美国叫政府问责署②,在法国叫审计法院,在日本叫会计检查院,在韩国叫审计监查院(The Board of Audit and Inspection, BAI),在加拿大叫审计署(Office of the Auditor General, OAG)。在世界各国,审计机关的审计监督权都是法定职权,而且随着时代发展和使命任务的变化依法不断进行调整。加拿大卡尔顿大学公共行政学者莎伦·L. 萨瑟兰(Sharon L. Sutherland)在《审计政治:比较视角中的联邦总审计长办公室》("The Politics of Audit: The Federal Office of Auditor General in Comparative Perspective")一文中指出,很久以前,加拿大审计长一职是一个非常受人尊敬的职位,但其政治权力微乎其微。自1973年以来,审计长办公室的权力发生了重大变化,甚至加拿大议会制的平衡也被这些变化打破了。③ 特别是1977年通过的新审计长法更是赋予审计长评估政府政策、责任与绩效的权力,进一步拓展了加拿大联邦审计长的权力、职责和使命。在日本,1889年(明治二十二年),随着以1871年《德意志帝国宪法》为蓝本制定的日本第一部宪法《大日本帝国宪法》的颁布,审计院成为宪法明确规定的审计监督机关,并直属于天皇,独立于内阁

---

① 刘家义:《论国家治理与国家审计》,《中国社会科学》2012年第6期。
② 1921年颁布的美国《预算和会计法案》把审计事务从政府财政部中分离出来,交给一个独立的专门机构去实施,这就是美国国会"看家狗"总审计局。2004年,其法定名称更改为美国政府问责署,以更好地体现其使命、任务和工作重点的变化情况。
③ Sutherland, Sharon L., "The Politics of Audit: The Federal Office of Auditor General in Comparative Perspective," *Canadian Public Administration*, 1986, 29 (1): 118–148.

进行财政监督。此后60年间,日本审计院作为直属于天皇的独立的国家机构,行使财政监督的职能。[①] 但是,它说到底仍然是日本皇权的附属品。审计官的职权、任免都取决于作为日本最高统治者的天皇的个人意志,审计官进行审计监督的权力来自皇权。审计院其实就是协助天皇实施和维护独裁统治的监督工具。天皇作为专制独裁者授权其委任的官员检查下属官员是否忠实履行职责,其实就是授权其代替自己进行政府审计。虽然政府审计的职能同样是监督受托经济责任的履行情况,却不是代表社会公众,而是代表作为皇权独裁者的委托人,对其代理人——各级官僚进行监督,政府审计在本质上是"隶属于政府的内部审计",委托人是作为专制独裁君主的天皇。1947年(昭和二十二年)5月3日开始施行的《日本国宪法》规定,国家实行以立法、司法和行政三权分立为基础的议会内阁制。天皇为日本国和日本国民总体的象征,无权参与国政。因而,审计院也就不再直属于天皇个人。同时,审计院对日本内阁也具有很强的独立性,与日本国会的关系更加密切,独立行使法律赋予的审计监督权。

在中国,宪法确立了行政型审计制度的基本架构,即审计机关设立在国务院和县级以上人民政府,依法独立行使审计监督权。广义上的审计权力主体是在审计活动中实施审计行为的审计机构和审计工作人员。在实际的审计监督工作中,审计主体就是专职的审计机构和专业审计人员。我国审计监督制度的分类包括国家审计、内部审计和社会审计。审计机关作为国家治理体系中的一个组成部分,构成了专责进行审计监督的权力主体,在党和国家监督体系中依法独立行使审计监督权,发挥经济卫士的职能,预防和分析权力异化和权力腐败现象。的确,审计监督制度作为国家政治制度的重要组成部分,关键是要在国家治理中发挥其重要的职能作用。然而,国家审计监督也并非万能的,除了审计管辖权限、审计职责等原因外,即使倾全

---

① 张禹新:《日本会计检查院的概况》,《审计研究》1995年第2期。

国 8 万审计人员之力,也无法将一个超大国家在经济运行中存在的问题一一揭露。实际上,国家审计公告的大部分内容是由审计系统中仅有的 3 000 多名审计人员提供的,①其依靠自身力量实现审计监督全覆盖的难度可想而知。因此,审计监督作为国家治理体系中的重要组成部分,需要以治理的思维并依靠民主与法治的力量协同多元主体,通过公共问责路径提升监督的实效性。实际上,国家治理就是指国家机关为了实现其目标,通过一定的制度安排,协同其他社会主体,共同管理公共事务。② 从这个意义上说,审计监督与审计问责作为国家治理的重要组成部分,离不开审计机关与其他相关权力监督与公共问责主体的协同合作。在国家治理体系中建立审计监督与审计问责的横向协同机制,通过与其他权力监督及公共问责主体之间的协同配合,不断拓展协同治理的空间,为审计监督与问责主体参与国家治理奠定良好的基础。③ 换句话说,审计监督不仅具有很强的政治性、政策性和专业性,而且是一项强调协同性的工作。从审计监督与审计问责的权力主体角度来看,国家审计应该是以审计机关直接问责为核心,同时辅之以权力机关的监督和问责,包括立法机关、司法机关和行政机关的监督和问责,再扩展到媒体监督和舆论问责,包括以媒体为主体的全民监督和公共问责,从而构成一个审计监督与审计问责的整合、协同的有机体系。在一个良政善治的社会中,国家权力结构中的各个部分之间以及国家与社会之间都是合作的、协调的、互动的,因而也是多元共治的。的确,真正的问责说到底还必须靠权力之间的控权逻辑和监督机制来实现。如果没有权力之间的有效制约和监督,没有健全的监督体系和问责制度,由媒体监督而形成的反映民众问责呼声的公共问责也会流于形式。因此,在审计监督权和审计问责权的主体构架中,首要的是依法进行有序的合理的权力配置,同时建构强有力

---

① 王中信、吴开钱:《国家审计边界探析》,《会计研究》2009 年第 11 期。
② 雷俊生、马志娟:《国家治理视角下的审计问责》,《会计之友》2012 年第 14 期。
③ 雷俊生:《审计监督权的结构分析》,《广西财经学院学报》2014 年第 4 期。

的制度控权体系为审计监督提供制度支撑,才能保证对被审计单位以及相关当事人的有效问责,①从而不断提升审计监督效能。可以说,没有依法授权的审计监督权力主体,一切审计监督和审计问责都无从谈起。

(二) 审计监督权的客体

权力客体是指权力行为的接受者。实际上,权力必然是存在于主体与客体的相互关系和互动过程之中的。审计监督权的客体是指审计权力主体依法行使的审计权所作用的对象。由于各国法律规定的不同,审计监督权的客体也存在一定的差异,但大多都围绕财政财务收支的真实性、合法性和效益性展开,并且直接指向政府公共部门的经济权力及其运行过程。所以,审计监督权的客体说到底还是一种权力主体,是权力制约和监督制度所指向的对象。在党和国家的监督体系中,权力监督制度作为国家政治制度和法律制度的重要组成部分,是加强和改善党的领导、控制国家机关权力滥用、促进人民民主权利实现的重要制度保障,其核心是对公共权力的监督。党和国家的权力运行到哪里,监督就要跟进到哪里。②从这个意义上说,审计监督权的客体是随着国家权力机构的调整改革和客观形势的发展演变而动态变化的。依据《中华人民共和国审计法》的规定,国务院各部门和地方各级人民政府及其各部门的财政收支,国有金融机构和企事业组织的财务收支,都必须接受审计监督。同时,随着我国经济政治体制改革的不断深入、国家治理主体的多元化以及国家治理涉及的领域多层次化,审计监督权的客体、对象和内容也进一步扩大。此外,在改革过程中,国有资源委托—代理关系中的经管责任也是审计监督的对象。③从授权控权的基本逻辑来讲,审计监督权的客体就是国家治理中的受托公共经济权力和责任。

---

① 冯均科:《国家审计问责主体的剖析》,《现代审计与经济》2008年第6期。
② 蔡林慧:《试论中国行政监督机制的困境与对策》,《政治学研究》2012年第5期。
③ 郑石桥:《政府审计对象、审计业务类型和审计主题》,《会计之友》2015年第18期。

(三) 审计监督权的范围

权力客体是指权力行为的接受者,审计权的客体是指权力主体行使的审计权所作用的对象。由于各国法律规定的不同,审计权的客体也存在诸多方面的差异,但大多都会围绕财政财务收支的真实性、合法性和效益性展开。因此,国家治理体系中的审计监督权行使过程所指向的对象就应该包括管理、使用国家财政资金或公共资源的一切主体。审计监督权的范围是指国家审计主体对客体实施审计监督的权限范围。目前,世界上多数国家的审计权限都是由宪法确立的。在不同的国家和地区,审计权的主体是不同的,针对不同的权力客体,权限内容和权限范围也都各有差异。各国根据本国国情,制定了相关审计法律法规以确定审计监督权限的具体内容和具体范围(见表3.1)。

表3.1 部分国家审计部门所属体制及其所拥有的权力比较

国家	审计部门名称	所属体制	拥有的权力
英国	审计署	立法型审计体制	审计监督权、参与提起和支持公诉的职权、刑事上诉案的跟进调查、参与民事诉讼活动的职权、参与行政诉讼的职权、审计报告权
美国	审计署	立法型审计体制	调查取证权、获取信息资料权、建议权、移送处理权和报告公布审计结果权
俄罗斯	联邦审计院	立法型审计体制	国有资产监督权、信息获取权、审计报表获取权、审计结果报告权、质询权、建议权
法国	审计法院	司法型审计体制	审查权、调查权、索要报告权、公布报告权、司法判决权
德国	联邦审计院	独立型审计体制	获取信息资料权、预算建议权、移送处理权、表明建议权和报告公布审计结果权
日本	审计院	独立型审计体制	审计权、惩治权、建议权、法规制定权

(续表)

国　家	审计部门名称	所属体制	拥有的权力
韩　国	审计监查院	行政型审计体制	决算确认权、会计检查权、职务监查权、自体监查批准权、相关法律法规的意见表达权
中　国	审计署	行政型审计体制	要求报送资料权、检查权、查询存款权、调查取证权、行政强制措施权、提请协助权、处理处罚权、通报或公布审计结果权、建议权

2014年10月9日,国务院发布了《关于加强审计工作的意见》。《意见》扩大了审计机关的职责权限,强化了被审计单位的责任,实行自然资源资产离任审计、监督领导干部履职尽责情况等,基于国家治理现代化的要求实行审计监督全覆盖。[1] 扩大审计机关职责权限的宗旨显然是为了进一步发挥审计监督在国家治理体系中的职能作用,通过审计监督全覆盖推动国家重大决策部署和政策措施的贯彻落实,促进国家治理体系中的廉政建设。

2015年12月8日,中办、国办就印发了《关于完善审计制度若干重大问题的框架意见》及《关于实行审计全覆盖的实施意见》,强调要进一步完善审计制度,做到"应审尽审、凡审必严、严肃问责",加大审计资源统筹整合力度,增强审计监督的整体效能。同时,还强调要构建大数据审计工作模式,建设国家审计数据系统和数字化审计平台,建立审计实时监督系统,实施联网审计。

总之,实行审计监督全覆盖,就是要实现"横向到边、纵向到底"的全方位的审计监督,不留盲区和死角,充分发挥审计监督在反腐败和廉政建设中的利剑作用。

当然,财政审计权最终是由一个国家的政治制度和治理结构所决定的。

---

[1] 邹小平:《〈国务院关于加强审计工作的意见〉解读》,《审计月刊》2014年第11期。

美国前审计总署署长戴维·M.沃克认为,会计和审计工作从来就不是审计总署的主要使命。美国审计总署对联邦政府财务活动的审计只占其工作量的15%,审计署的大部分工作是对联邦政府进行业绩审核、项目评估、政策分析等。① 显然,这是审计权扩张带来的审计范围和审计内容的扩大。近年来,在西方发达国家,由于人民逐渐关注环境保护、生态平衡以及少数群体的权益等问题,国家审计权限逐渐覆盖政府项目是否影响环保、国民健康福利、少数群体权益保护以及生态维护等方面的内容。② 审计范围和审计内容的扩大必然引起对审计监督权力边界和审计监督能力的讨论和追问。

众所周知,对权力不设边界必然导致权力的滥用,甚至失控。在国家治理体系中确立审计监督权的边界,目的是确认审计监督与问责的功能空间,防止审计监督与问责权的滥用。审计监督与问责权边界过于狭窄,则不能充分发挥审计监督的职能作用;相反,审计监督与问责权的边界过于宽泛,则容易导致审计监督与问责的泛化,削弱国家审计监督的有效性和威慑力,无法在国家治理中有效发挥审计监督的制度效能,最终削弱国家审计参与治理的能力。③ 找准审计监督的权力边界是为了使作为审计监督权力主体的审计机关在实践中不越位、不缺位,既依法独立行使审计监督权,又注重加强审计机关与其他治理主体的协调,从而不断提高审计监督的权威性、实效性以及与党和国家监督体系中其他监督制度的协同性。

三、中国特色社会主义政治制度中的审计监督权

审计监督的职能作用使其成为国家治理的制度支柱和重要基石之一。审计监督权作为国家权力结构中的一个重要组成部分,是国家权力特别是

---

① Walker, David M., *GAO: Transformation, Challenges, and Opportunities*, Highlights of GAO-03-1167T, a Testimony before the Senate Committee on Governmental Affairs, Comptroller General's Testimony of July 16, 2003: 76.
② 金玲:《民主视野下国家审计的法理思考》,《特区实践与理论》2015年第6期。
③ 雷俊生:《试论国家治理视角下的审计问责边界》,《天津财经大学学报》2012年第8期。

国家财产权力安全有效运行的重要监督控制机制。可以说,国家审计制度的核心在于审计权的配置和运用。

(一) 我国审计监督权的主体及其政治法律地位

审计监督权是指国家审计机关依照法律规定对审计对象的财政经济活动进行调查、检查、审核、报告和处理等行为的法定监督职权。在中国,审计监督权是各级人民政府行政管理监督职权的组成部分。1982年《宪法》确立了我国现行的国家审计制度,并且从法律层面确立了国家审计权,充分显示了国家审计制度的重要性,为我国审计监督工作走上规范化、制度化的轨道提供了根本法上的依据。[①] 同时,审计监督权主体的确立及其政治法律地位的明晰,也为审计监督成为党和国家监督体系的制度支柱奠定了法律基础。依据《宪法》规定,1983年9月15日,中华人民共和国审计署成立,为国家审计权的有效运行提供了行政载体。

为了加强国家的审计监督,1994年8月31日,《中华人民共和国审计法》正式颁布,进一步健全了国家审计监督制度,为国家审计机关依法独立行使审计监督权提供了法律保障。《审计法》在"审计机关职责""审计机关权限"以及"法律责任"三章中对审计机关的审计监督权作出了全面规定,审计机关依法拥有的审计监督权限主要包括:要求报送资料的权力,监督检查的权力,调查取证的权力,建议纠正有关规定的权力,向有关部门通报或向社会公布审计结果的权力,经济处理权力、处罚权力,建议给予有关责任人员行政处分以及一些行政强制措施的权力,提请公安、监察、财政、税务、海关、工商行政管理等机关予以协助的权力,等等。

审计监督权是国家法律法规明确赋予审计机关独立行使的权力,具有国家强制力和约束力。审计机关必须严格按照法律规定对审计对象进行独

[①] 李样举:《我国宪法上的审计机关研究——以宪法第91条为中心》,《国家行政学院学报》2011年第5期。

立的审计监督,既不得越权,也不能失职。同时,被审计单位和个人不得拒绝、阻碍审计机关依法行使审计监督权,否则应承担相应的法律后果。但是,国家审计权作为行政权的附属权力或下位权力,①其独立性和有效性都需要不断加强。如果说国家治理的核心问题是国家公共权力的合理配置与有效运行问题,那么,审计监督权的优化配置也就直接影响审计监督制度在党和国家监督体系中的效能和职能作用。

（二）我国审计监督权的政治意义

审计作为一种权力监督活动天然地带有浓厚的政治色彩,具有突出的政治意义。因为无论审计机关以何种方式对何种内容进行审计监督,诸如预防、查证、揭示和查处重大的违法违规和经济责任问题、重大的损失浪费和环境污染问题、威胁国家信息安全等问题,说到底都是属于公共权力监督范畴的活动。也就是说,审计监督制度的形成与职能作用的发挥实际上是公共权力博弈的过程和结果。从政治学的视角来看,审计监督权对于公共权力的制约与监督是通过在各类政治主体之间进行合理的权力配置而实现的。而国家权力合理配置的关键就集中在权力的制约与监督上。各国政治实践表明,对权力的配置与制约是现代国家政治制度设计的基本要素,是确立国家政治制度的重要原则,毫无疑问也是国家治理的永恒主题。②审计权能配置适宜与否,直接影响审计监督能否在国家治理中有效发挥其应有的职能作用。而审计权能的配置与国家政治制度以及政府审计体制密切相关。总体来说,审计体制通过影响审计独立性以及审计权能配置来影响审计社会价值。③换句话说,由政治制度设计决定的审计监督权能配置不仅影响审计监督的自身价值,也会影响审计监

---

① 魏昌东:《中国国家审计权属性与重构》,《审计与经济研究》2010年第2期。
② 杨肃昌、李敬道:《从政治学视角论国家审计是国家治理中的"免疫系统"》,《审计研究》2011年第6期。
③ 李笑雪、郑石桥:《政府审计独立性、审计体制和审计权能配置》,《会计之友》2015年第20期。

督的社会价值。

在中国,始于2003年的"审计风暴"绝不仅仅是经济领域的一种审计现象,更是一种国家治理中复杂的社会现象和政治现象。尽管"审计风暴"所暴露出的案件和问题绝大多数的确是发生在经济领域的,但其产生的根源却可追溯到政治领域,具有鲜明的政治意义和政治影响力,其实质就是围绕公共权力而展开的监督活动,只有结合政治学的视角才能全面理解审计监督的本质和发展规律。[1] 十九届四中全会提出,要在党的全面领导下更好地发挥审计监督的职能作用。可以说,党的领导为国家审计机关依法独立行使审计监督权明确了正确的政治方向,提供了可靠的政治保障。

(三) 我国审计监督权与政治环境的关系

审计监督制度说到底就是指在一定环境条件下对于各种审计对象的权力运行过程和结果进行监控和制约的规范体系。审计环境中的某些方面深刻影响着,甚至在一定程度上决定了审计监督制度的权力地位、制度效能和监督实效性。审计环境中的经济制度和与其相适应的政治制度起着决定作用。[2] 也就是说,在国家治理体系中,影响审计监督的外部环境其实是一个环境系统。其中,政治环境作为国家审计监督制度最为重要的外部环境,不仅决定着一国的审计监督模式,而且直接影响审计监督的制度设计。这是因为政治环境的核心是政治制度,一国的政治制度通常是由一国的法律尤其是宪法来反映和确认的,它受到法律强制力的保护。[3] 应该说,自1983年重建审计制度以来,国家审计机关发挥了重要的职能作用。但是,审计监督面临着体制制约、审计监督权弱化和审计结果

---

[1] 杨肃昌:《审计监督的政治学思考》,《审计与经济研究》2008年第2期。
[2] 李齐辉、吕先锫、许道俊、刘新琳:《试论我国审计制度的构建与创新》,《审计研究》2001年第2期。
[3] 侯晓靖:《对影响我国审计问责的现实环境的分析》,《现代审计与经济》2009年第3期。

失真并受到质疑等严峻挑战。因此,国家审计机关迫切需要改进审计领导体制、完善审计制度机制,实现对国家审计权的优化配置。[①] 在国家治理责任性日益凸显以及公共问责广受关注的大背景下,审计监督与问责的政治环境日益优化,审计监督制度与体制改革举措也呼之欲出。

为了解决国家审计机关宪法职权较高但实际履职机关政治地位较低的现实问题,中共十九大报告在提出"健全党和国家监督体系"目标的基础上,明确了构建一个"党统一指挥、全面覆盖、权威高效的监督体系"的目标任务,并且提出了改革审计管理体制的具体要求,最终通过审计体制改革设置中国共产党中央审计委员会,从而贯通了党和国家监督体系,使审计监督权在实现监督权威性、协同性和有效性方面有了充分保障。

第二节 审计监督的政治体制保障

国家治理体系中的政治体制作为国家审计监督制度的基础和体制保障,不仅赋予了审计监督政治使命,而且凸显了审计监督的政治职能,直接决定着审计监督制度安排的权威性、协同性和有效性。

一、政治体制赋予审计监督政治使命

一般意义上的政治体制,即政体,主要是指一个国家的政治、统治形态,也就是国家政治体系运作的形式,即统治阶级采取何种方式来组织自己的政权机关。政治体制是政治制度的体现。世界上的政体多种多样,没有一种政体是普遍适用的。亚里士多德在《政治学》一书中就曾指出,没有"绝对至善的政体",只有与特定城邦"相适应的最良好政体"。[②] 同

[①] 朱殿骅、伍学进:《我国国家审计权的配置现状与优化路径》,《江汉学术》2014年第2期。
[②] [古希腊]亚里士多德:《政治学》,吴寿彭译,北京:商务印书馆,1965年,第176页。

样,由国家的政治制度和政治体制所决定的国家审计监督制度也必然是具有多样性的。但是,无论审计监督制度具有何种多样性,审计监督作为国家政治制度的组成部分,首先要履行政治使命;同时,审计监督的政治使命要基于政治体制中权力配置的权责一致原则;此外,审计监督履行其政治使命要依托于政治体制的制度化保障。

(一)审计监督的政治使命源于其是国家政治制度的重要组成部分

国家治理中的审计监督制度是一个国家整体政治框架的重要组成部分,也是国家整体制度体系建设中的重要一环,甚至是国家监督体系的制度支柱之一。一个国家审计监督体制的选择总是受多种因素的影响,包括经济发展的市场化程度、历史传统、社会文化和政治法律等,其中影响最大的因素是这个国家的政治制度和政治体制,它直接影响着国家审计机关的领导关系和国家审计机关作用的发挥程度。[1] 审计监督说到底就是对受托经济责任进行监督,促进公共权力的规范运行。国家审计作为党和国家监督体系的重要组成部分,本质上是国家政治制度的具体内容之一。因此,除受社会历史和文化传统的影响外,政治体制最终决定着国家审计监督体制。[2] 政治体制决定了审计监督的政治使命、职能作用和具体任务。任何一项制度的安排,只有深深根植于其历史文化传统和现实社会政治之中,才能具有旺盛的生命力。中国特色审计监督制度是在中国特色社会主义制度下形成的,不仅符合中国国情,体现社会主义的本质要求,[3] 而且是基于审计的本质构建的。中国共产党的领导是中国特色社会主义最本质的特征,而审计的本质是对于经济权力运行过程的民主监督。因此,中国特色社会主义审计监督制度的政治使命就是在党的领导下,依法独立行使审计监督权,在国家治理中积极发挥职能作用,提升制

---

[1] 刘力云:《当前国家审计体制研究中的四个问题》,《审计研究》2002年第5期。
[2] 刘明超、翁启文:《论国家审计的法治化》,《国家行政学院学报》2006年第1期。
[3] 王鸿:《中国特色国家审计制度的基本内涵》,《中国审计报》2009年4月29日第005版。

度执行力。

(二) 审计监督的政治使命要基于权责一致原则

基于受托责任理论,审计随着受托责任的产生而产生,也必然因为受托责任的发展而发展。[1]而政治制度对政府审计机关的隶属关系具有决定性的作用,[2]中国特色审计监督体制是符合中国政治制度和历史传统的正确选择,并在实践中发挥了重要作用。随着政治体制改革的深入,民主法制建设的完善,[3]中国特色审计体制也在变革中不断优化。审计体制变革的总趋势是基于政治体制中权力配置的权责一致原则不断强化审计监督的政治使命。具体说来,就是要时刻把讲政治放在审计监督工作的首位,不断提高政治站位,把讲政治的要求切切实实地贯彻于审计监督的全过程,自觉履行宪法和法律赋予国家审计机关的审计监督权;通过审计监督促进国家治理中各项政令的畅通执行和贯彻落实,规范权力运行过程,推动国家廉政体系建设;充分发挥审计监督作为国家治理"免疫系统"的功能作用,更好地维护人民的利益和国家安全。

(三) 审计监督履行政治使命要依托于政治体制的制度化保障

审计监督履行政治使命需要依托于一定的审计组织形式,而审计体制说到底是要基于国家政治体制的制度化保障。审计理论界一般将审计分为立法型审计、司法型审计、行政型审计和独立型审计。其实,审计都是具有独立性的,不管是对议会负责还是对政府负责,都是独立的。[4]我国审计机关是政府的组成部门,但每年的预算执行审计情况和其他财政收支审计情况既要向政府报告,又要受政府委托向人大常委会报告。[5]实

---

[1] 杨时展:《国家审计的本质》,《会计之友》2008年第6期,原载于《当代审计》1982年第2期。
[2] 廖洪、余玉苗:《审计比较研究》,武汉:武汉大学出版社,1996年,第78—126页。
[3] 马曙光:《政治制度、历史传统与中国政府审计体制选择》,《审计与经济研究》2006年第6期。
[4] 李金华:《加强我国审计监督工作的若干思考》,《中央财经大学学报》2003年第8期。
[5] 刘家义:《世界主要国家审计制度的比较与思考》,《中国审计》2004年第21期。

际上,中国的审计监督体制体现的是由中国特色社会主义政治制度决定的审计关系和审计监督模式。政府审计作为经济监督部门,在国务院下采用行政型审计模式是我国审计机关的现实选择。① 在中国特色社会主义民主政治的发展过程中,审计监督履行政治使命就是要在党的领导下坚持依法独立审计,实现人民当家作主的政治目标和以人民为中心的审计监督。

二、政治体制凸显审计监督的政治职能

审计监督作为由政治体制所决定的国家治理工具,同时也是党和国家监督体系的制度支柱之一,具有鲜明的政治工具属性、政治方向选择性和政治目标导向性。

(一) 政治体制决定了审计监督的政治工具属性

民主政治中的委托代理关系决定了一切政治体制中的受托权力都需要接受监督。从这个意义上说,审计监督无疑是民主政治中必要的权力控制机制中的多元化政治工具之一。离开了国家审计机关对于权力行使者受托责任的审计监督,民主治理、法治、责任治理都无从谈起。德国马尔堡大学劳伦兹·布鲁姆(Lorenz Blume)和汉堡大学斯蒂芬·瓦格特(Stefan Voigt)指出,最高审计机关要对政府行为合法性进行审计,但往往也会对许多政府部门的支出行为进行效率甚至效果审计。② 审计机关的经济监督内容实际上是服务于政治监督目标的,是对受托公共权力的政治监督。当然,审计监督的政治职能在一定程度上取决于被审计人对其有用性的感知、认识甚至是建构。美国德克萨斯A&M大学组织理论学者帕特里夏·H.桑顿(Patricia H. Thornton)和西北大学凯洛格商学院组织管理学者威廉·奥卡西奥(William Ocasio)认为,被审计的人是被

---

① 廖洪:《中国特色审计关系研究》,《财会通讯(学术版)》2007年第12期。
② Blume, Lorenz and Voigt, Stefan, Supreme Audit Institutions: Supremely Superfluous? A Cross Country Assessment. ICERWorking Paper No. 3/2007. SSRN: Retrieved from http://ssrn.com/abstract=965434.

嵌入机构之中的,进而形成他们的经验框架。被审计的人对有用性的感知和对自身现实的建构,引导着他们对于行动的选择。他们的感知是通过文化—认知的"工具"进行过滤的,接下来的行动取决于行为者的解释。[1]从这个意义上说,审计监督的政治工具属性既是人们基于历史文化传统而产生的一种政治认识和政治认同,也是在一定的政治体制安排中必然形成的认知。英国国家审计署杰瑞米·朗斯代尔(Jeremy Lonsdale)和埃琳娜·K.贝奇伯格(Elena K. Bechberger)认为,如果被审计人认为审计结果有帮助,则更有可能使用审计结果。[2]可以说,在任何一种特定的政治制度安排中,审计监督都是由政治体制所决定的致力于实现政治目标和治理任务的政治工具。

不同政治体制背景下的审计监督具有不同的模式。在威斯敏斯特模式中,最高审计机关负责向一个公共账户委员报告,该委员会自己发布一份报告,政府需要对此作出回应。在拿破仑模式或司法模式中,最高审计机关是司法的一部分,因此独立于立法和行政。在发现非法交易时,审计法院有权对其进行处罚。违法者通常被追究个人责任,并受到惩罚。法院法官通常享有无限的任期(直到固定的退休年龄)。在意大利、葡萄牙和巴西等国家,最高审计机关还具有事前控制功能。拿破仑模式在具有法国法律渊源的国家中最为普遍,而威斯敏斯特模式在英美法系国家中的应用最为频繁。

我国的审计监督制度属于行政型审计模式,但是针对审计体制本身

---

[1] Thornton, Patricia H. and William Ocasio, "Institutional Logics," in R. Greenwood, C. Oliver, R. Suddaby and K. Sahlin-Andersson, (eds.), *The Sage Handbook of Organizational Institutionalism*, London: Sage Publications, 2008: 99–129.

[2] Lonsdale, J., Bechberger, Elena K., "Learning in an Accountability Setting," in J. Lonsdale, P. Wilkins and T. Ling, (eds.), *Performance Auditing: Contributing to Accountability in Democratic Government*, Cheltenham: Edward Elgar Publishing, 2011: 268–288.

来说,其具有一定的政治属性和社会属性。国家治理中的审计监督制度属于国家的上层建筑,与国家的政治和法律直接相联系。从马克思主义基本原理来看,上层建筑由经济基础决定。

审计监督作为国家治理的一种政治工具,具有政治职能,能够完成特定的政治任务,具有发挥政治治理作用的内在功能。审计监督的政治职能是审计作为国家政治制度的一部分而固有的,但这种政治职能并不是一成不变的,它随着社会经济的发展而发展,随着社会经济关系的变化而变化,也随着审计对象的扩大而不断扩大,此外还随着人类认识能力的提高而不断加深和扩展。

研究审计监督所具有的政治职能,是为了更有效地发挥审计监督的职能作用和更好地指导审计监督的实践,促使审计监督的范围不断扩大,促进审计监督的职能日趋完善。审计监督不仅具有经济监督、经济评价和经济鉴证这三方面的基础性职能,还具有权力监督的政治职能。在民主社会中,审计监督是维护社会公共利益的政治工具。

(二)政治体制决定了审计监督的政治方向选择

在政治社会中,行动者的政治方向带有根本性的前提条件和政治基础。如果说审计监督作为一种政治工具既可以服务于阶级社会中统治集团的特殊利益,也可以服务于民主社会中公共利益的话,那么在政治社会中运用审计监督这一政治工具行使审计监督权的政治行动者必定是有政治方向选择性的。荷兰乌得勒支大学治理学院保罗·特哈特(Paul't Hart)和荷兰莱顿大学安克里特·威尔(Anchrit Wille)指出,主要问题是如何确定政策执行的政治方向,特别是在政治敏感的情况下,这意味着部长们期望官员能正确地预测任何特定问题和政策提案的政治后果。[1] 在

---

[1] Hart, Paul't and Wille, A., "Ministers and Top Officials in the Dutch Core Executive: Living Together, Growing Apart?" *Public Administration*, 2006, 84(1): 121-146.

国家治理中，审计监督作为权力监督体系的制度支柱之一发挥着独特的监督职能。由于国家审计的预算监督工作显然构成了政治程序的一环，因而其功能与其说是经济的，不如说是政治的。[1] 从这个意义上说，国家审计实质上就是委托代理关系框架下的权力制约工具，是民主政治得以正常运行和最终实现的一种政治工具。国家审计是一种维护社会公共利益的政治工具，在复杂的政治权力结构中，以政治立场与视角监督政府的财政行为。[2] 中国特色社会主义政治体制决定了我国的审计监督必须坚持社会主义政治方向，致力于促进社会主义民主政治建设，服务于将权力关进制度笼子里的党和国家监督体系建设目标，实现以人民为中心的公共价值和公共利益。

（三）政治体制限定了审计监督的政治目标导向

在民主政治体制下，国家治理中审计监督的目标是服务于民主与法治的有效运行，国家审计部门依法独立行使监督职权，致力于实现依法治权、民主控权和公共问责的政治目标。这也从一个侧面反映了政治体制对于审计监督政治目标导向的限定。荷兰乌特勒支大学治理学院马克·波文斯（Mark Bovens）指出，"公司风险"属性使得对于组织异常行为（organizational deviance）的预防极为重要。[3] 的确，复杂组织中的管理离不开监督制和问责制的实施，而监督与问责的政治目标都是与政治体制正相关的。美国佐治亚大学德尔默·D. 邓恩（Delmer D. Dunn）认为，政治—官僚关系在很大程度上取决于时间因素。人们经常认为政客和官僚有不同的时间观念：对政客来说，是急躁；对官僚来说，是耐力。在两个团

---

[1] 石爱中：《国家审计的政治思维》，《审计与经济研究》2003年第6期。

[2] 冯均科：《基于国家治理的国家审计制度分析》，载审计署办公厅、审计署科研所编：《纪念审计机关成立二十周年论文集》，北京：中国时代经济出版社，2003年。

[3] Bovens, Mark, *The Quest for Responsibility: Accountability and Citizenship in Complex Organisations*, Cambridge: Cambridge University Press, 1998: 60.

体持有的不同时间观下,政治需要在下一次选举前迅速取得结果,而官僚机构则对变革持谨慎态度。① 在政治压力和舆论压力下,政治家争取政策能取得迅速而明显的结果。实际上,国家治理体系中审计监督的政治性已经得到了世界各国的普遍认同。最高审计机关国际组织《利马宣言》中就明确指出:"最高审计机关的建立及其独立性的程度应在宪法中予以规定。"审计监督之所以载入宪法,主要是因为审计监督是国家行使政治与经济管理职能的一个重要方面,审计监督制度作为国家治理中的一项政治制度已为人们所普遍接受。在我国,审计监督制度是宪法规定的一项重要政治制度。② 诚然,在一些国家中,审计监督被宣称是中立的、非政治化的,甚至是去政治化的,不与党派利益矛盾发生直接关系。例如,美国审计总署声称其基本宗旨之一是"始终作为一个独立的、无政治倾向的机构,竭力协助国会、国会各委员会及国会议员履行其立法和监督的职责"。其实,其所宣扬的"无政治倾向"只是表示审计机关在竞争性政党关系中没有党派利益上的倾向性,并不表示审计机关没有参与国家治理的政治过程并服务于国家治理的政治目标。实际上,审计监督作为国家治理的制度支柱之一是具有明显的政治工具属性和政治目标导向的。在审计监督发挥对公众负责的监督职能活动中,它无疑是具有鲜明的政治倾向性和政治目标导向的。③ 在中国特色社会主义政治体制下,新型政党制度确保了根本利益的一致性和政治目标的一致性。因此,中国特色社会主义审计监督明确宣称坚持党的领导,在党的全面领导下依法独立行使审计监督权,并且通过审计监督服务于人民当家作主的政治目标。可以说,政

---

① Dunn, Delmer D., *Politics and Administration at the Top: Lessons from Down Under*, Pittsburgh, PA: University of Pittsburgh Press, 1997: 20.
② 于明涛、吕培俭、郭振乾、李金华:《论建设中国特色社会主义审计监督制度》(下册),北京:中国时代经济出版社,2005年。
③ 冯均科:《论国家审计的政治化倾向》,《经济问题》2003年第1期。

治体制限定了审计监督的政治目标导向。

三、政治体制改革决定了审计监督的发展方向

一个国家的审计监督模式是由其政治体制决定的。有什么样的政治体制,就会有什么样的审计监督模式,而且审计监督模式也是随着政治体制的改革发展而不断创新的。国家治理体系现代化内在地要求积极稳妥地推进政治体制改革,并不断地推进政治现代化进程,在国家治理法治化、民主化、透明化和责任性的过程中,通过发挥审计监督职能致力于实现干部清廉、政府清正、政治清明的目标。

(一) 政治体制改革不断提高审计监督与问责的实效性

所谓政治体制改革,就是在坚持中国特色社会主义政治总格局和权力结构形式不变的前提下,对国家政权组织、政治组织的相互关系及其运行机制进行调整、革新与完善。习近平指出,中国特色社会主义是社会主义而不是其他什么主义,科学社会主义基本原则不能丢,丢了就不是社会主义。[①] 中国特色社会主义国家治理所要求的责任政治意味着权力法治、民主控权和公共问责。公共权力监督和制约的方式有许多种制度化渠道和途径,审计监督无疑是其中的一个重要方面。之所以如此,主要就在于审计监督是厘清具体经济政治责任从而实现公共问责的路径。政治体制改革的一个重要方面就是要坚持和完善党和国家监督体系,充分发挥审计监督职能。发挥审计监督职能的关键则在于能否把审计监督和问责追责有机且有效地结合起来。换句话说,审计监督与公共问责是密切相关的。英国坎特伯雷肯特大学安德鲁·格雷(Andrew Gray)和比尔·詹金斯(Bill Jenkins)将问责制定义为:"受托履行责任的人提供关于履行责任

---

① 习近平:《习近平谈治国理政》,国务院新闻办公室、中央文献研究室、中国外文局编,北京:外文出版社,2014年,第22页。

的说明和履行责任的义务。"①基于这一理解,在政府公共部门行使公共权力的人必然具有履行公共责任、说明履行公共责任情况并接受监督的义务。荷兰学者玛丽-路易丝·比梅尔曼斯-威德克(Marie-Louise Bemelmans-Videc)、英国学者杰瑞米·朗斯代尔(Jeremy Lonsdale)和伯特·佩林(Burt Perrin)等人在《使问责运转起来:评估与审计的困境》(*Making Accountability Work: Dilemmas for Evaluation and for Audit*)一书中认为,问责可以被理解为各部门都有义务回答其履行对议会的责任的情况。② 在我国,现实国情的发展变化,必然要求体制的改革。而政治体制改革则从根本上决定了审计制度改革的方向,其目标是不断提高审计监督与问责的实效性。在党和国家监督体系中,坚持党的领导是实现各项监督制度相互协调并不断提高监督制度效能的根本保证,也是确保审计监督等具体监督制度充分发挥监督职能和提高实效性的根本保障。当然,党的领导并不意味着要事无巨细地包办,而是要依靠根本领导制度来把握政治方向,从而提升审计监督与问责制度的权威性、协同性和有效性,其所体现的是对于审计监督的一种根本性、政治性、方向性的领导。

(二) 政治体制改革决定审计监督发挥职能的方向

基于以上论述,我们可以说,政治体制改革不仅从领导体制上确保审计监督与问责制度的实效性,而且从根本上决定了审计监督发挥职能作用的方向。在致力于推进责任政治和廉洁政治的政治体制改革进程中,绩效评估、效益评估和绩效审计受到许多国家最高审计机关的重视和应

---

① Gray, A., Jenkins, B., "Codes of Accountability in the New Public Sector," *Accounting, Auditing & Accountability Journal*, 1993, 6(3): 52-67.

② Bemelmans-Videc, M.-L., J. Lonsdale and B. Perrin, *Making Accountability Work: Dilemmas for Evaluation and for Audit*, New Brunswick, NJ: Transaction Publishers, 2007: 241.

用。英国国家审计署埃琳娜·K.贝奇伯格和伦敦经济学院大卫·C.莱恩(David C. Lane)等人指出,最高审计机关在公共服务的效益评估方面发挥着重要作用。[①] 绩效审计一般是对被审计单位经济活动的经济性、效率性和效果性所进行的审计监督,发现并分析审计对象在经济性、效率性、效果性方面存在的问题,以帮助其针对存在的问题或绩效不佳的领域进行相应的整改。澳大利亚墨尔本大学詹妮·M.刘易斯(Jenny M. Lewis)指出,绩效评估常常被认为是对信息的非政治性应用(the apolitical application),收集和使用这些信息的目的是显示一套标准的有效性。在现实中,这个看似理性和技术性的计划背后隐藏着许多复杂的因素。她试图建立一个概念框架来审视绩效评估的政治——谁决定什么应该评估、如何评估和为什么评估——及后果。绩效评估存在明确和隐含的目的,也有其自身的问题、悖论和后果。如果说过去版本的绩效评估是理性的—技术性的(rational-technical),那么新近的绩效评估则更多的是现实的—政治性的(realistic-political)。这种绩效评估的社会结构和政治体制改革路径突出了动态性、互动性和权力,从而揭示了绩效评估的政治后果。[②] 换句话说,政治体制改革路径下发挥审计监督职能作用的方向是政治性的,是从理性的—技术性的绩效评估、效益评估和绩效审计向现实的—政治性的绩效评估、效益评估和绩效审计转换。从政治学的理论视角来看,审计监督之所以是具有政治性的活动,关键就在于审计监督本身及其所揭示的种种问题、悖论和后果就其实质而言都是"围绕公共权力而展开的活动"。事实上,无论是何种类型的审计监督工作,以及与审计监

[①] Bechberger, Elena K., Lane, David C., Mcbride, T., et al., "The National Audit Office Uses or to Assess the Value for Money of Public Services," *Interfaces*, 2011, 41(4): 365-374.

[②] Lewis, Jenny M., "The Politics and Consequences of Performance Measurement," *Policy and Society*, 2015, 34(1): 1-12.

督紧密联系的财政预算编制、审批、执行和监督等诸环节活动,无不属于公共权力运行与监督范畴,审计监督及其制度创新也无不是权力博弈的结果。审计监督的基本属性意味着其职能的发挥根本离不开政治体制的保障和政治体制改革的创新赋能。审计监督的制度来自宪法规定,其本身就是"国家政体的重要组成部分",审计监督制度的任何改革都与我国宪法和政治体制相联系。① 因此可以说,政治体制改革决定审计监督发挥职能的方向。

(三) 中央审计委员会为审计监督提供了政治体制保障

在政治体制改革背景下,审计监督制度如何改革优化才能确保审计监督的独立性、协同性和实效性,这是审计学界和实务界普遍关注的重大问题。就世界上不同国家的审计监督制度而言,"监审合一"与"监审分立"两种监督制度都是存在的;但是总的来说,"监审合一"是极少数的,绝大多数国家宪法规定了"监审分立"或审计监督机关独立存在。② "监审分立"是从体制意义上确保审计监督制度的独立性,但是这并不排除二者之间的互补性、协作性以及与其他监督制度之间的相互协调与协同,即在独自发挥其监督作用的同时进行充分的资源互补与协同合作。③ 同时,"监审分立"也是在确保审计监督独立性的基础上致力于充分发挥审计监督的效能,提升审计监督的实效性。

审计监督的政治方向是重点监督公共资金使用风险点,预防权力腐败,确保党和人民赋予的权力始终用来为人民谋福利。从这个意义上说,审计监督的直接目标是通过精准的审计监督防范腐败风险点,促进社会

---

① 杨肃昌:《审计监督的政治学思考》,《审计与经济研究》2008年第2期。
② 程乃胜:《监审合一抑或监审分立——监察体制改革试点背景下的我国国家审计制度完善》,《中国法律评论》2017年第4期。
③ 张艺琼、冯均科:《监察体制改革下的国家监察与国家审计协作机制》,《财会月刊》2018年第24期。

公平、公正与善治,不断提高政府质量和政府公信力,而审计监督的最终目标则是确保政府权力运行的规范化、公开化,并且始终服务于委托人的公共利益。瑞典哥德堡大学政治学教授博·亚伯拉罕·门德尔·罗斯坦(Bo Abraham Mendel Rothstein)认为,政府的质量对社会的许多方面都很重要,如社会、经济和政治成果,而可预测性和公正性对善治尤为重要。[①] 的确,政府质量是国家治理的重要方面,是实现善治的关键,而政府质量的提升离不开审计监督职能的充分发挥与精准发力。为此,各国都注重通过权威性的、独立性的审计监督制度建设并且扩大审计监督职能,致力于在绩效评估和绩效审计的基础上不断提高政府质量。美籍日裔学者弗朗西斯·福山(Francis Fukuyama)出版了《政治秩序的起源:从前人类时代到法国大革命》(The Origins of Political Order: From Prehuman Times to the French Revolution)、《政治秩序与政治衰败:从工业革命到民主全球化》(Political Order and Political Decay: From the Industrial Revolution to the Globalization of Democracy)等著作,促进了政府质量研究的复兴。福山认为,国家提供公共产品和服务的行政能力对治理质量至关重要。一些国家,特别是北欧斯堪的纳维亚国家,在政府质量、经济发展、平等、福利和信任的评估方面一直得分很高。福山甚至表示,"走向丹麦"(getting to Denmark)应该是许多国家和政府公共政策的一个重要目标。[②] 无论是从学理还是从实践上讲,政治秩序和政治衰败的问题都必须在政治体制的框架内解决。也就是说,必须通过政治体制改革确保审计监督的制度效能,不断提升审计监督的权威性、协同性和实效性。英国

[①] Rothstein, B., *The Quality of Government: Corruption, Social Trust, and Inequality in International Perspective*, Chicago, IL: University of Chicago Press, 2011: 183.

[②] Fukuyama, Francis, *The Origins of Political Order: From Prehuman Times to the French Revolution*, New York, NY: Farrar, Straus and Giroux, 2011: 14. Fukuyama, Francis, *Political Order and Political Decay: From the Industrial Revolution to the Globalisation of Democracy*, New York, NY: Farrar, Straus and Giroux, 2015.

学者杰里米·J. 理查德森(Jeremy J. Richardson)和瑞典于默奥大学布里特-玛丽·金布拉德(Britt-Marie Kindblad)在《瑞典的方案评估和效益审计：瑞典政策风格的变化》("Programme Evaluation and Effectiveness Auditing in Sweden: The Changing Swedish Policy Style")一文中指出，现代政府必须提高分析和评估公共方案的能力。然而，评估是在政治背景下进行的，许多政策都有未阐明的政治目标。北欧国家在政府的审计方面有着相对悠久的历史，自19世纪初以来，一些国家就在其宪法中授权对政府进行审计。第二次世界大战后，该地区政府审计的发展与许多经合组织国家公共行政的总体发展密切相关。自1960年代以来，一些北欧国家在发展和使用政府的绩效审计方面处于领先地位。[①] 总之，在责任政治和廉洁政治建设的大背景下，政府质量的提升是国家在治理现代化进程中基于善治等目标而提出的明确要求。只有依法不断提升审计监督的权威地位、制度协同性和技术支撑，充分发挥审计监督的职能作用，才能将中国特色社会主义审计监督的制度优势转化为治理效能。

在中国特色社会主义新时代，组建中央审计委员会，为执政党统一指挥审计监督工作提供了政治制度依据和政治体制保障。组建中央审计委员会是加强党的全面领导这一政治原则和根本领导制度在审计监督工作中的具体体现，是符合新时代政治制度和政治体制改革总体要求的审计监督制度创新。国家监察体制改革是一项重大的政治体制改革，其动因就在于构造一种独立于立法权、行政权和司法权的监察权这一专门的权力，从而强化对国家权力特别是行政权的有效监督。[②] 审计管理体制以及

---

① Richardson, J., Kindblad, Britt-Marie, "Programme Evaluation and Effectiveness Auditing in Sweden: The Changing Swedish Policy Style," *Scandinavian Political Studies*, 1983, 6(1): 75-98.

② 朱殿骅、伍学进、吴健茹：《国家监察体制改革背景下完善国家审计制度的思考》，《西安财经学院学报》2018年第3期。

审计监督体制的改革是这一重大政治改革中的重要方面。中共十九大提出,要健全党和国家监督体系,构建党统一指挥、全面覆盖、权威高效的监督体系。中共十九届四中全会《决定》指出,必须健全党统一领导、全面覆盖、权威高效的监督体系,增强监督权威性、协同性、实效性。对于国家审计来说,就是要坚持和发展中国特色社会主义审计监督制度,更好地发挥国家审计监督在党和国家监督体系中的重要职能作用。[1] 审计监督作为党和国家监督体系的重要制度支柱之一,其监督权威性、协同性、实效性的实现需要宪法的保障和政治体制改革的保障,也离不开政治权威的坚强领导和正确引领。中央审计委员会的成立就是审计监督职能得以充分发挥的政治与组织保障。[2] 总之,在国家治理体系和治理能力现代化进程中,权威性、协同性和实效性是审计监督制度的基本属性和重要特征,同时也是更好地发挥审计在党和国家监督体系中重要职能作用的内在要求。

第三节 审计监督的民主政治动因

在国家治理体系中,审计监督的政治逻辑不仅在于政治权力基础和政治体制保障,也是有着民主政治动因的。可以说,国家治理中的审计监督实质上是民主政治发展的根本要求。政府公共权力离开了民主这一控权机制必然会扩张、异化甚至腐败。如前文所述,只有通过审计监督防范腐败风险点,促进社会的公平、公正与善治,才能不断提高政府质量和政

---

[1] 郑石桥、刘庆尧:《〈审计法〉涉及的若干基础性问题的再思考——基于十九大报告的视角》,《南京审计大学学报》2018年第1期。
[2] 张道潘、周丹:《健全审计体制机制改革 推动国家治理能力现代化建设——"学习中央审计委员会第一次会议精神学术研讨会"会议综述》,《审计与经济研究》2018年第6期。

府公信力,而审计监督实质上就是国家立法机关与行政机关之间的权力制约与监督工具,是民主政治中的一种控权机制。与民间审计和内部审计相比,国家审计监督构成了行政行为之外的政治程序的一环。[①] 其实,民主本身就是一种控权机制,正是民主政治制度中民主管理和民主监督的现实需要催生了现代审计监督制度。

一、审计监督源于民主政治的深层推动力

现代审计制度最早确立于英国,其最显著的标志是1866年6月28日伦敦议会通过的《国库和审计部法案》,依法实现了对与公共财政有关的主体的公共经济行为进行审计监督。实际上,审计查账不仅仅是为了进行经济监督,而且是民主政治对于受托经济责任和政治责任进行监督的内在要求。近代民主政治的产生和发展是推动现代国家审计诞生的最深层动力;现代国家审计是保障民主政治的核心——是权力制约与监督机制得以实现的不可或缺的方式之一,是从经济监督角度出发对行政部门所承担的经济责任进行制约与监督。因此可以说,民主政治才是国家审计监督的本质。

(一)审计监督是民主政治的内在要求

现代审计监督制度是在民主政治的呼声中应运而生的,也是民主作为一种控权机制对于政治制度设计和政治体制改革的内在要求。众所周知,在专制王权时代,是根本无法对统治者进行审计监督的。由于现代社会分工的日益专门化和国家事务的日益复杂化,国家治理中所实行的民主并非直接民主,而是普遍地采用了代议制民主形式。民主政治中的代议制原则是基于委托—代理关系的,而委托—代理关系中存在的信息不对称和道德风险等问题必然需要通过监督和问责等制度化方式加以防范,从而保障委托人的权益。针对委托—代理问题而提出的代理理论也

---

① 石爱中:《国家审计的政治思维》,《审计与经济研究》2003年第6期。

被广泛认为是分析政府问责制有效性的通用理论框架。① 然而,正如德国学者汉尼斯·斯特赖姆(Hannes Streim)在《法律政治制度与最高审计机构中的代理问题》("Agency Problems in the Legal Political System and Supreme Auditing Institutions")一文中所指出的,在政府审计中涉及几套委托—代理关系。第一,作为委托人的选民选举议会的代表作为他们的代理人。第二,议会作为政府的委托人。第三,政府是公共行政管理的委托人。第四,除其他措施外,议会作为委托人通过聘用审计员作为其代理人核查政府账目并评估政府的绩效,确保其政策以负责任、高效率和有效的方式执行。为了避免审计人员与政府之间的共谋、勾结而产生不当影响,并确保实施中肯的和高质量的审计,立法者经常授权进行审计,并建立独立的审计机构,如最高审计机关。② 从这个意义上说,审计监督是民主政治制度中的必要组成部分。实际上,审计制度最初出现在英国就是为了对专制王权进行控制。1215年,封建领主强迫英王约翰签订的《大宪章》确立了国王的权力应在法律控制之下的权力法治原则,同时也为英国乃至世界现代审计的发展奠定了政治基础。③ 这一政治基础不仅意味着国王不经议会同意不得直接征税,而且标志着统治者如何花钱也要接受监督的政治原则的形成。这也说明了审计监督不仅是民主政治的组成部分,而且是基于民主与法治的原则确立的。换句话说,民主政治是审计监督的动因。没有民主政治制度这一制度基础,就不可能有现代意义上的独立的审计监督。我国已故著名审计学家杨时展(1913—1997)教授曾

---

① Moe, Terry M., The Positive Theory of Public Bureaucracy, In Dennis C. Mueller, (ed.), *Perspectives on Public Choice: A Handbook*, New York: Cambridge University Press, 1997: 455-480.

② Streim, Hannes, "Agency Problems in the Legal Political System and Supreme Auditing Institutions," *European Journal of Law and Economics*, 1994, 1(3): 177-191.

③ 李乾贵、白雪、罗峰、孙林:《论审计法治化的实现及对政府权力的制约》,《政府法制》2007年第10期。

指出,现代政府审计不仅因公共受托经济责任的产生而产生,而且因公共受托经济责任的发展而发展。①其实,审计查账远不仅是为了进行经济监督,而且是民主政治的内在要求。可以说,近代民主政治的产生与发展是催生现代国家审计监督制度的最深层动力。现代国家治理中的审计监督制度是保障民主政治的核心——是权力制约与监督机制得以实现的不可或缺的制度化方式之一。一句话,民主政治才是国家审计监督的本质。②如果说民主实质上就是一种控权机制,那么审计监督就是民主控权机制的具体方式之一。作为一种公共权力,审计监督权力是国家或组织为监督、鉴证、评价公共财政和财务收支的真实性、合法性、效益性而赋予审计机关及审计人员的一种强制性力量。国家审计权力行使的对象包括管理、使用国家财政资金或公共资源的一切主体。③审计机关及其审计人员的审计监督权力是在民主政治体制中接受委托而必须依法行使的服务于委托人利益的公共权力。

(二)民主政治的信任基础需要通过审计监督来维系、重构和增进

众所周知,一切民主政治的基础都在于信任。如果说民主政治是在公共生活的竞争与合作中展开的集群行动,是一种群体性博弈,那么离开了信任的民主政治必将是一种零和游戏,甚至演变为其和为负的一种游戏。这是因为,无论是合作还是竞争都需要在场者或参与者之间彼此信任,至少需要在竞争与合作的规则方面达成必要的共识,信任并遵从基于共识而形成的规则。④信任作为民主政治的基础需要有制度化的工具来维系,审计监督就是国家治理体系中维系、重构和增进信任的制度化工具之一。同时,审计监督是指向公共问责的,问责是审计监督存在的理由。

---

① 杨时展:《杨时展论文集》,北京:企业管理出版社,1997年,第281—294页。
② 文硕:《世界审计史》,北京:企业管理出版社,1996年,第57页。
③ 金玲:《民主视野下国家审计的法理思考》,《特区实践与理论》2015年第6期。
④ 上官酒瑞:《民主体制下的理性怀疑与政治信任》,《上海行政学院学报》2012年第4期。

从国家审计发展看,问责政府应当是审计监督制度建设的基本命题。[1] 审计监督与公共问责的目标就是要消除行政腐败和铺张浪费,建设法治政府、责任政府和诚信政府,从而不断增进政府信任水平。在约瑟夫·库珀(Joseph Cooper)、托马斯·J.鲁道夫(Thomas J. Rudolph)和温迪·M.拉恩(Wendy M. Rahn)主编的《国会与公众信任的下降》一书中,美国宾夕法尼亚大学戴安娜·C.穆茨(Diana C. Mutz)和格雷戈里·N.弗莱明(Gregory N. Flemming)等人指出,公众对各国政府信任度的降低增加了人们对公民参与的关注度,因为公民参与是民主至关重要的核心组成部分。公民参与可以增加公民对政府的信任,提高政府合法性,并提高政府响应能力。所有这些都导致了社区、地方主义和公民参与的思想和价值观在学术话语和政治话语中不断重现。[2] 加拿大学者帕特里斯·A.杜蒂尔(Patrice A. Dutil)、科斯莫·霍华德(Cosmo Howard)、约翰·朗福特(John Langford)、杰弗里·罗伊(Jeffrey Roy)等人指出,现在很难找到一个没有声称追求公民参与机会的政府。[3] 既然民主政治是基于信任的合作与竞争,而信任也是需要证明的,因而基于信任的民主也就离不开公众参与、民主监督与公共问责。同时,公众参与、民主监督和公共问责也是要基于信息公开的,国家治理的公开化本身就意味着透明治理,一切权力监督体系最终都指向公开和透明。因而就国家审计而言,关键就需要在审计监督的基础上公开审计报告。

在中国特色社会主义民主政治中,公共权力本是公民的共同权力,为

---

[1] 冯均科:《以问责政府为导向的国家审计制度研究》,《审计研究》2005年第6期。另参见谷志军:《审计问责与国家治理》,《理论与改革》2013年第4期。

[2] Mutz, D. and Flemming G., How Good People Make Bad Collectives: A Social-Psychological Perspective on Public Attitude, in J. Cooper, (ed.), *Congress and the Decline of Public Trust*, Boulder, CO: Westview Press, 1999: 79-100.

[3] Dutil, Patrice A., Howard, C., Langford, J., and Jeffrey Roy, "Rethinking Government-Public Relationships in a Digital World," *Journal of Information Technology & Politics*, 2007, 4(1): 77-90.

全体公民共同所有。十九届四中全会明确提出,发挥审计监督职能作用实际上就是要依法独立行使审计监督权,对公共资金、国有资产、国有资源和领导干部履行经济责任情况实行审计全覆盖,坚持"应审尽审"的原则,切实提高审计监督的制度执行力,彰显审计监督的制度效能,防止出现"制度空转"现象。从权力性质上看,审计监督权作为国家权力的重要组成部分,是以国家审计监督制度为载体的一种法定权力,是人民主权和人民意志的现实体现。从权力本源上看,审计权力如同财政权一样是国家主权的派生物。而人民主权原则决定了以财政为物质基础的一切国家权力只能"服务于人民"。政府行使公共权力何以能够始终得到委托人的信任呢?这就需要坚持和完善党和国家监督体系,不断增强监督的权威性、协同性和实效性。其中,充分发挥审计监督的职能作用无疑是党和国家监督体系的一个重要方面。总之,社会主义民主政治体制下的信任维系、重构和增进都必然需要进一步发挥审计监督的职能作用。

(三)民主政治中的受托责任需要审计监督进行问责追责

民主政治体制中的国家治理实际上是建立在授权赋能的理论逻辑之上的,而权力与责任对等的授权原则必然要求对受托责任进行监督与问责。国家治理中的经济责任审计说到底就是审计机关代表人民对国家各级政府及其所属单位的经济运行情况和经济责任履行情况进行监督。委托—代理理论为国家治理中对于受托经济责任进行外部审计的动机提供了必要的理论解释。英国布鲁内尔大学商学院吉尔·科利斯(Jill Collis)指出,在委托人和代理人之间存在信息不对称的前提下,代理人愿意承担提供信息的成本来支持这种关系,审计通过提供减少不确定性的信息来支持代理关系。[1] 从这个意义上说,审计监督实际上是内嵌于民主政治体

---

[1] Collis, Jill, "Audit Exemption and the Demand for Voluntary Audit: A Comparative Study of the UK and Denmark," *International Journal of Auditing*, 2010, 14(2): 211-231.

制之中的确保委托—代理关系得以维系的一种监督、评价与问责机制。其目标是使责任得到认真履行,承诺得以兑现,委托人的利益得到保护和实现。英国审计学家迈克尔·鲍尔指出,委托人是指与管理层的行为相距甚远、无法核实这些行为的任何人,如外部股东、贷款人和债权人。鲍尔认为,如果内部股东缺乏解释财务信息的必要技能,他们可能会出现信息不对称的问题。[1] 因此,对代理人受托经济责任的审计监督是民主政治体制中国家治理责任性的内在逻辑和题中之义。英国肯特商学院会计与公共部门问责制教授兼会计学主管沃里克·N. 芬内尔(Warwick N. Funnell)认为,审计具有许多其他形式的评估所不具有的优点。[2] 这一优点就是审计监督的经济鉴证职能有利于清晰地厘清民主政治体制下的受托经济责任。美国威斯康星大学麦迪逊分校马克·C. 苏克曼(Mark C. Suchman)认为,公众面前的审计作为一种客观性、独立性和原则性的活动,是代表委托人对被审计人所进行的审计监督活动,赋予所有审计品种及其产品相当的信誉(credibility)和道德合法性(moral legitimacy)。[3] 20世纪80年代以来,英国政府引入市场机制和公民力量加强对公共部门的审计监督、绩效评估和公共问责。英国卡迪夫大学商学院尼娜·沙尔玛(Nina Sharma)指出,各国政府迅速认识到了审计可以提供的那些政治利益。[4] 国家治理中的审计监督作为一种权力监督制度,实际上是民主政治中的制度安排,是在政治过程中确保公众的民主参与权和对公共事务的知情权。国家审计机关以其特有的专业能力和客观独立的地位,通过依

---

[1] Power, Michael, *The Audit Society: Rituals of Verification*, Oxford: Oxford University Press, 1997: 5.

[2] Funnell, Warwick N., "Performance Auditing and Adjudicating Political Disputes," *Financial Accountability & Management*, 2015, 31(1): 92-111.

[3] Suchman, Mark C., "Managing Legitimacy: Strategic and Institutional Approaches," *Academy of Management Review*, 1995, 20(3): 571-610.

[4] Sharma, N., "Interactions and Interrogations: Negotiating and Performing Value for Money Reports," *Financial Accountability & Management*, 2007, 23(3): 289-311.

法独立审计,在提供有关经济信息、提高政府对公共资源运用活动相关信息可靠性方面,有着特殊的优势,发挥着不可或缺的作用。[①] 也就是说,民主政治需要通过审计监督促进审计结果和审计报告的信息公开,进而推动公众参与,实现对公共权力的问责。

二、审计监督随民主政治的发展而不断强化

正是民主政治的发展推动了政府公共行政权力运行过程中监督体系的不断优化与强化。首先,审计监督随着民主政治意识的增强而增强;其次,审计监督随着民主政治参与的扩大而扩大;最后,审计监督随着民主政治实践的发展而发展。

(一)审计监督随着民主政治意识的增强而增强

民主政治意识是指通过政治参与和权力监督实现民主控权的观念。民主政治的发展离不开公民民主政治意识的发育和支撑,特别是政治参与、政治合作、政治规则、政治宽容等方面的意识,对推进民主政治建设进程有着至关重要的作用。随着民主政治意识的增强,有序的政治参与水平不断提升,必然要求通过审计监督促进权力行使者遵守权责对等的政治规则,并且在政治方向、政治立场、政治言论、政治行动等方面都严格遵守政治规矩的刚性约束。丹麦罗斯基勒大学社会科学与商学系彼得·特里安塔菲罗(Peter Triantafillou)认为,最高审计机关是自由民主国家的基本制度,因为它们能够控制国家权力的行使。为了保持这一功能,最高审计机关必须享有高度的独立性。特里安塔菲罗探讨了丹麦最高审计机关的绩效审计是如何和为什么追求独立性和相关性的。人们认为,同时追求独立性和相关性是极具挑战性的,相当于一个零和博弈;或者,在最好的情况下,是一个非常温和的加和博弈(plus-sum game)。更具体而言,

---

[①] 张立民、张阳:《国家审计的定位与中国政治民主建设——从对权力的制约和监督谈起》,《中山大学学报》2004年第3期。

虽然丹麦最高审计机关积极追求这两项目标,但它始终将独立性置于相关性之上。这一优先事项似乎是丹麦议会在议会中以少数群体政府为特征的情况下维持其合法性的最有效的战略。[①] 的确,依法独立进行审计监督不仅是国家审计机关履行自身使命任务的前提条件,也体现了一种民主政治的精神和要求。而民主政治意识的普遍增强则是审计机关进行审计监督的社会环境和政治参与的内在推动力。日本成蹊大学教授深谷昌弘(ふかや まさひろ)在《"公共价值"与财政民主主义》一文中指出,对于民主主义政治体制来说,民主主义尊重少数派的意见并且强调讨论的重要性。从合规性审计到政策评估的转变,公共价值的形成有赖于审计机关职能的实现。审计机关所承担的职能已经不再是传统的管理和控制,其角色变成市民参与的合意形成过程中及自由讨论和交往空间中的成员和参与者。[②] 从这个意义上说,国家治理体系中的审计监督体现了一种民主政治的精神和要求。现代国家治理体系中的审计监督作为民主与法治的产物,必然随着民主意识的增强而不断增强。这是因为,随着民主意识的不断增强,人们会更多地关注国家治理中审计监督所发挥的职能作用并参与到审计监督与公共问责之中,推动审计监督的民主化、公开化和责任性,推进审计监督制度与其他监督制度的协调与贯通。

(二) 审计监督随着民主政治参与的扩大而扩大

审计监督的民主政治动因反映了现代国家审计与民主政治有着天然的联系,可以说,国家治理中的审计是政治文明建设的应有之义。[③] 政治文明不仅是指政治制度层面的民主体制建设,以及政治观念层面民主意

---

① Triantafillou, Peter, "Playing a Zero-Sum Game? The Pursuit of Independence and Relevance in Performance Auditing," *Public Administration*, 2017: 1-15. https://doi.org/10.1111/padm.12377.

② [日]深谷昌弘:《"公共価値"と財政民主主義》,会計検査院《会計検査研究》5号卷頭言,1992.3.

③ 宫军:《国家审计的本质与战略定位》,《中国内部审计》2005年第4期。

识的增强,而且包括政治实践层面的民主参与。对权力的制约和监督这两种控权逻辑和制度不能偏废。西方国家往往过于强调权力制约的价值,而忽视了权力监督的作用。然而,如果认为人民在选举民主基础上经过票决形式实现授权之后,仅仅通过权力制约机制就能够控权,民主就可以进入休眠期,那样的控权机制显然是不完善的;相反,还必须通过民主参与对权力的运行过程进行民主监督。而民主政治参与是建立在充分了解相关权力运行信息的基础之上的,因此,民主政治参与的范围越扩大,对于建立在审计监督基础之上的审计成果公告等信息公开制度的需求也就随之扩大。现代国家治理的一个基本要求就是对公共权力实行全面有效的制约和监督,使公共权力在阳光下运行并且始终服务于公共目标,维护公共利益。这也是促进社会主义民主政治发展完善的现实要求。因此,确保受托公共经济责任的全面有效履行,可以考虑以权力运行为切入点,构建并实施权力导向审计模式,充分发挥审计监控功能,对经济权力进行监督和制约,防止权力异化。① 可以说,随着国家治理中民主政治参与的深度和广度不断扩大,国家审计机关需要进一步发挥审计监督职能作用,在加强审计成果公告的基础上不断提升不同监督制度的协同性和制度执行力,最大限度地发挥制度效能,真正把政府权力关进制度的笼子里。

(三)审计监督随着民主政治实践的发展而发展

追求民主的价值理念并实行民主政治实践是近现代世界政治发展的潮流。但是,民主政治的实现路径和实践方式具有多样性。在不同国家,民主政治有着不同的实现形式和实践方式。近年来出现的全球民主衰退现象的确是一个不争的事实,并且成为人们广泛关注的热点话题。② 希腊

---

① 蔡春、朱荣、蔡利:《国家审计服务国家治理的理论分析与实现路径探讨——基于受托经济责任观的视角》,《审计研究》2012年第1期。

② 倪春纳:《民主因何而衰退:国外民主衰退成因研究的新进展》,《江海学刊》2016年第4期。

帕特拉斯大学克里斯托斯·J.布拉斯(Christos J. Bouras)、尼古拉斯·卡特里斯(Nikolaos Katris)和瓦西利斯·特里安塔菲罗(Vassilis Triantafyllou)等人在《利用 Web 技术支持公众意识的电子投票服务》一文中指出,世界各地的一个共同趋势是对当代民主实践的普遍日益增长的不满,以及公民对民主进程的参与减少。[1] 的确,民众对传统的代议制越来越不感兴趣,对恶性竞争的党争政治深感厌恶,对传统的公民参与和参与形式已经不再抱有幻想。尤其是在英美国家,公民中普遍存在这样一种感觉,即建立在"管理主义"(managerialism)之上的新公共管理改革拉大了政府与公民之间的距离,而不是使他们更紧密地联系在一起。美国亚利桑那州立大学埃里克·W.韦尔奇(Eric W. Welch)等人指出,公众对政府的信任不断下降构成了新的挑战,因为这意味着公众对政治和行政绩效的信心正在丧失。[2] 美国宾夕法尼亚大学戴安娜·C.穆茨和格雷戈里·N.弗莱明则认为,公众期望与政府绩效之间的差距是导致公众信任下降的主要因素之一。[3] 总之,民主的衰退不仅造成民主政治参与的下降,而且导致了政府行政绩效的下降和政府信任的丧失。但是,人类追求民主的脚步从未停歇。中国特色社会主义民主政治是在中国共产党的领导下,以人民民主方式行使国家公共权力,管理国家公共事务。加强社会主义民主政治建设,必须始终坚持走中国特色社会主义政治发展道

---

[1] Bouras, C., Katris, N., Triantafillou, V., "An Electronic Polling Service to Support Public Awareness Using Web Technologies," *Telematics and Informatics*, 2003, 20(3): 255 – 274.

[2] Welch, Eric W., Hinnant, Charles C. and M. Jae Moon, "Linking Citizen Satisfaction with E-Government and Trust in Government," *Journal of Public Administration Research and Theory: J-PART*, 2005, 15(3): 371 – 391.

[3] Mutz, D. and Flemming G., "How Good People Make Bad Collectives: A Social-Psychological Perspective on Public Attitude," in J. Cooper, (ed.), *Congress and the Decline of Public Trust*, Boulder, CO: Westview Press, 1999: 79 – 100.

路。① 根据中共十九届四中全会《决定》的精神,我国国家制度和国家治理体系在民主政治方面的显著优势具体体现为"坚持人民当家作主,发展人民民主"。国家治理现代化离不开中国特色社会主义民主政治的发展,而民主政治的发展又进一步推动审计监督的发展。审计监督制度作为民主政治中的一个组成部分,同民主政治的发展紧密相连,民主政治受挫折必然制约审计监督制度的发展,民主政治的发展必然推进审计监督制度的发展。同时,审计监督制度的发展也反过来影响着民主政治的发展进程。没有民主政治为审计监督奠定政治基础并开辟权力监督的民主政治发展道路,审计监督根本无从谈起。同样,如果没有审计监督制度为民主政治发展提供控权机制支撑力,民主政治的发展进程难免会受到官僚主义的侵蚀和干扰,从而影响民主政治的现代化进程。因此,我们可以说,民主是现代审计监督制度的实质,审计监督是现代民主政治发展的一种表现形式和实现路径。进一步说,民主政治是现代审计监督制度的目的,而审计监督制度则是现代民主政治发展的手段和工具。在社会主义民主政治条件下,建立健全的、彻底的审计监督制度,不仅是必要的,而且是可能的。② 在审计监督与民主政治实践的辩证关系中,民主政治实践是审计监督制度生成和发展的动因,审计监督则随着民主政治实践的发展而发展。

三、审计监督服务于民主政治的价值目标

民主政治不仅是审计监督的真实动因,而且是审计监督的服务对象和致力于实现的价值目标。一句话,民主政治是国家治理中审计监督制度的本质。审计监督作为民主政治的一种制度体现,是民主政治的根本要求、实现方式和重要手段之一。现代审计监督制度作为民主与法治的产物,更是民主与法治建设的工具。换句话说,审计监督是民主政治的制

---

① 游洛屏:《民主政治的创造性实践》,《中央社会主义学院学报》2009年第5期。
② 秦荣生:《审计与民主政治》,《中国审计》2003年第Z1期。

度支撑。国家治理体系中的审计监督源于民主政治的深层推动力,随民主政治的发展而不断强化,并且始终服务于民主政治的价值目标。

(一) 审计监督是民主政治的根本要求

国家治理的民主化、法治化和责任性决定了民主政治是国家治理现代化的价值目标。这一价值目标必然要求国家治理现代化进程中的制度建设必须服务于民主政治的根本要求,并且始终以民主政治发展作为制度建设的价值导向。就审计监督制度而言,无论是经济监督还是维护国家经济安全,都体现了国家审计监督制度是以服务于国家治理的民主化为价值导向的。① 从政治学理论视角来看,民主政治的核心问题是建立有效的权力监督制度,使监督主体有足够的力量来制约和监督国家权力的行使,促使国家机关切实根据人民的意愿进行公共事务的管理,从而维护人民的政治自由和公共利益,实现社会的政治文明。对于审计监督制度与现代民主政治之间的关系,杨时展曾指出:"民主是现代审计的实质,审计是民主政治的表现;民主是现代审计的目的,审计是现代民主的手段。"② 一方面,离开了现代国家治理中审计监督这一法治化的权力控制手段,就很难实现现代政治发展的民主目标;另一方面,没有了现代国家治理中政治发展的民主目标,审计监督作为一种制度工具也就失去了政治方向和政治价值。民主政治之所以要求进行审计监督,是因为委托代理关系中的信任与责任都需要通过审计监督进行鉴证和评价,消除信息不对称,防止公共权力行使者垄断、控制甚至封锁公共信息。离开了信息公开和政务透明,治理和善治就无从谈起。审计监督作为党和国家监督体系中的重要组成部分,就是通过审计监督促进政府信息公开和政务透明,进而

---

① 曹越、李晶、伍中信:《中国国家审计制度变迁:历史与逻辑勾画》,《财经理论与实践》2016年第1期。

② 杨时展:《国家审计的本质》,《会计之友》2008年第6期,原载于《当代审计》1982年第2期。

实现国家治理的法治化、民主化和责任性。可以说,发展中国特色社会主义民主政治必然要求进一步发挥中国特色审计监督的职能作用。在国家治理中发展民主政治是中国共产党始终不渝的奋斗目标。中国特色审计监督制度建设应把审计监督工作与发展民主政治有机地统一起来,并与推进政治体制改革、落实依法治国方略、建设服务型政府、保障公民合法权益有机结合,①大力促进中国特色社会主义民主政治的发展和完善。总之,审计监督作为民主政治的根本要求,是服务于民主政治的价值目标的。

(二) 审计监督是民主政治的重要实现方式之一

民主政治的实现必须借助政治制度的保障,必须借助各种制度化的工具和手段对公共权力的行使过程进行制约、控制和监督。"对国家权力的制约与监督是民主与法治的题中之义,也是民主与法治得以真正实现的路径、方式和基本机制。"②健全党和国家监督体系,强化国家治理中的审计监督,充分发挥审计监督职能作用,必须建立权力监督制度和问责制,保障社会公仆始终代表人民的根本利益来行使公共权力并接受公众监督。在民主政治下,人民主权原则必然要求作为权力代理人的政府对权力委托人——人民负责,国家治理过程中产生的政治责任、行政责任、法律责任和道德责任,都必须受到公众监督和公共问责。其中,审计监督作为党和国家监督体系中的制度支柱之一,必然也是民主政治的重要实现方式之一。因此,审计监督必须以民主政治为价值导向,致力于实现民主政治的价值目标。

(三) 审计监督是民主政治的重要制度支撑

中国特色社会主义新时代的一项重要的政治发展目标就是要"坚持

---

① 王平波:《论科学发展中国特色审计》,《审计研究》2008年第2期。
② 陈国权、王勤:《市场经济现代转型中的法治与责任政府》,《公共管理学报》2007年第2期。

和完善人民当家作主制度,发展社会主义民主政治","必须坚持人民主体地位"。毫无疑问,保证人民民主权利的中国特色社会主义民主的实现,需要基于健全的权力制约和监督体系,其中一个重要的方面就是要充分发挥审计监督的职能作用,这是由审计监督的本质特征和法定职责所决定的。

第四章　国家治理体系中审计监督的治理功能

国家治理体系中的审计监督不仅具有内在的政治逻辑,而且在国家治理现代化进程中发挥着重要的治理功能。戴维·弗林特(David Flint)甚至认为,审计是一种社会现象。它除了其实际的用途之外别无其他任何目的或价值。它完全是功利主义的(utilitarian)。[①] 对审计的这种功利主义的夸大理解常常受到人们的质疑。实际上,人类的一切社会活动都是在思想、意识和价值目标的指导下进行的。从政治学和公共管理学等学科的视角来看,审计监督首先是由政治价值目标和政治使命意识驱动的,同时是由政治体制保障的,在此基础上,才能实现切实有效的治理功能。国家治理中的审计监督作为一种评价政府职权合规性、经济性、效益性的一种制度设置和制度安排,其宗旨是保证公共资源的使用更有效益,不被滥用、浪费,因而审计监督制度在国家治理体系中有着不可替代的作用和功能。相较于公共预算是对公共财政的事前控制而言,审计监督是对公共财政进行的一种事后监督。[②] 可以认为,在党和国家监督体系中,

---

① Flint, David, *Philosophy and Principles of Auditing: An Introduction*, Basingstoke: Macmillan Education Lmt., 1988: 14.
② 王世涛:《论宪法视域下审计体制的变革——检察机关行使审计职权的可能路径》,《法治研究》2015 年第 4 期。

审计监督作为国家治理体系的重要组成部分具有独到的治理功能,其中尤为突出的治理功能主要包括依法治权功能、信息公开功能以及民主问责功能等几个方面。

第一节　审计监督的依法治权功能

从政治学的视角来看,国家治理离不开公共权力的设置、配置和优化,同样离不开对于公共权力运行过程及其绩效的监督和问责。如果说国家治理中的公共权力包括经济权力、政治权力和社会权力,那么国家审计就不仅是指对于经济权力的审计监督,必然也包括对于政治权力和社会权力的审计监督。英国曼彻斯特大学商学院克里斯托弗·G.汉弗莱(Christopher G. Humphrey)和利兹大学商学院彼得·莫耶泽尔(Peter Moizer)在《从技术到意识形态:审计职能的另一种视角》(From Techniques to Ideologies: An Alternative Perspective on the Audit Function)一文中指出,大量的会计研究都突出了会计的社会构成性质以及会计所发挥的作用和职能的多样性。然而,迄今为止,很少有人试图将这一文献应用于考察审计工作的性质和审计判断(audit judgement)的过程。克里斯托弗·G.汉弗莱和彼得·莫耶泽尔认为,除了旨在提高审计质量的技术理性(techno-rational)功能之外,审计规划(audit planning)活动还服务于重要的意识形态功能(ideological functions)。审计的职能是根据社会上个人或群体的可感知的需要而演变的,他们寻求关于他人行为或表现的信息或保证,而他们在这些行为或表现中有公认的或合法的利益。① 近年来,审计监督的职能大幅度扩展,显然远远超出传统意义上的财务审计(financial audit)这一重点领域,并且无可阻挡地延伸到了各种审计对象包括临床、质量、犯罪、风险、交通、社会、环境等民生和民主事务。与此同时,人们越来越希望以排行榜、绩效指标、检查和评估活动的形式来评估公共服务的绩效。这一活动导致出现了"审计爆炸"和"审计社会"的说法。迈克尔·鲍尔等(Michael Power)在这一领域的工作体现了审计作为政府再造的核心角色。② 在我国审计学界,人们对于国家治理中审计监督功能的认识经历了从"经济监督论""经济控制论""权力制约与监督论"到"民主法治论"的不断深化过程。从国家治理法治化的角度来看,依法治国的关键是依法治权。审计监督的治理功能首先就体现在其依法治权的权力制约与监督的职能作用之中。在党和国家监督体系中,审计监督作为国家治理体系的重要组成部分,其依法治权的治理功能实际上包括经济控制功能、权力制约功能以及民主法治功能等几个方面。

一、审计监督的经济控制功能

国家治理中审计监督制度的首要职能是致力于规范政府公共部门所行使的经济权力,促进其履行受托公共经济责任。发挥好这一职能无疑需要一定的专业性、职业性和独立性作为支撑条件。英国审计学者E.莱斯利·诺曼顿(E. Leslie Normanton)在1966年出版的《问责与政府审计比较研究》(*The Accountability and Audit of Governments: A Comparative Study*)一书中提出,国家审计员,无论是职业的还是民选的,都是最早的

---

① Humphrey, C. G., Moizer, P., "From Techniques to Ideologies: An Alternative Perspective on the Audit Function", *Critical Perspectives on Accounting*, 1990, 1(3): 217-238.

② Bowerman, M., Raby, H., Humphrey, C. G., "In Search of the Audit Society: Some Evidence from Health Care, Police and Schools", *International Journal of Auditing*, 2010, 4(1): 71-100.

行政技术人员之一。① 的确,市场经济体系中存在着复杂多样的委托代理关系和经济管理关系,这就需要有专门的机构来监督、鉴证和评价这些委托代理关系和经济管理关系,审计监督就担负着这样一个职能和责任。只有充分发挥审计监督的经济监督职能作用,才能使市场经济中的经济体系实现稳健的发展;只有充分发挥审计监督的经济评价职能作用,才能使各类经济主体强化其市场经济的风险意识和绩效意识;只有充分发挥审计监督的经济鉴证职能作用,才能让各类经济组织之间有信任凭证。② 可以说,审计监督制度发挥治理功能的首要目标就在于促进和保证被审计对象受托经济责任得到全面有效履行。

(一) 国家审计的经济监督功能

这是由审计制度的基本属性所决定的,也是审计制度最基本的职能之一。也就是说,国家治理中审计制度发挥职能作用首先就在于经济监督。经济监督职责是审计工作价值的最基本也是最重要的体现,在国家经济建设和经济管理中占据着特殊地位。借助于审计制度的经济监督职能,相关部门就可以依法对被审计对象的各项经济活动进行监察、评价和督促,促使其始终在国家法律法规规定的范围内开展各项经济活动,不超出法律规定的正常轨道。同时还可以检查受托经济责任人是否忠实履行了自己的受托经济职责,凭借审计的经济监督职能来揭露其可能存在的经济违法乱纪行为,遏制经济损失浪费,查明经济决策失误和经济管理弊端,进而依照国家有关规定追究其经济责任。通过这种方式,可以有效提升被审计单位或人员经济活动、行为的合法性与合规性,以促进整个市场经济活动的健康发展。审计功能存在的首要目标在于促进和保证被审计对象受托经济责任得以全面有效履行的需要。

---

① Normanton, E. L., *The Accountability and Audit of Governments: A Comparative Study*, Manchester: Manchester University Press, 1966: 13.
② 刘薇:《论市场经济下审计的职能与作用》,《商》2015 年第 21 期。

事实上,国家审计部门作为监督者可以扮演不同的角色。丹麦学者彼得·斯凯拜克(Peter Skærbæk)利用行动者网络理论(actor-network theory)研究表明,最高审计机关在丹麦公共部门改革中扮演着"现代化者"(modernizes)和"独立审计师"(independent auditors)两种相互冲突的角色。[①] 审计监督机关如果扮演"现代化者"即改革促进者的监督角色,那么就会损害其独立性的角色定位。美国学者马修·D. 麦卡宾斯(Mathew D. McCubbins)和托马斯·施瓦茨(Thomas Schwartz)在讨论美国国会监督责任(oversight responsibility)时将监督的角色区分为"火灾警报"(fire-alarm)式监督和"警察巡逻"(police-patrol)式监督,而国会正是理性地选择了更为有效的"火灾警报"式监督。[②] 在此基础上,乔治梅森大学保罗·L. 波斯纳(Paul L. Posner)和多伦多大学罗伯特·施瓦茨(Robert Schwartz)采用同样的分析框架,将绩效审计活动沿着一个连续的统一体排列,这些数据或信息被认为是被动的火灾警报式监督,而被要求的审计或评估则被认为是主动的警察巡逻监督。在这方面,立法机关的要求往往是为了满足政治和政策需要。因此,如果最高审计机关"沿着从火灾警报式监督到警察巡逻式监督的连续体前进,政策影响的前景将伴随着对独立性和自主性的更大风险"。[③] 日本学者山本清(やまもと きよし,Kiyoshi Yamamoto)和韩国学者金敏政(Min Jeong Kim)在《对日韩最高审计机构政府审计的利益相关者视角探讨》(Stakeholders' Approach on Government Auditing in the Supreme Audit Institutions of Japan and

---

① Skærbæk, Peter, "Public Sector Auditor Identities in Making Efficiency Auditable: The National Audit Office of Denmark as Independent Auditor and Modernizer", *Accounting, Organizations and Society*, 2009, 34(8): 971-987.

② McCubbins, Mathew D., Schwartz, T., "Congressional Oversight Overlooked: Police Patrols Versus Fire Alarms", *American Journal of Political Science*, 1984, 28(1): 165-179.

③ Posner, Paul L., Schwartz, R., Accountability Institutions and Information in the Policy-Making Process, *Accountable Governance: Problems and Promises*, New York and London: M. E. Sharpe, 2010: 137.

Korea)一文中指出,政治学、公共行政以及公共经济学领域的研究人员都探讨公共部门的公共责任和控制。然而,除了公共部门会计以外,很少有研究侧重于审计机构和政府审计的做法。这在一定程度上是由于作为独立的政府审计机关所具有的特殊性质要求其在保持独立性与对利益相关者需求的回应性(responsiveness)之间取得平衡。①

最高审计机关在经济监督过程中取得这种平衡的艰巨性主要在于委托代理关系的复杂性。英国公共管理学者克里斯托弗·波利特(Christopher Pollitt)和希尔卡·苏马(Hilkka Summa)在《自反性看门狗:最高审计机关如何对自身的账户负责》(Reflexive Watchdogs: How Supreme Audit Institutions Account for Themselves)一文中指出,最高审计机关倾向于将自己定义为监护人,而不是立法机关和行政部门的代理人,因此很难将委托代理理论应用于最高审计机构与其客户之间的关系。② 相反,荷兰乌特勒支大学治理学院马克·波文斯(Mark Bovens)则指出,许多关于公共问责制的研究将最高审计机关作为委托人与代理人之间问责关系的中介(intermediary)。③ 例如,荷兰审计法院(Netherlands Court of Audit, NCA)主要是作为议会和各部之间委托代理关系中的一个机构而设立的。④ 在委托代理关系链的每个关系中,审计机关及其监督职能都可以用来解决代理问题(agency problems)的。瑞典哥德堡大学政

---

① Yamamoto, Kiyoshi, Kim, Min Jeong, "Stakeholders' Approach on Government Auditing in the Supreme Audit Institutions of Japan and Korea", *Financial Accountability and Management*, 2019, 35(3): 217-232.

② Pollitt, Christopher, Summa, Hilkka, "Reflexive Watchdogs: How Supreme Audit Institutions Account for Themselves", *Public Administration*, 1997, 75(2): 313-336.

③ Bovens, Mark, "Analysing and Assessing Accountability: A Conceptual Framework", *European Law Journal*, 2007, 13(3): 447-468.

④ Put, Vital, Norms Used: Some Strategic Considerations from The Netherlands and the UK, *Performance Auditing: Contributing to Accountability in Democratic Government*, Cheltenham: Edward Elgar Publishing, 2011: 75-94.

第四章　国家治理体系中审计监督的治理功能

治学系玛丽亚·古斯塔夫森(Maria Gustavson)指出,如果说绩效审计的扩大更多是新近的现象,那么金融审计在商业内部以及在国家内部都有着更悠久的历史。① 在国家内部对经济权力与责任的审计监督则是基于更为复杂的委托代理关系链条之上的。英国审计学家戴维·弗林特在《审计哲学与原理导论》(Philosophy and Principles of Auditing: An Introduction)一书中认为,作为一种几乎普遍的真理,凡存在审计的地方,就一定存在一方关系人对另一方或其他关系人负有履行受托经济责任的义务这样一种关系,此种责任义务关系的存在是审计的重要前提,可能还是最重要的前提。同时,他还认为,审计是一种保证受托经济责任有效履行的手段,是一种促进受托经济责任得以落实的控制机制。② 这种对于受托经济责任与经济权力的控制机制是审计监督之所以成为政治体制中权力监督体系的制度支柱的根本原因。英国审计学家汤姆·A.李(Tom A. Lee)在其所主编的《审计思想与实践的演变》(The Evolution of Audit Thought and Practice)一书中认为,要求人们的行为对他人负责是人类活动的一个共同特征,正是这一特征构成从古至今审计功能之基础。在此意义上,审计正是作为强化受托经济责任履行过程之手段而被运用的。③ 汤姆·A.李在研究英国和美国会计职业早期发展的历史时,将英国和美国会计师持续不断的挣扎与经济利己主义(economic self-interest)和公共责任(public duty)这两种相互冲突的现象联系起来,展示了英国和美国的职业会计是如何从内部化的纠纷(internalized disputes)演变为职

---

① Gustavson, M., *Auditing Good Government in Africa: Public Sector Reform, Professional Norms and the Development Discourse*, Palgrave Macmillan UK, 2013: 90.
② Flint, David, *Philosophy and Principles of Auditing: An Introduction*, Basingstoke: Macmillan Education Lmt., 1988. Also See Power, Michael, *The Audit Society: Rituals of Verification*, Oxford: Oxford University Press, 1997: 5. 另参见徐政旦:《审计理论框架结构研究》,《上海市经济管理干部学院学报》2004年第1期。
③ Lee, Tom A., *The Evolution of Audit Thought and Practice*, Van Nostrand Reinhold (UK) Co. Ltd., 1988.

业使命进行外部辩护(externalized defences)的。这一演变导致英国和美国会计师的行为越来越受到公众的关注。汤姆·A.李指出,会计专业人员的经济利己主义似乎不断地激励着他们从事保护公共利益的行动。[①] 换句话说,审计机关及其审计专业人员的职业利益与其进行经济监督所致力于实现的公共利益是紧密联系在一起的。只有通过依法独立进行的审计监督工作切实保护好公共利益,才能实现其职业经济利益。审计不但是经济管理的有机组成部分,并且又是贯彻经济民主、财务公开和法治的重要手段。[②] 总之,国家治理的法治化、民主化和责任性离不开审计监督制度有效发挥其经济监督职能。

(二) 国家审计的经济鉴证功能

审计的经济鉴证职能也被称为审计公证职能,即通过审计监督对经济管理活动的实际业务成果以及财务运营过程的客观情况包括真实性、公允性、合法性、合规性所进行的鉴定和验证,并出具书面证明,以便为审计监督的委托人或授权人提供确切信息的职能活动。从最一般的意义上说,审计的经济鉴证职能旨在促进财务报告的真实性。新西兰奥克兰大学戴维·查尔斯·海伊(David Charles Hay)、美国佛罗里达大学W.罗伯特·克涅科(W. Robert Knechel)和比利时鲁汶大学马琳·威尔肯斯(Marleen Willekens)认为,审计之所以很重要,就是因为财务报告中的误报(misstatements)是危险的。审计对单个公司和整个国家(甚或全球)经济都是有其经济效益(economic benefits)的,其中有些并不总是显而易见

---

① Lee Tom A., "The Professionalization of Accountancy: A History of Protecting the Public Interest in a Self-Interested Way", *Accounting Auditing & Accountability Journal*, 1995, 8(4): 48–69.

② 陈颖源:《现代审计与经济监督——兼论审计和民主、法治之间的关系》,《经济科学》1987年第4期。

的。① 可以说,促进财务报告真实性、公允性和准确性是审计监督活动经济鉴证职能的基本要义。

的确,审计监督的经济鉴证职能传统上也被认为就是财务认证(financial attestation)职能。不过,随着审计监督内容的扩展,其经济鉴证职能的内涵也不断发展。澳大利亚悉尼科技大学 D. J. 哈德曼(D. J. Hardman)试图通过运用政府和公共财政中的代理概念(agency concepts)来研究政府审计的基本理论和实践问题。哈德曼提出,在国际合作和政府审计机构间对话的背景下,审计监督职能与审计问责(auditing accountability)、审计任务(audit mandate)和审计人员独立性(auditor independence)密切相关。尽管存在一些差异,但在全球范围内,政府审计职能存在着一种超越传统的财务认证(financial attestation)和法规遵从性(legislative compliance)的趋势,并且走向全面审计(comprehensive auditing)。②

在国家治理中,审计监督的经济鉴证职能还要服务于责任政治和政府信任的政治目标。审计机关针对被审计单位的财务报表及相关经济资料等信息数据进行检查与验证,并且根据鉴证结果来判断其财务状况以及经营成果的真实性、客观性、公允性,使得公众可以通过审计部门出具的证明性审计报告,来了解被审计单位的经营状况,以促进政府诚信,建设廉洁政治和责任政治。英国公共管理学者克里斯托弗·波利特等人通过机构研究法(institutional approach)分析和比较五个西方国家的最高审计机构,发现政府审计员对公共管理改革做出了回应,并根据其具体情况在绩效审计方面发挥了不同的职能作用。他们确定了最高审计机构的四

---

① Hay, David C., Knechel, W. R., Willekens, M., Introduction: The Function of Auditing, *The Routledge Companion to Auditing*, Abingdon, Oxford: Routledge, 2014: 1–10.
② Hardman, D. J., "Towards a Conceptual Framework for Government Auditing", *Accounting and Finance*, 2009, 31(1): 22–37.

种不同角色和职能作用:做出判决和决定的法官/文职官员;出具报告以提高公众的问责制和透明度的公共会计师;创造新知识和提供信息的研究员/科学家;提供帮助和咨询的管理顾问。[1] 机构研究法假定最高审计机关将调适机构适应性并努力生存发展。同样,意大利卡利亚里大学商学院学者帕特里齐奥·蒙法蒂尼(Patrizio Monfardini)和德国柏林大学学者帕特里克·冯·马拉维奇(Patrick von Maravic)通过比较德国和意大利的市政审计表明,体制、文化和政治条件决定了政府审计的变化方向。[2]

不同的体制、文化和政治条件下审计机关的角色定位是有差异的。但是,在审计监督过程中,审计机构角色扮演的过程必须要与其权责义务相适应。在这一点上,审计主体、审计客体都不例外。审计在本质上是一种保证和促进特定主体(组织)受托经济责任全面有效履行的控制机制。[3] 审计监督作为一种特殊的经济控制制度,其根本目标就是保证和促进受托经济责任的全面有效履行。从经济学角度来看,国家审计既是经济发展的产物,又是经济发展的推动力。经济越发展,审计越重要。[4] 长期以来,财务审计作为一种鉴证审计模式,成为人们对"鉴证"职能的基本认识。鉴证审计就是财务审计,鉴证作为一种交流的意见说明书(或判断说明),是由独立的、有胜任力、有权威的个人就一个实体的各种会计信息与其既定标准的一致程度,在可信证据的基础上所发表的意见或判断。[5] 在

---

[1] Pollitt, C., Girre, X., Longsdale, J., Mul, R., Summa H., Waerness M., *Performance or Compliance? Performance Audit and Public Management in Five Countries*, Oxford: Oxford University Press, 1999: 106.
[2] Monfardini, Patrizio, Maravic, Patrick von, "Municipal Auditing in Germany and Italy: Explosion, Change, or Recalcitrance", *Financial Accountability and Management*, 2012, 28(1): 52-76.
[3] 蔡春、田秋蓉、刘雷:《经济责任审计与审计理论创新》,《审计研究》2011年第2期。
[4] 崔雯雯:《国家审计、信任和善治》,《天津商业大学学报》2017年第4期。
[5] 王光远:《民间审计总趋势从财务鉴证到管理鉴证(上)》,《天津商业大学学报》2017年第4期。

国家治理中,经济良性运行和健康发展离不开审计监督制度有效发挥其经济鉴证职能。

(三) 国家审计的经济评价功能

在审计工作中,还有一项最重要的工作内容就是对被审计单位进行经济评价。具体来说,审计的经济评价职能也被称为审计咨询职能,是指审计机构和审计人员对被审计单位的经济资料及经济活动进行审查核实,并依据一定的标准对所查明的事实进行分析、判断和评定,肯定成绩,指出问题,总结经验,提出建议,寻求改善经济管理、提高经济效率、经济效益的途径。审计的经济评价职能,包括审计评定和审计建议两个方面。一方面,审计机构的传统职能作用是核查政府支出(government expenditure),并监督问责制和透明度,这一点已得到很好的确立。世界各地的宪法都规定了最高审计机关的存在和独立性,并提供相关立法,具体规定了范围、具体主题和审计标准、有待得出的结论和预期用户。另一方面,一些学者和实践者坚持认为,最高审计机关的活动出现了一个新的维度。如瑞典隆德大学管理学者路易丝·布林塞利乌斯(Louise Bringselius)建议在注重经济、效率和效益的绩效审计中增加道德规范。道德审计侧重于社会问题,是"对与利益攸关方关系的行动所产生影响的审计"。[①] 从政策过程视角来看,经合组织探讨了政府审计的扩大模式。在最高审计机关不断演变的职能作用方面还有未开发的潜力,可以超越其传统的监督(oversight)职能作用,将其工作与政策制定和决策联系起来。正是通过这一进程,最高审计机关才能提供改进进程和方案运作的洞察力(insight),以及帮助各国政府适应未来趋势和风险的预见(foresight)。这种基于证据的贡献有助于解决系统性问题,从而有助于更好地制定、执行

---

① Bringselius, Louise, "Efficiency, Economy and Effectiveness—But What about Ethics? Supreme Audit Institutions at a Critical Juncture", *Public Money & Management*, 2018, 38(2): 105-110.

和评价政策。① 的确,最高审计机关的传统作用是提供监督、评估合规性与绩效情况以支持更加健全的内部控制制度。最高审计机关通过审查被审计单位的各项经济活动,参照相关标准对审查结果做出科学判断与分析,肯定成绩,揭露问题,总结经验,对被审计单位提出改善经营管理的有效建议。② 随着经济社会和民主政治进程的发展,受托经济责任历经受托财务责任、受托管理责任和受托社会责任三种形态,国家审计也经历了从以财务审计为主到以绩效审计为主的模式转变。③

二、审计监督的权力制约功能

审计作为国家公共经济财产权力的监督制约机制,其目的就是为了保障国家公共资金得到最安全有效的使用,促进公共经济的健康运行,防止公共资金的不当使用。然而,理性经济人假设认为,人都是自私自利的经济人,只要有可能,他总是尽最大可能满足自己的私利和欲望。因此,公共部门在基于公共权力使用公共资金、国有资产、国有资源的时候,就必须要有说明公共资金、国有资产、国有资源使用情况以及使用效果的责任。只有明确公共资金、国有资产、国有资源的公共受托责任,并且实施严格的审计监督,才能确保其实现"取之于民,用之于民"的公共责任。

(一)人民主权原则之上的权力监督与制约

国家治理是基于公共权力的配置和行使的,需要授权、放权和赋权,同样,也需要对权力运行过程进行监督。在福柯(M. Foucault)的思想

---

① Organization for Economic Cooperation & Development (OECD Public Governance Reviews), *Supreme Audit Institutions and Good Governance: Oversight, Insight and Foresight-Organization*, Paris: OECD Publishing, 2016: 29.
② 张淑芳:《市场经济下审计的职能与作用探讨》,《纳税》2018年第2期。马西牛:《审计学原理》,北京:中国经济出版社,2007年,第22页。
③ 杨建荣:《经济全球化下我国政府审计与国家经济安全——一个基于新兴古典理论和公共受托责任的分析》,《审计研究》2009年第5期。

中,治理术(governmentality)作为一种"非常具体但复杂的权力形式"[1],实际上就是一种可治理性,即治理的基础是专家技术、专业学科和与专业有关的社会权威,使现代社会和经济生活的复杂性变得可知、可行和易于管理。[2] 在福柯的著作中,治理术思想为分析自16世纪以来在欧洲扎根的政府形式提供了一种新的手段,并且与具体专业、学科、战术和技术领域的形成、运作和制度化有关。[3] 治理过程中的权力与责任必须是一致的,接受了受托的公共经济权力就要承担相应的公共经济责任。日本京都大学管理学学部教授吉田和男(よしだ かずお)在《说明责任的时代》一文中指出,在当今缺乏政治信任的时代,审计就是要强化对税金支出的说明责任。[4] 公共受托经济责任作为受托经营公共财产的机构或人员有汇报其经营管理情况、财政管理和计划项目的责任。随着社会民主意识的增强,人们对受托经济责任的要求愈来愈高。[5] 当委托代理关系建立之后,作为受托人的代理人就要按照委托人的意志来履行受托公共责任。审计监督的功能不仅要保证公共资金的公共使用,并保障使用的绩效,而且要有效防止甚至杜绝公权私用。[6] 换句话说,审计监督在国家治理中具有制约和监控权力的法治功能。在我国,各级政府对人民负有公共受托经济责任。政府审计的职能就是对这种公共受托责任进行鉴定和评价。[7]

---

[1] Foucault, M., *Discipline and Punish*: *The Birth of the Prison* (*Surveiller et Punir*: *Naissance de la Prison*) (A. Sheridan, Trans.), London: Penguin Books, 1979: 19.

[2] Free Clinton, Vaughan S. R., White, Brent, "Crisis, Committees and Consultants: The Rise of Value-For-Money Auditing in the Federal Public Sector in Canada", *Journal of Business Ethics*, 2013, 113(3): 441-459.

[3] Johnson, Terence, Governmentality and the Institutionalisation of Expertise, *Health Professions and the State in Europe*, London: Routledge, 1995: 7-24.

[4] [日]吉田 和男:《説明責任の時代》,《会計検査研究》38号,2008,9:1-5.

[5] 秦荣生:《公共受托经济责任理论与我国政府审计改革》,《审计研究》2004年第6期。

[6] 任剑涛:《财政监督与政府执行力——对〈利马宣言〉的扩展性解读》,《中国行政管理》2011年第6期。

[7] 秦荣生:《公共受托经济责任理论与我国政府审计改革》,《审计研究》2004年第6期。

一方面,国家治理体系中审计监督是人民主权原则的体现;另一方面,公共权力指向的是公共事务,服务于公共目标和公共利益,因此,必须接受审计监督。

(二) 权责对等原则之下的责任揭示与披露

前文中所讨论的治理过程中权力与责任的一致性就是我们通常所强调的权责对等性,这也是责任政治中的一条基本原则。英国阿斯顿大学卡罗琳·J.科德里(Carolyn J. Cordery)和新西兰奥克兰大学戴维·查尔斯·海伊(David Charles Hay)在《公共部门审计的价值:文献与历史》(The Value of Public Sector Audit: Literature and History)一文中探讨了应用私营部门财务报表审计(financial statement auditing)在公共部门审计中的价值。研究证据表明,与私人部门相比,治理在公共部门中是具有不同的影响的。但是,审查公共部门审计职能发展的历史表明,至少一些发展是与代理理论(agency theory)和管理控制(management control)等解释相一致的。[①] 审计机关监督重点应由对财务收支的查错纠弊,集中到政府受托公共责任的履行情况上来,着力监督检查和揭示经济运行过程中盲目决策、重复建设、污染环境等方面问题,披露一些地方、部门和单位在执行政策中的不负责任行为。[②] 通过审计过程中的责任揭示与披露,可以有效发挥审计监督制度的权力制约功能,促进国家治理中的依法治权、民主控权和公共问责。

(三) 委托代理关系之中的依法监督

在国家治理过程中,市场制度这只"看不见的手"作为资源配置机制可能会偏离"帕累托最优",出现"市场失灵",而调控市场失灵的政府制度

[①] Hay, David Charles, Cordery, Carolyn J., "The Value of Public Sector Audit: Literature and History", *Journal of Accounting Literature*, 2018, 40: 1-15.

[②] 王耘农、李歆、陈永康:《国家审计促进经济发展方式转变的实践与探索——基于重庆经济发展模式的思考》,《审计研究》2011年第4期。

这只"看得见的手",也会因为其伸得过长出现权力异化而导致"政府失败"。因此,需要对作为规则制定者、利益调控者和受托代理人的政府进行必不可少的"再监督"。国家治理中的审计监督机关基于宪法法律的授权,依法独立行使审计监督权,对政府公共部门的受托公共责任履行情况进行法治化的"再监督",成为国家经济安全的"免疫系统"。[①] 在多层委托代理关系中,政府作为代理人必须依法接受审计监督,以确保其手中的权力始终用来为人民谋福利,致力于实现社会公共利益。

三、审计监督的民主与法治功能

民主法治论认为,国家治理中的审计监督制度从根本上说是民主和法治相互作用的结果,但反过来说,审计监督也为民主与法治的发展提供了动力。现代国家审计作为民主与法治的产物,同时也是推动民主与法治的工具。[②] 只有从法律与政治的角度全面把握审计的本质,才能充分认识审计监督在现代国家治理中的职能作用。政府公共行政机关的行政权限必须依法得到适当的制约,其提供公共物品和公共服务的活动必须依法受到制度化和专业化的审计监督。[③] 对于政府公共行政机关的审计监督必须基于依法治权,同时遵循国家审计独立性原则的制度管权,此外还必须是依据国家审计民主化原则的民主控权,才能真正发挥好审计监督制度的职能作用。

(一)基于国家审计法治化原则的依法治权

国家审计的法治化原则包括国家审计机关地位合法性和审计过程及内容合法性两个方面。从世界各国审计监督制度的历史发展与现实实践

[①] 刘薇:《国家审计促进经济发展方式转变的作用机制及路径探讨》,《财会研究》2012年第12期。

[②] 陈天亮、陈锦红:《国家审计是经济社会运行的"免疫系统"》,《经济研究导刊》2009年第9期。

[③] 石爱中:《国家审计的政治思维》,《审计与经济研究》2003年第6期。

来看,都很注重和强调审计监督的法治化原则,即通过立法途径以宪法法律形式确立国家审计机关的法律地位,赋予国家审计机关进行审计监督的合法性。的确,没有审计监督的法治化,就没有对统治者的审计监督。没有审计监督,就不可能对公共权力滥用的有效监督和控制。① 如前文所述,对于政府公共经济权力的监督既包括事前的公共预防监督,也包括事中的权力运行过程监督,还必须包括事后结果的审计监督。日本学习院大学法学部教授樱井敬子(さくらい けいこ)指出,由于国家预算和公共财政是基于宪法之上的,所以从公法的视角分析预算和公共财政就不仅是重要的而且也是非常必要的。② 另外,国家审计的法治化也必然包括国家审计过程的合法性即依法进行审计监督和依法接受审计监督,以及对审计监督对象行为合法性的审查和监督。以色列副总审计长本杰明·吉斯特(Benjamin Geist)认为,检查公职人员或使用公共资金的人所采取行动的合法性,是定期审计的一个核心要素。从国家审计的角度看,决策的合法性有两个基本方面:决策或执行是否在有关活动的法律和法律法规范围内;责任人是否有权利或义务做出或执行这些决策。在当今高度发达的官僚机构中,国家审计并不经常涉及合法性(legality)和权限(competence)等基本问题。相反,国家审计的法律思想必须关注的问题往往是,各类支出和有效执行公共项目的法律责任的界限是什么。国家是否遵守法律、法规规定的招标、承包、采购规则,或者出于方便、无能或者更糟的原因而放弃招标、承包、采购规则。③ 在国家治理的审计监督制度中,监督职能是审计最基本的职能,国家审计的其他职能都是在审计监

---

① 李乾贵、白雪、罗峰、孙林:《论审计法治化的实现及对政府权力的制约》,《政府法制》2007年第5期(下)。
② [日]樱井敬子:《予算制度の法的考察》,《会計検査研究》28号,2003,9:21-32.
③ Geist, B., State Audit: An Introduction, In Benjamin Geist (ed.), *State Audit: Developments in Public Accountability*, London: The Macmillan Press LMT, 1981:3-22.

督职能基础上的进一步延伸与拓展。而国家治理体系中政府审计具有的审计监督权力是由我国的最高法律——《宪法》来授予的。同时,由政府设立的审计机关来进行审计监督,是具有宪法法律保障的。政府审计依法具有监督政府预算管理的权力,将政府审计的监督范围扩大到了国家宏观经济管理领域,突出了政府审计在国家宏观经济管理中的重要职能作用。[①] 审计法治化建设的主要内容是依法独立审计,在法定的职责范围内按照法定程序开展审计监督工作,并对违法越权行为承担相应的法律责任。这是依法治国目标在审计工作领域的具体体现。[②] 依法治国的关键是依法治权,因此,只有在坚持国家审计法治化原则的基础上,承认宪法和法律对权力的制约作用,始终维护宪法和法律的权威,才能有效发挥审计监督的依法治权功能。

(二)遵循国家审计独立性原则的制度管权

在一定程度上说,国家治理体系实质上就是一套建立在权责对等原则上的权力控制体系。其中,国家审计只有基于独立性原则才能真正实现制度制权和制度管权。1961年,美国著名审计学家罗伯特·库恩·莫茨(Robert Kuhn Mautz)和埃及会计学者侯赛因·A.夏拉夫(Husein A. Sharaf)教授在其合著的《审计哲理》(*The Philosophy of Auditing*)一书中指出,独立性在独立审计人员审计工作中的重要性已得到充分肯定,因此,将独立性这一概念作为任何审计理论结构的基石之一,几乎不需要任何理由。[③] 换句话说,离开了独立性原则,审计监督就失去了其制度基石,其制度管权的功能也就无从谈起。本杰明·吉斯特认为,现代国家审计的独特性(unique)就在于其所具有的独立性(independence)和客观性

[①] 侯晓靖:《审计评估经济安全与否的法律依据》,《商业研究》2010年第3期。
[②] 杨澎、姜玉玺:《加强审计法治化建设探析》,《中国内部审计》2012年第11期。
[③] Mautz, Robert K., Sharaf, Hussein A., *The Philosophy of Auditing*, Sarasota, FL: American Accounting Association Monograph, 1961:246.

(objectivity)的程度。国家审计在地位、权力、获取、资金、雇用人员方面的完全独立性是其存在和成功地实现其目标的最为关键的因素,这就是它有别于所有形式的内部审计的原因。国家审计还为公正、客观地审查公共活动奠定了基础,不受行政部门、政党、压力团体或政治制度中其他权力中心的压力。[①] 在西方学者看来,审计的独立性地位是审计机关有效发挥审计监督职能作用实现制度制权和制度管权功能的前提条件。英国威尔士大学卡迪夫法学院凯瑟琳·霍林斯沃思(Kathryn Hollingsworth)、爱尔兰考克大学菲德尔玛·怀特(Fidelma White)和谢菲尔德大学伊恩·哈登(Ian Harden)认为,独立制度的作用、独立性与问责制的关系以及这些概念在民主理想方面的意义和重要性,是对现代政府的宪法分析中难以回避的问题。[②] 的确,依法独立审计是国家治理中审计监督法治化的灵魂。不能依法坚持独立审计的审计机关是无法通过审计监督充分发挥其依法治权、制度制权和制度管权功能的,只会导致审计监督制度空转,成为制度体系中的"稻草人"。2007年,在国际审计组织第19届大会上颁布的《墨西哥宣言——关于最高审计机关独立性》,从八个方面提出了审计独立性的原则和内容,即审计独立性赖以存在的八大支柱(图4-1)。

在我国,审计学界也已经基本认可了审计的独立性在审计工作中的核心地位,并将之作为审计工作的首要原则。[③] 随着政治文明进程的快速发展,国家审计不再仅仅是审计企业,更重要的则是审计政府公共部门,并且也不只是审计受托经济责任履行情况,而且还要审计内部其他责任

[①] Geist, B., State Audit: An introduction, In Benjamin Geist (ed.), *State Audit: Developments in Public Accountability*, London: The Macmillan Press LMT, 1981: 3-22.

[②] Hollingsworth, K., White, F., Harden, I., "Audit, Accountability and Independence: The Role of the Audit Commission", *Legal Studies*, 1998, 18(1): 78-100.

[③] 李乾贵、白雪、罗峰、孙林:《论审计法治化的实现及对政府权力的制约》,《政府法制》2007年第5期(下)。

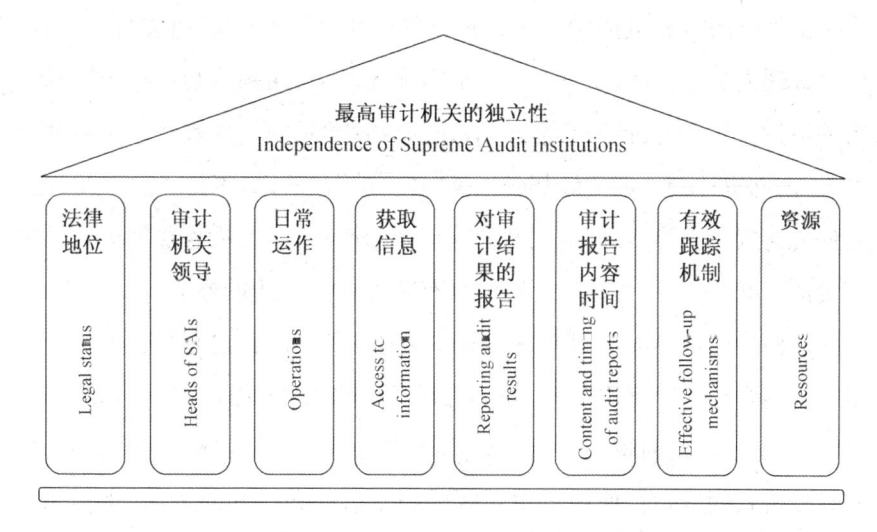

图 4-1　国际审计组织《墨西哥宣言》中确立的审计独立性八大支柱

和外部公共责任。① 总之,审计监督机关必须依法独立行使审计监督权,实现制度制权和制度管权。

(三) 依据国家审计民主化原则的民主控权

在国家治理现代化进程中,问责制的实现可以采取多种形式,大多是以某种形式的审计监督进行的。本杰明·吉斯特指出,国家审计监督是国家行政管理的一个古老而受人尊敬的分支机构的职能,是政府运作过程中不可或缺的环节,它的职责和特权在许多国家的宪法框架中是根深蒂固的。很难想象在一个运作良好、令人满意的国家行政管理制度中没有国家审计确保的严格的公共问责制。② 可以说,审计监督制度与公共问责制是内嵌于国家治理体系之中的。霍林斯沃思等人指出,审计人员本身通常将内部审计与外部审计区分开来。外部审计(external audit)是指

---

① 刘明超、翁启文:《论国家审计的法治化》,《国家行政学院学报》2006 年第 1 期。
② Geist, B., State Audit: An Introduction, In Benjamin Geist (ed.), *State Audit: Developments in Public Accountability*, London: The Macmillan Press LMT, 1981: 3-22.

由一个独立的审查机构对一个组织以外的账户和其他活动进行审查,以便对管理人员进行问责。相反,内部审计(internal audit)是在组织内部进行的,目的是审查会计和其他业务,作为对管理层的一种服务。从专业角度看,内部审计和外部审计都必须是"独立的"。然而,审计人员本身也在行使公共权力。换言之,他们既是问责制的推动者,也是需要考虑自己被问责的公共行为者。因此,"独立"具有某种自相矛盾的性质。一方面,审计人员作为问责制的代理人是必不可少的;另一方面,它有可能使审计人员作用的合法性受到质疑。[1] 换句话说,审计监督机关既是审计监督与公共问责的主体,同时也是接受公众监督与公共问责的客体,其依法拥有的审计监督权的实际行使过程也要接受公众监督和公共问责,并承担相应的政治责任、公共责任与法律责任。从这个意义上说,审计监督制度只是党和国家监督体系中的制度支柱之一。

在我国的权力监督体系中,党内监督是主导性的。权力监督根本上是要依靠党内监督和群众监督,要依靠人民的民主控权。在审计监督过程中,审计也不仅仅是发现问题,更重要的是要解决问题。审计监督更好地发挥职能作用的关键是要及时地将审计报告和资料向社会公众公开,一方面能增强政府公共财政的透明度,另一方面也是尊重公众知情权的民主权利。只有这样,才能有利于对政府公共行政管理特别是公共财政管理进行监督,约束其公共行政权力,进而保障人民当家作主。行使人民所赋予的公共权力,就必须要主动接受全体人民的民主监督。[2] 审计监督只有在党内监督的带动下,与群众监督、舆论监督、统计监督等监督制度有机贯通、相互协调,才能更好地发挥职能作用,在国家治理中提升制度

---

[1] Hollingsworth, K., White, F., Harden, I., "Audit, Accountability and Independence: The Role of the Audit Commission", *Legal Studies*, 1998, 18(1): 78-100.

[2] 张光辉、虞崇胜:《参与式民主的成长:中国政治体制改革的现实路径》,《武汉大学学报(哲学社会科学版)》2011年第4期。

执行力并且有效地转化为治理效能。

第二节 审计监督的信息公开功能

众所周知,审计监督制度的基础是信息公开制度。离开了信息公开,一切审计监督都无从谈起。可以说,透明和公开既是国家治理的题中应有之义,也是国家审计所追求的基本目标。国家审计之所以是国家治理的基石和制度支柱之一,就在于其信息公开功能为国家治理的法治化、民主化、透明化和责任性奠定了制度基础。从系统论的角度来看,审计可以分为输入、处理和输出三个步骤。[①] 从国家治理效能的角度来看,审计监督具有信息输入功能、信息处理功能和信息输出功能。

一、审计监督的信息输入功能

国家治理中的审计监督并不单纯只是具有传统意义上的系统的（systematic)、独立的(independent)查账功能。从治理理论逻辑来看,国家治理中的审计监督是一种在信息反馈基础上的权力控制系统。它通过财务状况调查、管理制度审查、经营绩效评价以及编写审计报告等一系列程序、环节和过程,在收集和获取有关信息资料基础上进行信息处理,分析和查证被审计对象的经济因果关系和受托经济责任,提出具有充分论据的审计结论。

(一)在信息反馈中进行审计监督

早在1984年,澳大利亚审计学者杰夫·迪克(Geoff Dick)就在《中国的审计:澳大利亚的参与》(Auditing in China: The Australian Involvement)一文中指出,在最初的几年里,我认为中国国家审计署很可能会集中精力对

---

① 朱殿骅、伍学进:《我国国家审计权的配置现状与优化路径》,《江汉学术》2014年第2期。

国有企业的财务报表进行审计。随着现代化计划比以往更加重视税收,国家将需要有一些手段来确定应税是否基于正确的财务信息。杰夫·迪克指出,中国官员似乎对提供成本—效益(cost-effectiveness)和效率审计方法(efficiency auditing methodology)的审计技术发展特别感兴趣,迪克期望中国审计机关将设法尽快进入这一领域,并涵盖我们对公共部门审计(public sector auditing)的所有期望。① 也就是说,如何获取准确的信息在有效发挥审计监督功能作用的过程中是至关重要的。美国哈佛大学公共管理学者罗伯特·D. 本恩(Robert D. Behn)曾经认为,公共管理学必须回答三个大问题:微观管理(micromanagement)、激励(motivation)、测量(measurement)。在此基础上,本恩又进一步指出,如果公共管理研究要变得"科学",就需要关注这些重大问题和其他重大问题。② 显然,在本恩看来,政府公共部门组织的工作绩效测量与评估无疑就是政府公共部门管理的一个重大问题。而工作绩效测量与评估是离不开全面准确的信息反馈的。无论是事前审计还是事后审计,都是建立在信息反馈基础上的监督制度。两者都服务于同一目的,即利用信息及其反馈来控制经济活动按照预定目标前进。这就是现代审计的实质。③ 西班牙奥维耶多大学贝伦·冈萨雷斯-迪亚兹(Belén González-Díaz)、罗伯特·加西亚·费尔南德斯(Roberto García Fernández)和安东尼奥·洛佩兹-迪亚兹(Antonio López-Díaz)在《作为最高审计机关透明和问责战略的沟通》(Communication as a Transparency and Accountability Strategy in Supreme Audit Institutions)一文中指出,传播战略(communication

---

① Dick, G., "Auditing in China: The Australian Involvement", *The Australian Journal of Chinese Affairs*, 1984(11): 169-174.
② Behn, Robert D., "The Big Questions of Public Management", *Public Administration Review*, 1995, 55(4): 313-324.
③ 陈颖源:《现代审计与经济监督——兼论审计和民主、法治之间的关系》,《经济科学》1987年第4期。

strategies)可以帮助最高审计机关提高透明度和问责制,实施这些战略需要明确界定它们的目标,明确它们想要传达的信息,并根据它们与传统媒体和新媒体之间的关系制定一项传播计划(communication plan)。[1] 只有在有效的信息反馈、信息沟通和信息传播基础上,才能在国家治理中充分发挥审计监督的职能作用。

(二)依法获取审计调查信息

针对国家经济活动中出现的带有倾向性、普遍性的重大问题,审计机关需要通过审计调查分析,为相关领导决策机关加强或改进宏观经济控制与宏观经济决策提供有效决策信息和政策建议的一种审计方法。开展审计调查不仅能为宏观经济决策提供决策信息和政策建议,深入贯彻和完善财经法规,而且有利于审计监督工作的经常化、规范化和制度化,提高审计监督人员的法治意识、政策水平和业务素质,促进信息公开水平和国家治理的透明度。澳大利亚国立大学理查德·格兰特·马尔根(Richard Grant Mulgan)指出,透明度的主要拥护者杰里米·边沁(Jeremy Bentham,1748—1832)作为圆形监狱(panopticon)的设计者,坚定地相信"越严格地观察我们,我们的行为就越好"的原则,这一原则已植根于英国进步改革的传统之中。[2] 审计调查以及通过查问或询问方式取得证据的审计查询都是依法获取审计信息的途径,是审计监督的信息输入功能。然而,发挥好审计监督的这一信息功能的确是有难度的。因为,作为审计监督对象的相关政府公共部门总是试图抵制敏感信息的公开获取的。阿拉斯代尔·S. 罗伯茨(Alasdair S. Roberts)对英国新出台的"信

---

[1] González-Díaz, Belén, García Fernández, Roberto, López-Díaz, Antonio, "Communication as a Transparency and Accountability Strategy in Supreme Audit Institutions", *Administration & Society*, 2013, 45(5): 583-609.

[2] Mulgan, Richard G., "Transparency: The Key to Better Governance", *Public Administration*, 2008, 67(2): 237-239.

息自由法案"(Freedom of Information，FOI)将引入"新的开放文化"(a new culture of openness)的预期提出质疑。他利用其他英美民主国家特别是加拿大的证据,展示了各国政府如何抵制提高透明度的举措,部分是通过对所有信息自由法案中允许的公共利益豁免(the public-interest exemptions)进行积极的法律辩护,以及对记录和其他文件进行非正式调整,以避免披露可能令人尴尬的信息。[1] 在日本,为了履行公共受托责任,国家审计人员深入一线调查审计,崇尚理性和证据,并自觉规范自由裁量权,基于公平、公正、公开的原则,运用严谨细致的程序和判断得出正确的结论,并及时推动审计问责和整改,从而提高审计机关自身和政府的公信力。日本法政大学政治学者松下圭一(まつした けいいち,1929—2015)在讨论审计的前沿领域时指出,1970年代开始把以前排除在审计报告之外的相关政治问题、政策问题和社会问题作为特别记载的事项写进了审计报告。1981年之后的审计基本方针、1986年之后的审计规划指南以及1990年之后的政府开发援助(Official Development Assistance，ODA)项目或者海湾和平基金款项等,也都作为特定事项增列进来。1992年日本审计院开始探讨有关政策评估的调查研究以及有关绩效评估方法的调查研究。[2] 无论是财务状况调查,还是政策评估调查,抑或是绩效评估调查,都是依法获取审计调查信息,说到底,都是审计监督的信息输入功能。在我国,根据相关法律法规,审计机关的权限主要包括要求审计对象报送资料权、检查权、调查取证权(含查询权)等审计调查权。

(三) 全面收集审计监督信息

审计监督的关键在于及时、准确且完整地收集监督对象的相关信息。什么是信息完整性呢? 美国肯尼索州立大学斯里达哈尔·拉马莫尔蒂

---

[1] Roberts, Alasdair S., "Spin Control and Freedom of Information: Lessons for the United Kingdom from Canada", *Public Administration*, 2005, 83(1): 1-23.

[2] [日]松下圭一:《会計検査のフロンティア》,《会計検査研究》第10号卷頭言,1994,9.

(Sridhar Ramamoorti)和马德哈万·K.纳亚尔(Madhavan K. Nayar)认为,信息完整性是信息的信任度(trust-worthiness)和可靠性(dependability)。信息的可信度(credibility)取决于我们是否从可信任的来源获取这些信息。[①]绩效审计作为对被审计单位经济活动的经济性、效益性和效果性所进行的审计,是国家审计发展的新阶段,是审计的前沿领域。英国圣安德鲁斯大学管理学院公共政策与公共管理学教授桑德拉·M.纳特利(Sandra M. Nutley)、伦敦大学国王学院露丝·莱维特(Ruth Levitt)和威廉·索勒斯伯里(William Solesbury)以及卡迪夫大学史蒂夫·马丁(Steve Martin)等人指出,自1980年代以来,在许多国家,绩效审查(performance scrutiny)的规模、范围和重要性都显著增加了。尽管关于审计"爆炸"(audit "explosion")或监管"爆炸"(regulatory "explosion")的讨论可能是被夸大了,但毫无疑问,国际社会对控制公共服务和提高公共服务绩效的方式产生了越来越大的兴趣。在这一过程中,各种审计机构(audit bodies)、检查机构(inspection bodies)和调查机构(inquiry bodies)或者审查机构(scrutiny bodies)发挥了关键作用。他们发现,判断过程受到审查任务的性质、审查机构需要为其判断辩护的可能性、审查小组的职权范围(the remit of the scrutiny team)、关系距离(relational distance)以及审查机构的习惯和传统做法的影响。[②]

实际上,审计监督机关与其他审查机构一样,其做出判断的过程往往深深植根于组织文化中,大多数审查机构与它们所监督的部门以及相关的政府部门和专业网络都有着广泛的关系。因此,其收集信息和做出判

[①] Ramamoorti, S., Nayar, Madhavan K., "The Importance of Information Integrity", *Internal Auditor*, 2013, 70(1): 29-31.
[②] Nutley, S. M., Levitt, R., Solesbury, W., Martin, S., et al., "Scrutinizing Performance: How Assessors Reach Judgements about Public Services", *Public Administration*, 2012, 90(4): 869-885.

断的过程应该有机贯通,相互协调,促进信息共享,确保信息完整性,从而实现对审计监督、审查监管对象的立体化监督和精准到位的监督。同时,审计监督机关也与其他绩效审查机构一样,越来越多地被期望发挥多样化的职能作用,既要作为看门狗(watchdogs)、导盲犬(guide dogs),也要成为研究者。考虑到与这些不同职权范围相关的判断程序之间的差异,因而必须要意识到要求审计监督主体将其结合起来所涉及的内在风险,如可能会导致紧张和妥协。评估与判断是广泛的数据收集、大量的分析和大量审议协商的结果,也涉及相当多的妥协和权衡(trade-offs)。此外,绩效审计通过对经济活动的效益性检查来反映政府公共部门经济权力行使过程的有效性,从整体上制约和监督公共经济权力行使过程与结果,推进国家治理的法治化、民主化和责任性,促进政府公共部门的廉洁性、效益性和公信力。[①] 所以,从经济责任审计到绩效审计的变革,不仅标志着审计监督的全覆盖,而且意味着信息收集的全面性、准确性和完整性。澳大利亚国立大学萨罗瓦尔·侯赛因(Sarowar Hossain)在讨论澳大利亚绩效审计的发展时认为,绩效审计在澳洲的发展没有受到时间的影响,而是受到政府、政策制定者、管理层以及政府实体信息使用者对绩效审计需求的影响。[②] 换句话说,绩效审计就是通过审计监督向政府、政策制定者、管理层和政府实体信息使用者反馈和提供所需绩效信息。这种信息反馈机制实际上就是一种公共经济权力的监督制约机制。在英国国家审计署的绩效审计项目中,审计信息调查法被广泛用来了解审计对象和提供最新的证据,但是在具体运用过程中,调查对象不同,调查总体、抽样规模、管

[①] 王素梅:《论国家审计对公共经济权力的监督》,《中南财经政法大学学报》2013年第2期。

[②] Hossain, Sarowar, *From Project Audit to Performance Audit: Evolution of Performance Auditing in Australia* (July 11, 2006), Social Science Electronic Publishing. Available at SSRN: https://ssrn.com/abstract=916460.

理方法等方面都有很大的不同,从而决定了所采用的调查法的类型也有所差别。① 实际上,要做好审计监督信息调查工作,必须在指导思想上和工作方法上始终坚持"全面审计,突出重点"的指导方针,具体说来,就是要从审计项目自身的实际情况出发,既要严谨细致,又要讲求方法,同时还要在调查工作中注重信息收集的质量、效率和效果。

二、审计监督的信息处理功能

众所周知,政府审计信息公开作为公民权利发展的产物,是政治民主和法制健全的结果,并且成为保证政府审计机关有效运行的一种重要法律制度。② 在信息社会中,审计监督的信息公开功能不仅是国家治理透明化和信息共享的必然要求,同时,也是责任政治、廉洁政治和阳光政府建设过程中权力监督的必要条件。而审计监督的信息公开功能是建立在审计监督的信息处理能力之上的,因此,必须要凭借审计鉴证不断促进政府信息公开化,基于审计鉴证最大限度地消除信息不对称,通过审计鉴证进一步增加信息可信性。

(一)凭借审计鉴证促进政府信息公开化

新西兰奥克兰大学戴维·查尔斯·海伊(David Charles Hay)、美国佛罗里达大学 W. 罗伯特·克涅科(W. Robert Knechel)和比利时鲁汶大学马琳·威尔肯斯(Marleen Willekens)在《劳特利奇审计手册》(The Routledge Companion to Auditing)中指出,审计是一种提高信息质量或信息内容质量的保证服务(assurance service)。③ 当我们说一份财务报告信息是"更好"的,即意味着其所提供的信息更可信、更可靠,那是因为通过审计监督鉴证审查了有关构成财务报表的断言的证据,并说服管理层做

---

① 谢胜利:《调查法在英国绩效审计中的应用》,《审计月刊》2005年第2期。
② 班东启:《论政府审计信息公开制度》,《审计研究》2007年第4期。
③ Hay, David C., Knechel, W. R., Willekens, M., *The Routledge Companion to Auditing*, Abingdon, Oxford: Routledge, 2014: 1-10.

出改进,以提高财务报表的准确性(accuracy)和资讯性(informativeness)。这使得财务报表的用户能够更好地信赖和依靠其信息,因为审计报告中已经对审计结论进行了审查鉴证。正如前文中所讨论的,在国家治理中,审计监督的关键在于信息公开,而政府信息公开的依据则在于公民的知情权。另外,政府信息公开的结果也有利于提升政府的公信力以及公民对政府的信任水平。荷兰乌得勒支大学政府治理学院博士后研究员史蒂芬·G.格雷姆里克怀森(Stephan G. Grimmelikhuijsen)在《透明度、认知度和公民对政府信任度的关联性:实证分析》(Linking Transparency, Knowledge and Citizen Trust in Government: An Experiment)一文中指出,政府绩效信息的定期披露,对提高公民的信任是至关重要的。① 公开政府的活动,使政府的活动置于国民监督之下,这是人民主权和民主主义的基本要求。日本神户大学经济管理研究所教授山地秀俊(やまじ ひでとし)指出,国家审计离不开政府拥有的公共信息的公开。② 的确,离开了政府公共信息公开制度的有效执行,一切审计监督都无从谈起。一方面,政府组织程序和权力构架必须是公开的;另一方面,依法制定的政府行政程序也必须是公开透明的,这样才具有可预期性、执行力和约束力。国家治理法治化、民主化和责任性内在地要求通过发挥审计监督的信息处理功能对政府公共经济权力运行过程和结果进行鉴证、审查和监督,实质上是要确保人民赋予的权力真正用来为人民谋利益,从这个意义上说,国家治理中的审计监督是建设民主政府、廉洁政府、责任政府和阳光政府的重要制度保障。

(二) 基于审计鉴证消除信息不对称

理查德·格兰特·马尔根(Richard Grant Mulgan)指出,透明度绝不

---

① [荷兰]史蒂芬·G.格雷姆里克怀森:《透明度、认知度和公民对政府信任度的关联性:实证分析》,《国际行政科学评论》2013年第1期。
② [日]山地秀俊:《情報公開論の諸相》,《会計検査研究》第26号,2002,9:215-228.

是一种无条件的好处(unqualified good)。过度的透明度肯定会损害其他重要的价值观,包括隐私性(privacy)和在进行敏感谈判时所需要的机密性(confidentiality)。然而,在大多数情况下,自私自利的政客和官员一直在利用反论点(counter arguments)来保护自己的权力。一个更加透明的政府制度仍然是致力于真正的公开协商(public deliberation)的民主改革者们所追求的目标,但是没有人能强迫他们。[①] 古往今来,无数事实反复证明了一条铁律,那就是,一切公共权力在没有足够强大的制约、控制和监督时,总会倾向于在信息垄断的基础上进行暗箱操作。逆向选择(adverse selection)和道德风险(moral hazard)等委托代理问题产生的根源就在于信息的不对称性、垄断性和不透明性(opaque)。因此,为了更好地解决因委托-代理关系而产生的代理问题,保证和促进公共受托经济责任得到全面有效履行,应该及时公开公共权力的运行情况及公共资源的分配和使用情况,增强政务透明度。[②] 正是在委托代理关系的基础上形成了权力监督体系中的审计关系。在委托—代理关系中,需要以审计信息鉴证消除委托人和代理人之间存在的信息不对称。审计监督的信息鉴证功能是其在国家治理过程中充分发挥权力监督职能作用的基础。

(三) 通过审计鉴证增加信息可信性

审计监督中获得的信息来源是通过多元化渠道获取的,特别是关于绩效方面的信息。德国波茨坦大学公共行政管理学者亚历山大·克罗尔(Alexander Kroll)指出,关于绩效信息使用的文献解释了公共管理人员如何处理系统地收集的并且是正式地报告的数量资料(quantitative data)。但是,克罗尔认为,这种狭隘的理解是不完整的,因为它排除了各

---

① Mulgan Richard G.,"Transparency: The Key to Better Governance", *Public Administration*, 2008, 67(2): 237-239.
② 蔡春、朱荣、蔡利:《国家审计服务国家治理的理论分析与实现路径探讨——基于受托经济责任观的视角》,《审计研究》2012年1期。

种非常规绩效信息(nonroutine performance information),包括口头信息、临时信息和定性的反馈信息。为了了解回应性的公共管理人员对绩效反馈(performance feedback)的反应如何,需要考虑绩效信息的其他来源。其中,要考虑两个重要的非常规反馈(nonroutine feedback):组织内部人员(organizational insiders)和相关的外部利益相关者(relevant external stakeholders)。克罗尔利用德国地方政府的调查数据表明,公共管理者更喜欢使用非常规的反馈而不是常规的绩效报告数据。[1] 对于不同来源的绩效信息当然需要通过审计监督发挥审计鉴证功能以确保其信息的可信性。实际上,审计监督的基本功能之一就是保证政府公共部门财务管理、政策执行以及绩效数据等各方面信息的可信性。对政府公共部门财务报告进行审计鉴证,是信息真实可靠、提高有用性、取得社会信任的必要保障。[2] 国家审计机关作为政府公共部门经济责任履行情况的监督机构,依法对政府公共部门经济权力运行过程进行监督和制约,审查公共资金使用绩效,在推进政府公共信息透明度不断提升方面发挥着重要作用。可以说,审计监督在国家治理透明化以及阳光政府和诚信政府建设进程中正在发挥越来越重要的职能作用。

三、审计监督的信息输出功能

国家审计之所以是国家治理的基石和制度支柱之一,在于其信息公开功能为国家治理的法治化、民主化、透明化和责任性奠定了基础。审计监督通过信息输入和处理过程输出审计产品,包括做出审计建议、公布审计结果、进行处理处罚。[3] 其中,审计结果公告是一种行政行为,也是一种

---

[1] Kroll, Alexander, "The Other Type of Performance Information: Nonroutine Feedback, Its Relevance and Use", *Public Administration Review*, 2013, 73(2): 265-276.

[2] 陆晓晖:《增强政府信息透明:国外的成果及其借鉴》,《湖北经济学院学报(人文社会科学版)》2014年第7期。

[3] 朱殿骅、伍学进:《我国国家审计权的配置现状与优化路径》,《江汉学术》2014年第2期。

民主制度,更是一种民主的政治文化。审计监督的信息输出功能的具体实现路径是通过依法公布的审计报告披露信息,其关键在于落实审计结果公开,并且致力于推动审计结果信息的使用。

(一)审计监督通过依法公布的审计报告披露信息

国际最高审计机构组织(The International Organization of Supreme Audit Institutions,INTOSAI)于2009年底通过了两项国际条例,即《ISSAI 20:透明度和问责原则》(ISSAI20:Principles of Transparency and Accountability)和《ISSAI 21:透明度原则——良好做法》(ISSAI 21:Principles of Transparency—Good Practice)。这些条例的目的是提出与透明度和问责制有关的原则和良好做法,以帮助公众和国家服务部门提高对最高审计机关(Supreme Audit Institutions,SAIs)在社会中的职能和作用的认识。在两项国际条例中,"透明度"一词都是指要求向公众通报情况、责任、战略、活动、财务管理、业务和绩效,以及审计结果和结论(audit results and conclusions)。"问责制"一词则是指法律和报告编制框架(report presentation framework),以及结构、战略、程序和行动,这有助于保证最高审计机关通过其审计报告(audit reports)产生和提交其审计活动的结果,并有助于保证对审计活动管理和影响的评估和后续行动。[①]

根据透明度原则,最高审计机关应在保证问责制和透明度的法律框架内履行其职责,公布其任务、职责、任务和战略,有客观和透明的审计标准、程序和方法,遵守更高要求的道德操守和廉正标准。最高审计机关应确保在外包其活动时遵守问责制和透明度原则。同时,最高审计机关应通过媒体、网站和其他渠道及时和广泛地宣传其活动。此外,最高审计机关还应该利用外部独立顾问(external and independent advisors)来提高

---

① González-Díaz, Belén, García Fernández, Roberto, López-Díaz, Antonio, "Communication as a Transparency and Accountability Strategy in Supreme Audit Institutions", *Administration & Society*, 2013, 45(5): 583-609.

其工作的质量和可信度(credibility)。英国贝尔法斯特女王大学管理学院诺埃尔·S. 海因德曼(Noel S. Hyndman)和加拿大布鲁克大学商学院罗伯特·安德森(Robert Anderson)认为,执行机构(executive agencies)要更直接地对其直接管理之外的人负责,特别是关于绩效的要求,因为绩效信息(performance information)在外部报告(external reporting)中的披露程度是特别重要的。① 在国家治理的审计监督制度体系中建立审计结果公告制度,是提升审计质量、保证公众知情权、推进民主政治建设的必然要求。② 在依法独立审计过程中,审计机关可以基于审计结果公告制度,通过媒体依法公布审计报告,详细公开被审计单位违规违纪的情况,用事实支撑结论。③ 实际上,审计监督的重要职能作用之一就是从财政和财务信息切入,寻找腐败的源头④,依法揭露腐败行为。所谓"依法",主要是指基于民主法治意义上的依法控权逻辑,具体体现为党和国家监督体系中审计监督权的合法性基础和国家廉政体系中权力监督的民主政治依归。

(二) 审计监督的关键在于落实审计结果信息公开

诚然,审计监督可以通过事前审计或者事后审计形式以及内部审计或者外部审计甚至绩效审计与绩效评估等途径获取绩效信息。然而,更重要的是试图说明如何在绩效管理框架内评估并服务于民主价值。美国北卡罗来纳大学夏洛特分校公共行政管理学者布拉德利·E. 赖特(Bradley E. Wright)认为,问题不应在于政府是否使用绩效评估,而应该在于如何使用这些绩效评估结果信息。如果我们不试图系统地评估政府

---

① Hyndman, Noel S., Anderson, R., "The Use of Performance Information in External Reporting: An Empirical Study of UK Executive Agencies", *Financial Accountability & Management*, 1995, 11(1): 1-17.

② 张立民、丁朝霞:《审计公告与国家审计信息披露理论框架的研究——基于信号传递机制的研究视角》,《财会通讯》2006年第7期。

③ 蔡春、陈孝:《"审计风暴"带来的思考和启示》,《中国审计》2004年第17期。

④ 李嘉明、杨流:《国家审计与国家监察服务腐败治理的路径探索——基于协同视角的思考》,《审计与经济研究》2018年第2期。

的投入、产出和成果,如何才能追究政府的责任呢?没有这些信息,管理者和公职人员如何才能提高政府绩效呢?最终,这些问题最好通过强调流程而不是绩效管理的产品来解决。①

审计结果信息公开是国家治理透明化和政府公共信息公开链条中的一个必不可少的有机组成部分,也是责任政治中公共问责的制度基础。只有充分公开经济责任审计结果的信息和相关流程方面的信息,才能使各项监督制度有机贯通、相互协调,并且使监督主体大众化,借助社会各界的力量,将经济责任审计问责的权力适当分散,增强协同性,加大规制俘获的交易成本和败露风险,减少审计机关被规制俘获的可能性。② 同时,也只有建立健全审计监督体系中所涉及的信息机制、鉴证机制和监督机制,才能寻找到有效地破解政府审计监督难题的方法和路径,实现审计监督的治理效能。

在国家审计方面,日本审计院信息公开和个人信息保护审查会(Information Disclosure and Personal Information Protection Review Board)由三名委员组成,根据《行政机关信息公开相关法律》第18条(Article 18 of the Act on Access to Information Held by Administrative Organs, Act No. 42 of 1999)及《行政机关个人信息保护相关法律》第42条(Article 42 of the Act on the Protection of Personal Information Held by Administrative Organs, Act No. 58 of 2003)的规定,调查审议相关事项。随着数字时代的快速发展,日本已经逐渐实现审计监督信息的电子化、网络化和公开化。当代英国审计学家迈克尔·K.鲍尔(Michael K. Power)认为,审计是一种减少风险的做法(risk reduction practice),其旨

---

① Wright, Bradley E., "Public Administration in 2020: Balancing Values as a Journey, Not a Destination", *Public Administration Review*, 2010, 70(Supplement 1): S312-S313.
② 黄溶冰:《经济责任审计的审计发现与问责悖论》,《中国软科学》2012年第5期。

在证明合计后构成财务报表的交易的完整性、准确性和有效性。[①] 可以说,作为高悬于一切权力头顶的一把"达摩克利斯之剑"(the Sword of Damocles),审计监督是防范风险、制约权力和预防腐败的制度性工具,因而也是国家治理的重要基础之一。

在我国,审计结果公开在一定程度上消除了政府和民众之间的信息不对称,让弱势群体的知情权、监督权、参与权得到了进一步的保障。[②] 从这个意义上说,国家治理中的审计监督说到底就是对政府公共部门公共经济权力运行过程进行监督,其监督实效性的提升最终可以使政府机关工作人员真正成为人民的公仆,始终服务于人民的公共利益。

(三) 审计监督致力于推动审计结果信息的使用

美国威斯康星大学麦迪逊分校公共事务学院唐纳德·P. 莫尼汉(Donald P. Moynihan)和罗格斯大学纽瓦克分校桑贾伊·K. 潘迪(Sanjay K. Pandey)指出,绩效管理的最大问题是管理者为什么使用绩效信息(performance information)。各国政府在创建绩效数据(performance data)方面付出了非凡的努力,保证这些绩效数据将被用来改善治理,但我们对使用这些信息有关的因素还并不知道。他们通过对当地政府管理人员的调查结果表明,公共服务动机、领导作用、信息可用性(information availability)、组织文化(organizational culture)和管理灵活性(administrative flexibility)都会影响绩效信息的使用。[③] 乔治华盛顿大学特拉赫滕伯格公共政策与公共行政学院桑贾伊·K. 潘迪(Sanjay K.

[①] Power, Michael K., *The Audit Society: Rituals of Verification*, Oxford: Oxford University Press, 1997: 5, 24.

[②] 张立民、郑军:《国家审计、产权保护与人权改善——中国特色社会主义国家审计建设历程的回顾与思考》,《审计与经济研究》2009 年第 6 期。

[③] Moynihan, Donald P., Pandey, Sanjay K., "The Big Question for Performance Management: Why Do Managers Use Performance Information?", *Journal of Public Administration Research and Theory*, 2010, 20(4): 849–866.

Pandey)认为,人们期待绩效数据和信息将满足对公共组织问责以及支持和发现改进绩效的新方法的需要。[①] 政府绩效信息是在政府绩效管理过程中产生的与政府绩效相关的信息。[②] 重视绩效数据和信息的使用是明确公共组织的责任和支持公共组织绩效改进新路径的必要选择。在我国,推行经济责任审计结果公告,将党政领导干部在职在任期间的履职尽责情况予以公开、透明地披露出来,可以通过社会公众的广泛参与,降低国家审计机关作为监督机构和规制机构操纵相关信息的可能空间。同时,也为民主控权和公共问责奠定坚实的基础。

第三节 审计监督的民主问责功能

审计监督制度作为民主政治的一个组成部分,具有与生俱来的政治民主价值。其实,审计查账的目的不仅仅在于经济监督,而且是民主政治的内在要求。民主政治作为推动国家审计的最深层动力,也是国家审计的本质,同样,国家审计也是保障民主政治有序运行的不可或缺的制度设计之一。建立一个对人民负责任的政府是人民民主的内在逻辑,也是现代国家治理的基本目标,而有效的问责机制是实现这一目标的根本保障。审计是建立财政监督问责机制的必然要素甚至是前提条件。[③] 只有在依法独立审计的基础上,坚持客观公正的原则与有效的程序相结合,形成责任追究机制,以问责为导向的建设性制度安排和政治信任增进机制,才能实现审计监督的民主问责功能。

---

① Pandey, Sanjay K., "Performance Information Use: Making Progress, But a Long Way to Go", *Public Performance & Management Review*, 2015, 39(1): 1-6.
② 唐健:《政府绩效信息使用:一个文献综述》,《公共行政评论》2018年第1期。
③ 公婷:《问责审计与腐败治理》,《公共行政评论》2010年第2期。

一、审计监督是责任政府中的责任追究机制

审计监督作为政府责任体系的一个组成部分,是在国家廉政体系中发挥审计监督的反腐败功能的。同时,基于人民民主的内在逻辑促进责任政府建设。

(一) 审计监督是政府责任体系的一个组成部分

基于审计监督的责任追究机制是国家问责机制的一部分,其在实施过程中往往侧重于特定的主题,如公共服务的管理或公共项目的实施。审计监督的问责机制是审计部门依据相关法律法规制度对审计对象的受托公共责任的一种"权责对等"式的公允评价和责任追究。① 2004年7月,美国审计总署的法定名称更名为美国政府责任署(Government Accountability Office,GAO),表明了国家治理过程中政府责任的重要性②,体现了审计总署"责任性、公正性和可靠性"的核心价值观,也反映了审计总署"协助国会实现宪法责任、提高联邦政府绩效和保证联邦政府对美国公民的责任"的历史使命③,同时,也体现了"政府对公众的责任乃是审计的实质"这一基本观念。④ 的确,对于一个机构的任何授权,必须同时规定其相应的责任。⑤ 不受控制因而也无法问责的公共权力必然无限扩张甚至侵害公民的权利。因此,必须通过以监督为手段来实现对公民权的有效保护。⑥

依托于政府公共部门组织而实施和运行的公共权力必须通过问责制对其进行约束,使问责制成为悬在公共权力行使者头上的一把"达摩克利斯之剑"(sword of Damocles)。英国著名政治思想家约翰·斯图亚特·密尔(John Stuart Mill,1806—1873)在其《代议制政府》(Considerations

---

① 张文宗、彭拥军、戴玥:《审计问责的学理界说与制度构建》,《审计月刊》2013年第5期。
② 冯均科:《以问责政府为导向的国家审计制度研究》,《审计研究》2005年第6期。
③ 李永强:《美国政府审计发展及其启示》,《财会通讯·学术版》2007年第11期。
④ 侯晓靖:《对影响我国审计问责的现实环境的分析》,《现代审计与经济》2009年第3期。
⑤ 张成福:《责任政府论》,《中国人民大学学报》2000年第2期。
⑥ 杨海坤:《实现宪政目标下的中国行政法治》,《法学论坛》2005年第2期。

on Representative Government)一书中,反复强调了权力与责任相统一的政府行政原理。密尔认为,如果能够将权力和责任统一起来,那么就完全可以放心地将权力交给任何一个人。① 日本大阪学院大学管理学者饭野春树(いいの はるき)在切斯特·厄文·巴纳德(Chester Irving Barnard)强调组织中责任的基础上,甚至提出了"责任优先说"。② 可以认为,在政府公共部门组织中基于权责一致原则建构责任追究机制,其目的是为了在审计监督结果信息公开的基础上促进公民的民主监督和公共问责。

(二) 在国家廉政体系中发挥审计监督的反腐败功能

长期以来,公共预算透明一直是公认的健全治理和善治的基本原则。然而,很难找到可靠的预算透明度衡量标准。巴西里约热内卢天主教大学保罗·德·伦齐奥(Paolo de Renzio)和哈里卡·马苏德(Harika Masud)基于对开放预算指数(Open Budget Index,OBI)的研究发现,世界各地的预算透明度状况平均来看是很差的。收入较低、民主体制较弱、对外国援助依赖程度较高的国家往往透明度较低。③ 对政府绩效的比较评估与审计监督对各国促进廉政方面发挥了重要作用。审计监督制度作为民主政治体制中对于责任政府的控权机制和责任追究机制,不仅是政府责任体系的有机组成部分,而且具有突出的反腐败功能作用。作为审计监督制度,发挥反腐败功能基础实际上是审计在政策过程以及项目实施过程中的评估功能和效用。英国圣安德鲁斯大学管理学院桑德拉·M. 纳特利(Sandra M. Nutley)、伦敦大学国王学院露丝·莱维特(Ruth Levitt)和威廉·索勒斯伯里(William Solesbury)以及卡迪夫大学史蒂

---

① Mill, John S., *Representative Government*, Kitchener, Ontario: Batoche Books, 2001: 156.
② [日]饭野春树著:《巴纳德组织理论研究》,王利平等译,北京:生活·读书·新知三联书店,2004年,第177页。
③ Renzio, Paolo de, Masud, H., "Measuring and Promoting Budget Transparency: The Open Budget Index as a Research and Advocacy Tool", *Governance*, 2011, 24(3): 607-616.

夫·马丁(Steve Martin)等人指出,审计机构的受托任务是确定公共政策、方案、项目或组织是否是在适当考虑了经济性、效率性、效益性和良好管理实践的情况下运作的。[1] 审计监督制度的政策评估和项目评估功能说到底就是责任政治中的公共权力控制与问责机制。对政府公共部门行使公共权力过程的控制,一直都是通过聚焦于对政府征税权力的约束来实现的。日本中央大学加藤芳太郎(かとう よしたろう)教授指出,预算责任的弱化倾向应该成为审计的焦点,即把公款支出和管理运营作为审计的对象。[2] 加强审计监督与公共问责在国家治理中的职能作用,不断提高审计监督与问责的实效性。中国特色审计监督则只有在党和国家监督体系中充分发挥审计监督的职能作用、制度执行力和协同治理效能,才能预防和遏制公共权力行使过程中的腐败现象,促进国家治理现代化进程中的廉政建设。

1996年,"透明国际"(Transparency International,TI)反腐败专家、新西兰学者杰瑞米·波普(Jeremy Pope)提出通过建立国家廉政体系(National Integrity System,NIS)有效反腐败的设想。[3] 在他看来,国家廉政体系大厦建设包括生活质量、法治和可持续发展三大目标和11根由机构和规则组成的制度支柱,这些支柱包括立法机构、行政机关、司法机关、审计机关、监察专员、公共服务、"看门狗"机构、新闻媒体、市民社会、私人部门、国际机构。这座大厦的地基或底座是公共意识和社会的价值观(见图4-2)。

---

[1] Nutley, Sandra S., Levitt, R., Solesbury, W., Martin, S., et al., "Scrutinizing Performance: How Assessors Reach Judgements about Public Services", *Public Administration*, 2012, 90(4): 869-885.

[2] [日]加藤芳太郎:《状況と反省》,《会計検査研究》1号【巻頭言】,1989,8.

[3] Pope, Jeremy, *Confronting Corruption: The Elements of a National Integrity System* [EB/OL]. (2001-01-03). http://www.transparency.org/content/download/2439/14493/file/sourcebook.pdf.zip. TI Source Book 2000: 35-37.

第四章　国家治理体系中审计监督的治理功能

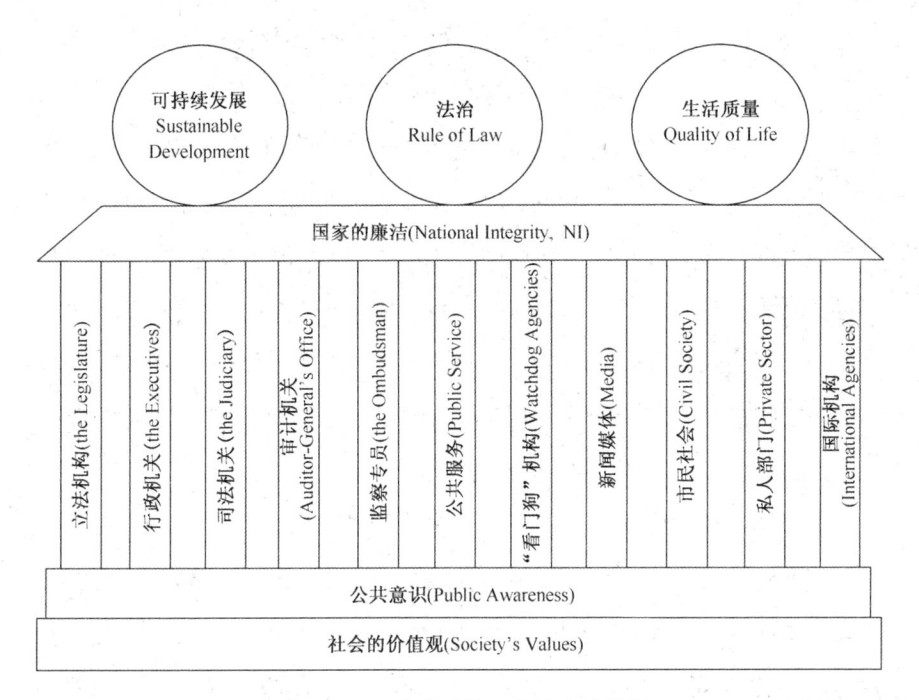

图 4-2　国家廉政体系中的审计监督

图 4-2 中的 11 根制度支柱是相互依存的，但可能具有不同的优势。如果一个支柱或几个支柱削弱，"可持续发展""法治"和"生活质量"的"圆球"将滚落，导致整个国家廉政体系建筑大厦塌陷。波普指出，建立国家廉政体系的最终目标，是将腐败变成一件"高风险"且"低回报"的活动。[①] 支撑起国家廉政体系这座大厦，需要靠不同方面的制度支柱协同发力，充分发挥其在各自领域中的职能作用。

毫无疑问，审计监督是国家廉政体系的制度支柱之一，但是，审计制度的功能发挥也需要其他制度支柱的协调配合。如果国家廉政体系中的

---

① Pope, Jeremy, *Confronting Corruption: The Elements of a National Integrity System* [EB/OL]. (2001-01-03). http://www.transparency.org/content/download/2439/14493/file/sourcebook.pdf.zip. TI Source Book 2000: 35-37.

· 173 ·

其余部分不能协同配合或者实际上仍处于功能失调状态,则必然影响审计监督功能的有效发挥甚至影响廉政建设整体目标的实现。德国学者克劳斯-亨宁格·巴斯(Klaus-Henning Busse)在《国际审计组织的反腐败角色》(The SAI's Role in Combating Corruption)一文中指出,国际审计组织鼓励各国政府加强其内部控制制度,加强工作人员抵制贿赂的能力,监测容易腐败的政府领域。只有在国际审计组织和公共检察官共同努力的情况下才能实现反腐败的斗争。[①] 在我国,审计管理体制的目的就是要优化管理体制机制,充分发挥审计监督在国家廉政体系中的反腐利剑功能。

(三)基于人民民主的内在逻辑促进责任政府建设

本书第一章中阐述马克思主义权力监督理论时讨论了马克思主义人民主权理论。并且指出,人民主权意味着政府的公共权力是来自人民的,即人民主权(popular sovereignty),因而必须体现政权的人民主体性。也就是说,人民自己掌握自己的生活、自己管理自己的事务并且自己监督由自己授权的政府,使其服务于全体人民的共同利益。一句话,人民当家作主。只有在依法设置公共权力的同时,依法监督公共权力,才能防止公共权力异化腐败,由"社会公仆"演变成为"社会主人",使所有公务员真正成为人民的勤务员,认真做好本职工作,以更高的工作效率为人民群众提供更为优质的公共服务,从而实现公共目标,维护公共利益。英国伦敦大学伯克贝克学院丹尼·S. L. 周(Danny S. L. Chow)和曼彻斯特大学商学院克里斯托弗·G. 汉弗莱(Christopher G. Humphrey)、乔迪·莫尔(Jodie Moll)认为,公布政府的财务状况和诸如"净值"(net worth)等指标将导致

[①] Busse, K. H., "The SAI's Role in Combating Corruption", *International Journal of Government Auditing*, 2007, 34(3): 8-11.

更多的公众利益和对政府经济政策的辩论,从而提高透明度和公共问责制。① 可以说,会计系统和审计监督制度都是为了在委托代理关系中提高透明度,监督受托公共责任的履行情况,增强问责制的实效性和精准性。

中国特色社会主义道路的成功有许多的制度性支撑,人民民主的制度性安排是其中一个重要方面。一切权力来自人民,属于人民,这是马克思主义人民主权理论的基本原理。国家审计机关依法对政府公共部门经济责任进行审计监督,体现了民主政治和责任政治的内在要求。建立一个对人民负责任的政府是人民民主的内在逻辑,也是现代国家治理的基本目标,而有效的问责机制是实现这一目标的根本保障。

国家治理的法治化、民主化和责任性意味着一切公共权力必须依法接受人民群众的民主监督,以确保公共权力真正履行好公共责任,使公共权力运行过程和结果始终服务于人民的公共利益。从中西方历史发展的各种实际经验来看,公共问责无疑是有效地保证政府公共部门履行公共责任向人民负责的一个重要机制。公共问责机制的有效运行却又需要其他制度、机制的协同配合。在司法问责、预算问责等问责机制的基础上,人们还需要进一步认识审计监督对于公共问责的价值与意义。从完善国家治理的角度来说,问责是审计存在的理由,审计监督是国家治理中问责制的重要实现机制之一。② 审计作为对政府的财政责任进行问责的一种方法、手段和制度,是强化政府责任性和实现国家治理责任性的不可或缺的制度设计,并且通过审计监督机制实现民主问责功能。

二、审计监督是协同治理中以问责为导向的建设性制度安排

在国家治理现代化进程中,协同治理是政府与非政府机构之间互动

---

① Chow, Danny S. L., Humphrey, C. G., Moll, J., "Developing Whole of Government Accounting in the UK: Grand Claims, Practical Complexities and a Suggested Future Research Agenda", *Financial Accountability & Management*, 2007, 23(1): 27-54.

② 谷志军:《审计问责与国家治理》,《理论与改革》2013年第4期。

的合作治理模式,即社会力量利用机制。在协同治理条件下,审计监督其实是以问责政府为导向的一种建设性制度安排。具体说来,就是要在协同治理中落实国家审计的问责实效性,以问责政府公共部门为导向,并且在审计监督基础上追究公共权力行使者的政治责任。

(一) 在协同治理中落实国家审计的问责实效性

诚然,一切公共治理过程都离不开公共权力基础。公共行政学创始人伍德罗·威尔逊(Woodrow Wilson)在《行政学研究》(The Study of Administration)一文中甚至写道:"巨大的权力和不受限制的自由裁量权(unhampered discretion)在我看来似乎是承担责任(responsibility)的不可缺少的条件……只要权力并不是不负责任的,那它就绝没有危险性。如果权力被加以分解(divided),让许多人分享,那它就会变得模糊不清(obscured)。而如果权力是模糊不清的,那它就被弄成是不负责任了(irresponsible)。但是,如果权力是集中在各部门的首脑和部门所属各机关的首脑身上,那它就很容易受到监督(watched)和接受质询(brought to book)。"[①]虽然威尔逊在这里是从行政责任与行政权力监督的角度出发强调了行政管理活动中的集权性,其目的是在权责对等的基本原则下强调权力与责任的明晰性,但是,公共治理主体的多元化必然造成公共治理过程中的公共权力共享和公共责任共担,并且使得公共组织公共责任主体情况更加错综复杂,公共责任界限难以厘清。

在这种多元共治的格局中,必然要建立起完善的绩效评价体系,在协同治理中落实公共问责制,促进责任政府建设。在协同治理中实施审计监督的关键是提高审计问责的精准性和实效性,其要义就是要使利益相关者共同参与到审计问责过程中来。正如日本横滨国立大学成田赖明

---

① Wilson, Woodrow, "The Study of Administration", *Political Science Quarterly*, 1887, 2(2): 197-222.

(なりた よりあき)教授在《行政制度体制改革与审计模式》一文中所认为的,对于政府施政中的财政违纪、财务违规和管理不当的审计监督不仅包括国家审计、行政监察、国会质询和媒体报道,而且也必然包括公民参与制度,如住民监查请求、住民诉讼制度等。① 也就是说,对于协同治理中公共经济责任的审计监督,只有通过多元主体和多种监督制度的相互协调,才能实现精准问责和有效问责,不断提高权力监督体系的权威性、协同性和实效性。

（二）责任政治中以问责政府为导向的审计监督制度

责任政治中的审计监督制度在本质上是指向民主控权和公共问责的,而问责制的实施也有赖于依法推行审计监督制度的执行力和实效性。可以说,审计监督制度作为国家廉政体系的制度支柱之一也是国家政治体制最重要的组成部分,其重要性丝毫不逊色于民主选举制度、政党政治制度和舆论监督制度。审计监督制度对于看管政府"钱袋子"、遏制公权力腐败、促进政府信任和增强国家治理能力都具有极其重要的意义。审计监督不仅是指对公共权力运行过程的监督,同时还要对公共权力运行的结果进行问责。问责是廉洁政府、诚信政府和责任政府能够得以实现的关键机制。美国克莱蒙研究大学公共政策学者罗伯特·E.克里特加尔德(Robert E. Klitgaard)提出了一个简单的模型来解释腐败的发展动态,根据这个模型:C(Corruption 腐败)＝M(Monopoly Power 垄断权力)＋D(Discretionary Power 自由裁量权)－A(Accountability 问责)。② 从这一解释模型来看,反腐败说到底就是要依法治权并且落实公共问责制度。挪威卑尔根大学政治学教授约翰·佩德·奥尔森(Johan Peder Olsen)在

---

① ［日］成田頼明:《行政の制度・システムの改革と会計検査のあり方》,《会計検査研究》22号【卷頭言】,2000:5-7.

② Klitgaard, R. E., "International Cooperation Against Corruption", *Finance and Development*, 1998, 35(1): 3-6.

《民主问责、政治秩序与变革:探索欧洲转型时代的问责进程》(Democratic Accountability, Political Order, and Change: Exploring Accountability Processes in an Era of European Transformation)一书中指出,在稳定的、合法的政治秩序中,问责进程是高度制度化的和程序化的,例如,涉及选举、年度报告、审计、检查以及例行审查和听证会。问责制是以共同的准则和理解为基础的,例如,民主的理想、法治、公共服务的精神和专业规范,或者是基于在强有力的激励下遵守规则和程序。公民信任机构和代理人,相信他们会去做他们应该做的事情。优先事项是确保公共事务的公正性(impartiality)、胜任性(competence)和廉正性(integrity)。① 如果公众关注程度不高,那么普通公民就不太可能被大量动员起来。瑞典哥德堡大学索伦·霍尔姆伯格(Sören Holmberg)和博·亚伯拉罕·门德尔·罗斯坦(Bo Abraham Mendel Rothstein)在其主编的《好政府:政治科学的经世致用》(Good Government: The Relevance of Political Science)一书中指出,建立代议制民主(representative democracy)经常被认为是从腐败到贫穷一切事情的有效解药。这是因为它与问责制有关,这有助于减少公职人员的自由裁量权(discretionary powers)。② 众所周知,缺乏民主监督和公共问责的公共权力极易成为个人或者某些群体谋取私利的工具。一些政府官员滥用公共权力、贪污腐败、以权谋私,造成极其恶劣的社会影响,损害政府信任,致使政府公信力直线下降。现代国家治理的一个基本要求就是对公共权力实行有效监督、制约和问责。确保受托公共经济责任的全面有效履行,因此要以公共权力运行过程为切入点,构建并

---

① Olsen, Johan P., *Democratic Accountability, Political Order, and Change: Exploring Accountability Processes in an Era of European Transformation*, Oxford, United Kingdom; New York, NY: Oxford University Press, 2017: 21.

② Holmberg, S., Rothstein, B. A. M., *Good Government: The Relevance of Political Science*, Cheltenham: Edward Elgar Publishing Inc, 2012: 21.

第四章　国家治理体系中审计监督的治理功能

实施权力导向的审计模式,充分发挥审计监督功能,对公共经济权力进行监控和制约,防止公共权力异化。① 在审计公告的基础上,借力公共问责,进一步促进廉洁政府建设,不断完善国家廉政体系,形成"不敢腐、不能腐、不想腐"的有效机制,结合"干部清正、政府清廉、政治清明"的廉洁政治建设目标,大力弘扬廉政文化。

国家治理中的审计监督制度作为国家政治制度的组成部分,是国家治理体系中的一种权力控制机制和权力监督手段。国家审计作为国家治理的基石,关键是要建立以问责政府为导向的审计制度。通过审计监督对政府公共部门经济权力进行公共问责的政治基础,是其委托代理关系中所承担的代理人的角色及其必须履行的公共责任,包括法定的政治责任、行政责任、法律责任与经济责任。当然,对政府公共部门进行审计监督与公共问责必须寻求一种权威性的政治支持。② 从国家审计的公共问责功能来看,对政府公共部门进行审计监督不仅需要多主体协同治理,而且有赖于制度协同,包括在党内监督主导与推动下,加强审计监督制度与人大监督、民主监督、行政监督、司法监督、舆论监督、群众监督、统计监督等监督制度的协同配合,还应当做好相应的制度设计、制度改革与制度落实工作。在问责政府公共权力的总体导向下,我国审计监督制度改革的基本思路是,在中央审计委员会的领导下深化审计体制的改革、调整与落实,深入推动审计监督资源的功能整合与协同乏力。

在责任政治体系中,审计监督说到底是应对机会主义行为的一种制度设计。从本质上来说,审计作为一种权力监督机制,由多个要素组成,包括监事会、行政监察、民主监督等。中国特色社会主义政府审计本质上

---

① 蔡春、朱荣、蔡利:《国家审计服务国家治理的理论分析与实现路径探讨——基于受托经济责任观的视角》,《审计研究》2012年1期。
② 冯均科:《以问责政府为导向的国家审计制度研究》,《审计研究》2005年第6期。

是建设性审计,目标是通过审计来抑制机会主义行为。① 在国家治理现代化进程中,审计监督作为一种建设性制度安排的基本逻辑就是要在党的全面领导下对审计对象依法进行独立审计。同时,审计监督的建设性制度设计是以问责政府公共权力的公共责任为目标的,其逻辑理路是在依法独立审计的基础上,依据权力责任对等原则,加强公共权力运行过程中的民主控权,最终实现对政府公共权力的公共问责。

(三) 在审计监督基础上追究公共权力行使者的政治责任

审计监督的核心价值是什么? 新西兰奥克兰大学审计学者戴维·查尔斯·海伊(David Charles Hay)和英国阿斯顿大学卡罗琳·J.科德里(Carolyn J. Cordery)认为,公共部门审计是审计实践的一个庞大领域,这是一个纷繁复杂同时又相对缺乏探索(unexplored)的领域。对于国家治理中审计监督进行深入研究就是要考察审计监督的职能和目的,特别是在政府公共部门中审计监督发挥职能创造价值的方式。最高审计机关同意遵循《最高审计机关国际标准》(International Standards for Supreme Audit Institutions, ISSAI),其中要求最高审计机关与利益攸关方沟通,以确保了解最高审计机关的审计工作和结果,并定期评估(periodic assessment)利益攸关方是否认为最高审计机关正在有效沟通。为了进行这种评估,考虑审计是如何增加价值的方式将是有益的。② 丹麦国家审计署早在2001年就将一些新的"核心价值"确定为基本的审计理念,即正直、关注、合作、灵活性。这种审计已脱离传统的"控制和鉴定性审计,正向合作和对话基础审计发展"③。也就是说,审计监督是基于核心价值观

---

① 郑石桥、安杰、高文强:《建设性审计论纲——兼论中国特色社会主义政府审计》,《审计与经济研究》2013年第4期。
② Hay, David C., Cordery, Carolyn J., "The Value of Public Sector Audit: Literature and History", *Journal of Accounting Literature*, 2018(40): 1-15.
③ 廖洪:《中国特色审计关系研究》,《财会通讯(学术版)》2007年第12期。

确定其基本理念的。同时,在党和国家监督体系中,公共经济权力监督与公共问责又是在审计监督的基础上追究权力行使者的政治责任,进而在公共治理中不断创造公共价值的。

在国家治理现代化进程中,随着民主意识的不断增强,民主问责的范围也越来越大。人民逐渐要求一切"取之于民"的公共财政必须"用之于民",进而要求一切"取之于民"的公共财政资源必须经济且有效地"用之于民"。如果用之于民却不经济、低效率甚至无效率,用之于民而没有达到人民预期的效果,那么政府公共部门仍要对此负责并承担相应的政治责任。[①] 所以,审计监督与公共问责的内涵是随着社会政治的发展而不断丰富发展的。国家审计"免疫系统"理论强调要注重审计整改,并形成相应的制度,落实相应责任,使审计整改切实落到实处,更加体现了审计的建设性。[②] 审计监督的建设性更加注重审计监督的实效性,通过审计问责推动审计整改,从而把审计监督的制度优势转化为治理效能。

三、审计监督是民主治理中的政治信任增进机制

通过责任性机制追究政府等公共部门组织的公共经济责任与政治责任是现代民主政治发展的必然结果,是实现公共权力与公共责任对等的一种制度设计与制度安排。国家审计监督制度作为国家政治制度的一个组成部分,其制度设计与制度安排的基本框架、组成方式与运作模式,都是由国家政治制度的属性及其使命任务所决定的。审计监督通过问责政府实现国家治理的责任性,并且在审计监督基础上实现民主政治中的民主问责。审计监督是对基于信任而形成的对受托责任的监督。信任也是在多元社会条件下一切民主政治中之所以能够通过交往、讨论和妥协达成共识的基础。同时,审计监督是基于理性怀疑和公众不信任的正功能

[①] 杨时展:《为文硕著的〈世界审计史〉所作的序言》,载文硕著:《世界审计史》,企业管理出版社,1996年:"序言"。
[②] 董大胜:《审计本质:审计定义与审计定位》,《工业审计与会计》2015年第2期。

而形成的合理逻辑。在国家治理的廉政体系建设中,审计监督具有提升政治信任的功能,是一种信任增进机制,通过提升公众的政治信任实现良政善治。

(一) 审计监督是基于信任而形成的对受托责任的检查和证明

纵观世界各国的审计监督制度,虽然在具体模式上存在着诸多差异,但其制约政府公共部门权力的本质并未改变。良好的国家审计制度,应以问责政府公共部门行使的公共权力为导向,建立起一个完善的政府绩效评价体系,从而服务于民主政治发展需要。[1] 根据民主政治的基本原理,政府等公共部门组织的公共权力来源于公众(public)的让渡和授权,公众与政府等公共部门组织之间的关系其实是公共权力所有者与公共权力行使者的关系,公众行使主权,政府等公共部门组织行使治权,公众才是公共权力的所属主体,政府等公共部门组织只不过是公共权力的行使主体。[2] 也就是说,公众是委托人(principal)、授权者,政府等公共部门组织是受托人、代理人(agent)。公众与公共组织之间的这种委托—代理关系(agent-principal relationship),需要一个责任机制即问责制来维系。

的确,民主作为一种控权制度,实际上是对于受托公共责任的监督与控制。但是,公共责任的构成情况是复杂的,不仅包括政治责任、行政管理责任和法律责任,而且涉及道德责任、领导责任和经济责任。在行为发生之前、之中以及之后三个不同阶段,其责任构成情况也各不相同。美国南加州大学索尔普赖斯公共政策学院(Sol Price School of Public Policy)著名行政伦理学家特里·L.库珀在《行政伦理学:实现行政责任的途径》一书中深刻地指出,处理委托人之间的相互冲突和对抗性的价值观、处理职责和义务之间的矛盾,这些都需要伦理反思和伦理分析,而这些常常被

---

[1] 冯均科:《以问责政府为导向的国家审计制度研究》,《审计研究》2005年第6期。
[2] 王玉明:《论责任政府的责任伦理》,《黑龙江社会科学》2011年第2期。

委托—代理理论忽视了。① 对于政府公共部门组织中公共权力的相应责任需要有更深入的分析。责任的赋予是基于信任的,一切责任和权力的授予都是在信任的基础上实现的。英国林克斯汉博大学(University of Lincolnshire and Humberside)商学院劳尔·埃斯佩乔(Raúl Espejo)在《作为信任创建过程的审计》(Auditing as a Trust Creation Process)一文中认为,信任是降低世界复杂性的一种形式。埃斯佩乔对情境性信任(contextual trust)和责任性信任(responsible trust)进行了区分,并且认为,为了接受多样性,并在严苛的环境中提高组织绩效,责任性信任是必要的。② 的确,信任作为建立社会关系的前提条件,无疑是社会秩序得以实现的基础。同样,在公共组织复杂性的条件下,信任是一切公共事务管理的必要基础。因为,信任作为社会良性运行的"润滑剂",也被认为是社会复杂性的简化机制。③ 在美国社会学家伯纳德·巴伯(Bernard Barber,1918—2006)看来,信任意味着人们内心存有的期望。根据期望的不同,信任可分为普遍信任、能力信任和责任信任。④ 实际上,只有在对合乎道德的社会秩序存有期望的基础上,即在普遍信任的基础上,人们才有可能对他人产生能力信任和责任信任。换句话说,如果没有基本的普遍信任,甚至根本不可能形成现代社会中普遍存在的委托代理关系。当然,基于信任而产生的受托责任必须得到履行并且向委托人加以说明。国家审计监督作为一种对受托经济责任的"检查与证明",其工作重心就是要监督

---

① Cooper, Terry L., *The Responsible Administrator: An Approach to Ethics for the Administrative Role* (4th ed.), San Francisco, CA: Jossey-Bass, 1998: 66-78.

② Espejo, Raúl, "Auditing as a Trust Creation Process", *Systemic Practice and Action Research*, 2001, 14(2): 215-236.

③ Luhmann, Niklas, *Trust and Power: Two Works*, Translated by Howard Davis, John Raffan, Kathryn Rooney; and edited by Tom Burns and Gianfranco Poggi. New York: John Wiley & Sons Ltd., 1979: 24-30.

④ Barber, Bernard, *The Logic and Limits of Trust*, New Brunswick, NJ: Rutgers University Press, 1983: 1-25.

政府公共部门作为代理人的责任履行情况,从而维护好人民群众的根本利益,同时,以财政审计为基点并不断扩展审计领域、维护法治建设和发挥权力制约功能。① 也就是说,国家治理体系中的审计监督机关的目标与职能是依法独立行使经济监督权,预防、控制和监督权力腐败行为,实现民主社会对于公平(fairness)与正义(justice)的期望。日本京都大学管理学学部教授吉田和男(よしだ かずお)在《说明责任的时代》一文中指出,在当今这个缺乏政治信任的时代,审计监督的目的和职能就是要强化对税金支出的说明责任。② 在国家治理现代化进程中,党和国家监督体系建设就是要确保国家法律所规定的应由行政机关及其公职人员所履行的受托责任得以履行。审计监督可以嵌入政府行政责任的各项制度安排,具体的路径包括行政机构绩效审计、行政机构内部控制评估、行政机构首长经济责任审计。③ 总之,只有在信任的基础上授权和赋权,才能形成委托—代理关系。同时,只有在基于权责对等原则上实施全方位、全过程的审计监督,才能确保责任得到全面履行,委托人的利益才能得到保障。

(二) 信任不能代替监督:作为审计监督逻辑基础的合理怀疑

一切民主政治的基础都在于信任,如果说民主政治是在公共生活的竞争与合作中展开的集群行动、是一种博弈,那么离开信任的民主必将是一种零和游戏,甚至其和为负。这是因为,无论合作还是竞争都需要在场者或参与者的彼此信任,至少需要在竞争规则方面达成共识,信任并遵从规则。④ 当然,信任作为民主政治的基础是需要有制度化的工具来维系的,而审计监督就是国家廉政治理体系中维系和增进信任的制度化工具

---

① 杨肃昌、李敬道:《从政治学视角论国家审计是国家治理中的"免疫系统"》,《审计研究》2011年第6期。
② [日]吉田和男:《説明責任の時代》,《会計検査研究》38号,2008,9:1-5.
③ 郑石桥:《政府审计嵌入责任政府制度建设路径研究》,《学海》2014年第3期。
④ 上官酒瑞:《民主体制下的理性怀疑与政治信任》,《上海行政学院学报》2012年第4期。

之一。同时,审计监督是指向公共问责的,问责是审计监督存在的理由。从国家审计发展看,问责政府应当是审计制度建设的基本命题。① 问责的目标就是要消除行政腐败和铺张浪费,建设法治政府、责任政府和诚信政府,从而不断增进信任。国家治理的法治化和民主化内在地要求通过发挥党和国家监督体系包括审计监督的功能作用从而实现治理的责任性,审计的目的不仅是要发现问题,而且是要致力于整改、纠正这些问题。因此,审计监督的结果要真正发挥功能作用,就需要与问责制相衔接,使国家审计真正成为"国家治理的工具"。② 审计监督就是要在信任与问责之间架设起一座有机沟通、相互衔接的桥梁。

国家审计是基于一种对积极权力的消极控制的功能需求,是一种维护公共利益的政治工具,与国家治理是相伴相生、相互依存、相互促进。③ 问责制是一种追究公职人员责任最基本、最常用的制度,是对政府内部不当行政行为进行责任追究的制度。但目前我国的审计问责往往是发现的问题多、问责的领导少,即使问责也采取比较温和的内部问责方式,移交到司法机关、纪检监察机关处理的人员少,从而损害了经济责任审计的公信力。④ 因此,要真正发挥审计监督的权力制约与控制功能,不仅要加大审计体制改革创新力度、强化审计监督的权威性,而且要拓宽公众参与审计监督的制度化渠道。在国家治理现代化的时代背景下,公众参与治理理念强调的是公众的知情权、政府透明度以及政府可问责性。⑤ 公众参与审计监督与公共问责是民主治理的题中应有之义。

在法治国家里,委托人基于信任而授予代理人的公共权力必然是有

---

① 冯均科:《以问责政府为导向的国家审计制度研究》,《审计研究》2005年第6期。
② 李金华:《国家审计是国家治理的工具》,《财经》2004年第24期。
③ 张文宗、彭拥军、戴玥:《审计问责的学理界说与制度构建》,《审计月刊》2013年第5期。
④ 黄溶冰:《经济责任审计的审计发现与问责悖论》,《中国软科学》2012年第5期。
⑤ 赵鲁光:《公众参与治理背景下国家审计的职能定位与实现路径》,《现代审计与经济》2012年第1期。

限度的,其运行过程必须是公开化的,接受公众监督,不能无限膨胀,否则公共权力就会违背法治的精神,侵犯私人的权利,这样的话,公共权力的行使也就失去了合法性、正当性和责任性[1],进而也就失去了公信力。在国家治理中,所谓的责任政府,其实就是向人民负责的政府,它通过一系列的制度安排使受托责任得以履行使受托责任目标得到实现,从而获得人民的信任。在各类责任政府制度中,凡是存在既定标准和客观事实的制度,政府审计都可以嵌入并且实施审计监督。[2] 总之,只有在信任的基础上授权和赋权,才能形成委托—代理关系。同时,只有在基于权责对等原则上实施全方位、全过程的审计监督,才能确保受托公共责任得到全面履行,委托人的利益才能得到可靠的保障。

在国家治理体系中,国家审计是基于委托人对于代理人的合理怀疑(reasonable doubt)而实施的监督制度,其发挥作用的一个前提是委托—代理关系下公众对政府公共权力行使者的合理且必要的不信任。在信任与不信任之间是一个连续谱中的合理范围和程度,而不是非此即彼的两个极端。离开了信任,民主和良政善治就无从谈起;同样,没有合理怀疑和审慎明辨,就会导致盲信盲从,甚至滑向专制和腐败。但是,合理怀疑不是否定、批判一切,更不是解构、摧毁一切。理性怀疑之"理性"要求民众怀疑政治的方式要制度化、边界要合理化。[3] 一方面,信任的可持续性有赖于审计监督对于受托责任履行情况的检查与证明;另一方面,基于合理怀疑逻辑的审计监督就是国家廉政体系中预防腐败的一种制度化方式。作为审计监督活动最古老、最传统的一种形式,合规性审计(compliance audit)就是要针对组织的财政管理遵循相关法律法规和公认

---

[1] 赵凌云:《论行政权力对政府职能转变的影响》,《行政论坛》2001年第2期。
[2] 郑石桥:《政府审计嵌入责任政府制度建设路径研究》,《学海》2014年第3期。
[3] 上官酒瑞、程竹汝:《政治信任"悖论"的有效展开与现实意义》,《探索与争鸣》2012年第12期。

准则等方面的情况,是用来防范多种类型腐败的重要而有力的工具。① 这种重要而有力的工具必然是一种依法赋予的能够监督公共经济权力并且预防、控制和制约其腐败行为的政治权力,其权力来源只能是人民的委托以及国家治理体系中的权力配置和优化,因而,只能是来源于政治组织中基于政治信任的授权和赋权。瑞典厄勒布鲁大学(Örebro University)社会学者马格努斯·博斯特罗姆(Magnus Boström)认为,对于有些方面的风险来说,完全依赖监督的做法是不可行的。另外,盲目的信任也是有问题的。仅仅依靠简单的、仪式化的监督已经不能适应复杂性委托—代理关系中的监督需要,对延伸责任的审计监督需要更具建设性的途径。② 在找寻降低信任成本的过程中,会计逐渐成为最有效的手段之一,人们借助会计来降低信任成本。③ 在国家治理体系的廉政建设中,公共预算、公共会计和审计监督是反腐倡廉以及维系和增进人类社会信任的低成本制度化工具。并且,对于一切受托权力行使者包括监督者自身来说,也都不例外。专题片《打铁还需自身硬》中的十多名严重违纪违法纪检干部的行为和思想蜕变过程警醒人们,权力行使者手中的权力寄托着委托人的信任。然而,没有有效的权力监督与约束机制,权力必然腐败。广东省纪委原书记朱明国落马后才痛彻领悟到"有人监督、有人看是福;没人看、没人想看、没人敢看是祸"。无数的案例说明了一个道理,即"信任不能代替监督"。

(三) 在对受托责任的审计监督和民主问责中提升信任水平

基于责任与权力对等的原理来看,对受托责任的审计监督实际上就

---

① Shafritz, Jay M., Russell E. W., Christopher P. Borick, *Introducing Public Administration* (Fifth Edition), Pearson Education, Inc., 2007: 487 - 488.
② Boström, Magnus, "Between Monitoring and Trust: Commitment to Extended Upstream Responsibility", *Journal of Business Ethics*, 2015, 131(1): 239 - 255.
③ 刘峰:《会计·信任·文明》,《会计研究》2015年第11期。

是对政府公共行政权力的监督和控制,这也是我们为什么说民主是审计的本质的原因之所在。美国学者斯蒂芬·F.克纳克(Stephen F. Knack)和菲利普·基弗(Philip Keefer)通过对 29 个国家的实证分析表明,收入平等和对行政权力的制约(checks on executive power)与更高层次的信任和更强有力的公民合作规范(norms of civic cooperation)具有相关性。对政府行政权力的限制与国民之间的信任度成正比;对政府行政权力的限制每上升 1 个点(最高为 7),信任度上升 1.5 个百分点。[1] 对政府行政权力的控制是民主的实质和反腐倡廉的关键,权力监督弱化必然导致权力扩张和权力腐败,而腐败行为必然就会侵蚀政治信任和社会信任。英国布里斯托尔大学商学院伊斯梅尔·阿德罗波(Ismail Adelopo)和德比大学商学院易卜拉欣·鲁菲(Ibrahim Rufai)认为,应对系统性腐败(systemic corruption)的关键问题是如何提高其有效性。虽然理解腐败和信任之间的因果关系与打击腐败密切相关,但最近越来越多的研究主张在制定反腐败举措时更好地考虑外部环境变量的影响问题。他们认为,捐助方、国际组织和企业必须鼓励和支持受益国政府确保并维持对反腐败举措的信任。[2] 的确,在国家治理体系的廉政建设中,政治信任与国家治理相辅相成,国家审计作为国家治理的基石和制度支柱之一具有提升政治信任的功能,并且通过提升公众的政治信任和政府信任实现良政善治。[3] 信任与审计监督的正相关性是内嵌于审计制度的结构与功能之中的。在审计需求的信息理论看来,审计的基本功能就是致力于提高财

---

[1] Knack, Stephen F., Keefer, P., "Does Social Capital have an Economic Payoff?", *Quarterly Journal of Economics*, 1997, 112(4): 1251-1288.

[2] Adelopo, Ismail, Rufai, Ibrahim, "Trust Deficit and Anti-corruption Initiatives", *Journal of Business Ethics*, 2020, 163(3): 429-449.

[3] 陈希晖、陈良华、李鹏:《国家审计提升政治信任的机理和路径》,《审计研究》2014 年第 1 期。

务报表的可信性。① 从这个意义上说,通过对受托公共责任的审计监督提升信任水平不仅是国家审计的题中之义,而且也是国家治理体系中廉政建设的内在要求。但是与此同时,如何促进被审计单位合作也是国家审计需要解决的重要问题。权威信任与公正感是影响合作行为的重要变量。② 在合作性政党制度和包容性政治文化中,基于"人本审计"的理念和思想来看,在信任与问责之间的审计监督就是要将容错纠错机制纳入原有审计环节③,充分考虑审计监督的环境变量,从而促进审计监督在国家治理体系中通过反腐倡廉实现信任增进机制的效能。

在国家治理现代化进程中,审计监督要发挥好国家治理和政府运行过程中的"啄木鸟"的作用,国家审计要在党的领导下,依法独立审计,践行依法治权、民主参与和公共问责的国家治理理念,积极发挥反腐利剑功能,在"干部清正、政府清廉、政治清明"的廉洁政治建设中贡献力量,促进政府信任水平的持续提升,不断探索中国特色社会主义审计发展道路。

美国政治学家马克·E.沃伦(Mark E. Warren)认为,信任可以补充和支持政治冲突的协商解决办法;对政治冲突采取协商解决办法可以在个人之间以及个人和机构之间产生信任。④ 在多元社会背景下,一切民主政治中之所以能够通过交往、讨论和妥协而消除分歧并达成共识,其基础就在于彼此存有的人际信任和制度信任。同时,基于理性怀疑和公众不信任的正功能而形成的审计监督的合理逻辑,一切不负责任行为和腐败现象必将通过审计监督得到公共问责,进而增进更为广泛的人际信任、制度信任和政治信任。从这个意义上说,在国家治理的廉政体系建设中,在

---

① 崔雯雯:《国家审计、信任和善治》,《天津商业大学学报》2017年第4期。
② 马轶群、陈希晖:《国家审计权威信任与公正感研究》,《中国行政管理》2012年第6期。
③ 马轶群、王文仙:《国家审计容错纠错机制的构建——理论基础、现实问题与可行路径》,《中南财经政法大学学报》2018年第2期。
④ Warren, Mark E., *Democracy and Trust*, New York: Cambridge University Press, 1999: 337.

信任与问责之间的审计监督不仅是一种问责机制,而且具有提升政治信任的功能,是一种信任增进机制,通过提升公众的政府信任、制度信任和政治信任从而最终实现良政善治(见图4-3)。

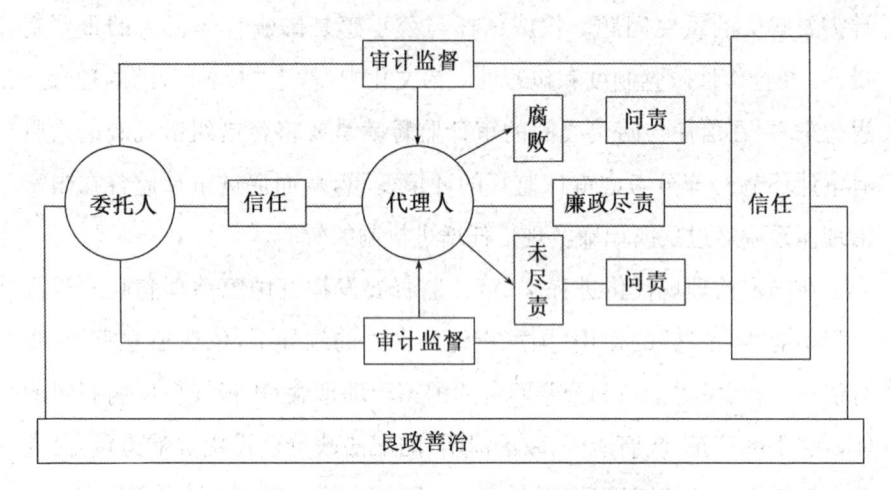

图4-3 在信任与问责之间的审计监督

如果说信任是建设民主政治的基础,那么问责是审计监督存在的理由。国家廉政体系中的审计监督通过风险预防、绩效评价、权力控制和信息公开等机制发挥反腐利剑作用,实现信任增进功能,进而弘扬廉政文化并且涵育信任文化。需要强调的是,审计监督可以增进信任,但是信任不能代替监督,更不能削弱作为民主治理基石之一的问责制。随着中国特色社会主义民主意识的不断增强,国家廉政体系中公共问责的范围也越来越大、内容也越来越丰富、项目也越来越具体,而大数据、云计算以及移动互联网的发展,也为审计监督提供了新的技术和方法,可以有效提高审计监督发挥反腐利剑作用的范围、精度和力度。这不仅使得审计监督在权力与责任之间找到了准确鉴证的工具,而且也使其能够在信任与问责之间精准识别出容错纠错的空间,从而可以结合公共问责和容错纠错不断夯实审计监督在国家廉政体系中的信任增进机制。

第五章　国家治理体系中审计监督的期望差距

随着国家治理中的审计监督制度在揭露经济责任问题、查处权力腐败方面发挥越来越重要的职能作用,甚至在社会上掀起了影响深远的"审计风暴"[①]。同时,审计监督人员被党和国家以及广大人民群众赋予了越来越广泛的信任,也承载了越来越多的期望与期待。但是,国家审计就其职能作用而言并非是万能的。由于审计体制、审计权限以及审计职责等方面的原因,对于一个超大国家来说,即使是倾全国8万审计人员之力,也无法将整个社会的问题一一揭露的。[②] 在实践中,审计监督制度距离充分有效地发挥其在国家治理中应有的职能作用,尚存在一定的审计期望差距。现实中客观存在的审计期望差距说到底就是审计监督期望差距,并且对现代社会中的审计价值和审计声誉都产生了负面影响,不利于审计制度和审计行业的健康发展。"审计期望差距"(Audit Expectation Gap,AEG)一词最早是由卡尔·D. 利吉奥(Carl D. Liggio)在1974年提出的,利吉奥将期望差距定义为"独立会计师和财务报表使用者所设想

[①] 2003年出现的"审计风暴"不仅掀开了国家审计监督制度的神秘面纱,同时也大大提高了社会公众对国家审计监督制度的期望与期待。

[②] 王中信、吴开钱:《国家审计边界探析》,《会计研究》2009年第11期。

的"预期绩效水平之间的差距。① 可见,审计期望差距主要是指审计人员认识上和审计监督实效性上的落差。审计学界对审计期望差距进行了相当多的辩论,但主要是关注市场部门中审计行业与社会公众之间存在的种种"期望落差"。研究认为,审计期望差距在其性质上可能会有一定程度的减少或者缩小,但永远不会消除。实际上,政府公共部门审计监督中也存在期望差距。英国诺丁汉特伦特大学商学院艾伦·洛维尔(Alan Lovell)认为,针对审计的无所不在性(omnipresence)和无所不能性(omnipotence)所提出的批评反映了国家审计面临着的挑战。② 在我国,国家治理中的审计监督作为一种制度支柱承载着发挥权力监督功能的期望。然而,审计监督制度所发挥的实际效能却始终存在一定的期望差距。实际上,审计监督期望差距不仅是有着悠久而持久的历史的问题,而且也一直是人们普遍关注的问题。③ 本章研究的重点是政府公共部门的审计监督在独立性、公开性和责任性等方面的期望差距。

第一节 审计监督的独立性期望差距

法治是人类政治文明的重要标志,法治水平的高低反映一个国家政治文明发展程度的高低。国家审计作为国家权力监督制度体系中的重要组成部分,无疑是国家政治制度的具体内容之一。因此,政治体制最终决

---

① Liggio, Carl D., "The Expectation Gap: The Accountant's Waterloo", *Journal of Contemporary Business*, 1974, 3(3): 27-44.
② Lovell, A., "Notions of Accountability and State Audit: A UK Perspective", *Financial Accountability & Management*, 1996, 12(4): 261-280.
③ Koh, Hian Chye, Woo, E-Sah, "The Expectation Gap in Auditing", *Managerial Auditing Journal*, 1998, 13(3): 147-154.

定着国家审计体制。① 如果说实质意义的法治是以民主为基础的"法律主治"和"制约权力",那么在国家治理法治化框架内的审计监督只有始终坚持依法独立审计的基本原则才能真正发挥制度实效性。独立性的审计监督是指国家审计机关或审计人员在审计监督过程中不受外部任何影响,能够客观公正地进行审查监督并发表审计意见。诚然,自1994年《中华人民共和国审计法》颁布实施后,我国的审计监督工作逐步走上了法制化轨道。然而,国家治理法治化意义上的审计监督期望差距则是客观存在的,突出地表现为审计独立性较弱,这也被认为是审计监督制度中的一块短板。

一、审计独立性及其期望差距

作为一种政治制度安排,审计监督常常被认为是公共财政的"守夜人"(night-watchman),其角色定位就是一个国家的"经济卫士"(economic guardian)或者是国家经济的"看门狗"(watchdog)。在亚当·斯密的"守夜人政府"(night-watchman government)理念中,政府与市场要各司其职,而政府与市场各自发挥其职能的过程中都可能会出现失败或者失灵,因此,就需要独立的审计监督部门对其履行职能的过程和结果依法进行独立监督。中共十八届三中全会强调市场在资源配置中的"决定性作用",同时要更好地发挥政府作用,也就是要更好地解决国家治理中的市场规制和政府职能的问题。而其中,国家审计如何依法进行独立的审计监督,促进责任政府建设就是国家治理体系和治理能力现代化的一个重要方面。

(一)审计独立性是审计监督工作的灵魂

审计独立性问题受到审计学界持续性的而且是普遍性的关注。1953年,美国著名会计学家阿纳尼亚斯·查尔斯·利特尔顿(Ananias Charles

---

① 刘明超、翁启文:《论国家审计的法治化》,《国家行政学院学报》2006年第1期。

Littleton)在《会计理论结构》(Structure of Accounting Theory)中指出,审计人员"可以发挥重要的协调功能……他具有一项重要的社会使命,即尽可能保持自己的独立性"。[①] 独立性被公认为是审计监督制度的灵魂,是审计监督在国家治理中发挥职能作用的生命力之所在。1961 年,罗伯特·库恩·莫茨(Robert Kuhn Mautz)和侯赛因·A. 夏拉夫(Hussein A. Sharaf)在《审计哲理》(The Philosophy of Auditing)一书第八章中用一章的篇幅对审计独立性(audit independence)进行了专门的讨论,并且指出:"独立性分为两个方面,一是审计人员在实施过程中的事实上的独立性;二是审计人员作为一种职业团体的形式上的独立性……两者分别称为执业者的独立性(practitioner-independence)和职业的独立性(profession-independence)"。执业者的独立性主要是指"个体审计人员制订审计计划、实施审计查证业务和编制审计报告过程中保持适当态度的能力";职业的独立性则是在使用"审计师"或注册会计师这一术语的时候,让人联想到的审计师作为一个群体的形象。[②] 在此基础上,他们又进一步提出了三个方面的独立性,即计划独立性(programming independence)、调查独立性(investigative independence)、报告独立性(reporting independence)。然而,遗憾的是,审计并没有任何可以让怀疑者确信其诚实性(integrity)和独立性(independence)的"内置"(built-in)的特征。因此,在事实上的独立性与形式上的独立性之间实际上存在期望差距的。

为了规范审计监督人员的职业行为,必须通过制定审计准则对审计人员提出明确的要求。例如 1972 年的美国《基本审计概念公告》(A

[①] Littleton, Ananias Charles, *Structure of Accounting Theory*, Illinois: American Accounting Association, 1953. 转引自董延安:《经济权力审计控制研究述评》,《全国商情(经济理论研究)》2009 年第 17 期。

[②] Mautz, Robert K., Sharaf, Hussein A., *The Philosophy of Auditing*, Sarasota, FL: American Accounting Association Monograph, 1961: 247.

Statement of Basic Auditing Concepts，ASOBAC)就在审计人员的属性中强调了独立性。最高审计机关国际组织(the International Organization of Supreme Audit Institutions，INTOSAI)于1977年发布的《利马宣言——审计规则指南》(The Lima Declaration of Guidelines on Auditing Precepts)也强调指出,"最高审计机关依法独立行使审计监督权,不受任何外来影响。"[1]在此基础上,《利马宣言》还从审计体制角度出发对审计机构与审计人员的独立性进行了强调,对审计机构与议会、政府及行政机构的关系进行了规定,由宪法给予明确规定和保障。[2] 从而,审计独立性不仅是审计监督工作的一项基本原则,而且成了审计行业的一条基本准则。

(二) 审计独立性是审计监督制度发挥职能作用的基石

审计独立性不仅是审计工作的灵魂之所在,而且也是保证审计监督有效性的最根本动力源泉。[3] 在人类社会中,设置专门机构进行独立审计的实践可谓是源远流长。在我国历史上,周代就有了制度化、组织化的审计职能活动[4],隋唐时期专门设立了比部,唐代比部曾隶属于刑部,独立于户部之外,有独立的审计机构和人员。美国经济学家、会计史学家迈克尔·查特菲尔特(Michael Chatfield)以及其他一些学者都曾指出:"在中国古代文明中,对账目的审计,特别是政府审计,是比较复杂的。"[5]在近代中国,伟大的民主革命先行者孙中山先生根据五权宪法设置审计部隶属

---

[1] 李学柔:《〈利马宣言〉与中国〈审计法〉》,《广东审计》1995年第12期。

[2] 任剑涛:《财政监督与政府执行力——对〈利马宣言〉的扩展性解读》,《中国行政管理》2011年第6期。

[3] 王章渊:《政府审计独立性与权威性的历史选择观——基于国家构建模型的视角》,《财会通讯》2014年第4期。

[4] Creel, Herrlee G., *The Origin of Statecraft in China*, Chicago, IL: The University of Chicago Press, 1970: 128.

[5] Chatfield, M., *A History of Accounting Thought*, Humtinton, New York: Robert E. Krieger Publishing Company Incorporated, 1977. Also See Shuo W., Yam, S. C., "Audit Profile: People's Republic of China", *International Journal of Government Auditing*, 1987, 14(4): 11-13.

于监察院,并颁布了审计法。① 这更是从法治的意义上保障审计独立性的实践探索。

在政府审计中,正如《利马宣言》所强调的,既要有最高审计组织在职能上和组织上的独立性,也要保证其组织成员的独立性以及财政上的独立性。唯其如此,才能保障审计监督制度在国家治理中能够充分发挥职能作用。现代独立审计是建立在内部控制制度、公认会计原则、公认审计准则三大支柱之上的。② 离开了这三大支柱,现代独立性的审计监督就无从谈起。

改革开放以来,特别是随着市场经济体制建设进程的不断加快,依法独立审计成为市场经济健康发展的必然需求。美国罗格斯大学纽瓦克分校审计学者林福德·E. 格雷厄姆(Lynford E. Graham)在讨论中国审计问题研究议程时指出:"审计行业最近的增长证明了会计师和审计人员在中国未来经济发展中将发挥的关键作用,可以帮助查明和解决在向"社会主义市场经济"转变过程中可能出现的问题。"③但是,法治意义上的国家审计需要进一步规范化、标准化,真正实现依法独立审计。在国家治理现代化进程中,国家审计需要不断增强审计独立性,切实履行好作为国家治理"免疫系统"的预防、揭示和抵御功能,保障国家经济社会安全和广大人民群众的根本利益。在这一大背景下,国家审计机关及审计人员的独立性地位、职业化精神和专业化水平无疑成为其充分发挥审计监督职能和国家治理功能的关键。

(三)审计监督独立性期望差距

的确,审计独立性因其在审计监督工作的灵魂作用和基石地位而被

---

① 张以宽:《关于审计史研究的几个问题》,《审计与经济研究》2001 年第 1 期。
② 林启云:《论现代独立审计目的之确立》,《中国注册会计师》1996 年第 4 期。
③ Graham, Lynford E., "Setting a Research Agenda for Auditing Issues in the People's Republic of China", *The International Journal of Accounting*, 1996, 31(1): 19-37.

第五章　国家治理体系中审计监督的期望差距

寄予了很高的期望。然而,期望越是虚高往往就会期望差距越大。由于对独立性的理解不一致及其所导致的运作与执行过程的不一致,造成独立性难题依旧。[1] 曾经担任过美国总审计署项目评估和方法司助理主任的帕特里克·G.格拉索(Patrick G. Grasso)和以色列国主计长研究委员会委员、耶路撒冷希伯来大学政治学和公共行政学教授艾拉·夏坎斯基(Ira Sharkansky)在《公共政策审计与审计政治:美国总审计署与以色列国家审计长》(The Auditing of Public Policy and the Politics of Auditing: The U. S. GAO and Israel's State Comptroller)一文指出:"独立性被认为是审计行业的基石之一,审计人员独立性已在职业行为标准中正式确定了。审计独立性是指审计员在审计监督过程中不会受到有可能影响其审计行为的外部压力。无论是私营部门还是公共部门,审计人员都希望独立于被审计机构,保持合法的独立性。正如私营部门审计公司坚持独立性一样,公共部门审计人员也力求避免出现与其审计活动有关联的影响其独立性判断的外在压力和共谋现象。"[2] 然而,无论是在私人领域还是在公共领域,纯粹的审计独立性其实都是很难维持的。格拉索和夏坎斯基甚至认为,纯粹的审计独立性概念似乎已经过时了(obsolete)。西方国家的审计机构面临着要求其审查敏感政策问题(policy issues)的压力,并且常常被卷入党派之争和个人争吵之中。美国国家公共行政学院对审计总署提出批评并且建议立法者不要强求审计机关处理政治敏感问题(politically sensitive issues)。在格拉索和夏坎斯基看来,保持审计独立性实际上并不能保证审计过程的绝对清洁性和无菌性(sterility),在民主

---

[1] 韩洪灵、裘宗舜:《审计基础框架之变革:从独立性到可靠性》,《当代财经》2006 年第 3 期。

[2] Grasso, Patrick G., Sharkansky, I., "The Auditing of Public Policy and the Politics of Auditing: The U. S. GAO and Israel's State Comptroller", *Governance: An International Journal of Policy and Administration*, 2002, 14(1): 1–21.

政体中,来自审计消费者的质疑和批评可能是高质量工作的最终保障。

二、审计体制不畅导致审计监督独立性期望差距

在审计监督过程中,审计独立性主要是指审计机关在组织、人员、工作和经费等方面保持相对独立的地位、目标和运作过程。而实践中常常表现为审计机关缺乏组织上的独立性、审计人员缺乏工作上的独立性、审计职能缺乏目标上的独立性以及审计经费缺乏来源上的独立性,因而就必然会造成审计监督独立性期望差距。

(一) 审计机关缺乏组织上的独立性

审计监督在组织上的独立性,实际上就是指审计机关在机关设置上要依法保持独立,与被审计单位不存在组织上的隶属关系。但是在行政型审计模式中则存在行政隶属关系。目前我国地方审计机关尤其是省级以下地方审计机关在审计独立性方面仍存在经费保障、独立行权、披露自主等方面体制性障碍。[1] 在行政型审计模式下,审计监督机关属于国家行政内部机关,难免存在各种形式的行政干预[2],从而在一定程度上减弱了审计监督的独立性。

组织独立性的缺乏与审计职权、审计监督效能直接相关。《审计法》规定了审计职权,但对于违反职权的后果以及审计处罚权规定较少,导致审计权力的约束力较弱[3],难以有效发挥国家审计机关的审计监督职能。另外,国家审计权在现实中被定位为一种行政监督权,定性为行政权的附属权力[4],审计监督在组织上和职权上的独立性局限,无法保证审计监督的实效性。

---

[1] 黄溶冰:《以体制改革提升审计独立性》,《审计与经济研究》2016 年第 1 期。
[2] 宋夏云:《中国国家审计独立性的损害因素及控制机制研究——基于 246 位专家调查的初步证据》,《审计研究》2007 年第 1 期。
[3] 彭华彰、刘晓靖、黄波:《国家审计推进腐败治理的路径研究》,《审计研究》2013 年第 4 期。
[4] 魏昌东:《中国国家审计权属性与重构》,《审计与经济研究》2010 年第 2 期。

（二）审计人员缺乏工作上的独立性

独立性作为审计监督制度的基石，需要采用各种机制加以保障。审计监督独立性离不开制度化、规范化的约束，无论对于审计监督客体还是主体而言，都是如此。但是，在审计独立性原则与审计实践之间是存在紧张关系的。加拿大审计长办公室主任斯坦·迪沃斯基（Stan Divorski）指出："事实上，在许多国家包括加拿大、瑞典和澳大利亚等国对最高审计机关的授权都特别排除了关于政府政策的评论。"[1]然而，这些限制可能不会阻止他们参与具有政策或政治影响的审计。加拿大卡尔顿大学公共行政学者莎伦·L.萨瑟兰（Sharon L. Sutherland）在《审计政治：比较视角下的联邦审计长办公室》（The Politics of Audit: The Federal Office of the Auditor General in Comparative Perspective）一文中说："加拿大审计长寻求推出非专业性的'有意义'的审计报告，实际上意味着报告具有重要的政治意义，也吸引了媒体的注意，而审计长的大部分权力来自媒体对其工作的关注。"[2]艾拉·夏肯斯基（Ira Sharkansky）和威斯康星大学詹姆斯·J.戈斯林（James J. Gosling）发现："瑞典审计人员甚至调查了大学学位课程设置等涉及学术自由的敏感问题。"[3]一方面，人们希望更强的机构独立性（institutional independence）以避免审计机构的政治化。但是，另一方面，对于关注国家审计的政治学家们来说，审计监督制度的职能在本质上就是政治性的，有时不可避免地涉及最敏感的问题。任何试图"中和"审计人员的工作，使其"中立化"，或者坚持过于简单化的独立性概念，

---

[1] Divorski, S., "Differences in the Approaches of Auditors and Evaluators to the Examination of Government Policies and Programs", In C. Wisler, ed., *Evaluation and Auditing: Prospects for Convergence*, *New Directions for Evaluation*, 1996, 71: 7-14.

[2] Sutherland, Sharon L., "The Politics of Audit: The Federal Office of the Auditor General in Comparative Perspective", *Canadian Public Administration*, 1986, 29: 118-48.

[3] Sharkansky, I., Gosling James J., "The Limits of Government Auditing: The Case of Higher Education", *Politeia: Journal for the Political Sciences*, 1992, 11: 2-15.

似乎都是注定要受挫的。从这个意义上说,对于审计监督工作独立性要加以全面认识,在中国特色审计监督中,审计机关只有在党的全面领导下,坚持正确的政治方向,才能保障依法独立审计,将制度优势转化为治理效能。

(三) 审计职能缺乏目标上的独立性

国家治理的整体性发展趋势意味着在审计监督制度发挥职能作用的过程中具有整体性和协同性的目标需求。基于整体性治理理论视角来看,国家审计应该坚持审计监督的协同性,而不能仅仅靠自己的单打独斗。《利马宣言——审计规划指南》指出,国家机构是国家整体的一部分,因此,它不可能绝对地独立。但最高审计机关必须具备完成其在任务所需的职能上、组织上和目标上的独立性。如何在国家审计整体性与协同性的发展取向中保持审计监督的独立性,实在是一个"难缠问题"(wicked problem),需要在复杂多重且相互冲突的标准中加以平衡。正因为如此,在审计独立性问题上,常常出现审计"期望差距"。加拿大学者伊夫·金德隆(Yves Gendron)、戴维·J.库珀(David J. Cooper)和英国学者芭芭拉·汤利(Barbara Townley)认为:"国家审计的本质必然是自相矛盾的(paradoxical),一些标准甚至是相互冲突的,国家审计人员必须克服这些挑战,才能在审计监督中为民主的运转做出贡献。"[1]在国家治理中依法保持审计独立性的同时实现协同治理,提升监督制度的协同性、实效性和公信力。审计监督是基于受托经济责任、为了缓解代理冲突问题而产生的,其目标是维护委托人的利益,如果削弱了审计监督过程中的独立性,则审计结果和审计意见的客观公正性也将不可避免地相应减弱,从而降低缓解代理冲突问题的有效性,使得国家治理中的审计监督制度不能有效地

---

[1] Gendron Yves, Cooper David J., "Townley Barbara, In the Name of Accountability: State Auditing, Independence and New Public Management", *Accounting, Auditing & Accountability Journal*, 2001, 14(3): 278-310.

发挥监督实效性,也难以具有公信力。

三、审计能力不足导致审计监督独立性期望差距

审计监督能力不足导致的审计监督独立性期望差距主要表现在审计监督人员的利益冲突有碍审计判断力的提高、审计监督人员的知识、方法和理解力局限阻碍专业胜任能力提升、审计监督人员的角色冲突不利于职业道德责任的增强。

(一) 审计监督人员的利益冲突有碍审计判断力提高

国家治理过程中的审计监督人员说到底都是现实中的"社会人""理性人",也是"经济人",基于公共选择理论的基本假设可以认为,审计人员既有自己的价值取向、道德选择,也有个人的利益诉求。受个人价值取向和利益诉求左右的结果必然影响审计判断力的准确性,甚至影响审计结果和审计意见的正确性和公正性,偏离公共利益目标,造成审计期望差距。美国卡内基梅隆大学组织行为学副教授唐·A. 穆尔(Don A. Moore)、加州大学伯克利分校领导力与沟通学教授菲利普·E. 泰特洛克(Philip E. Tetlock)、哈佛商学院会计学博士生劳埃德·约翰·D. 坦鲁(Lloyd John D. Tanlu)和哈佛大学工商管理教授马克斯·哈尔·巴泽曼(Max Hal Bazerman)指出,一系列金融丑闻揭示了美国商业模式的一个关键弱点:美国审计系统未能实现真正的独立性(true independence)。在更微观的层面上,道德诱惑理论(moral seduction theory)解释了为什么专业人员经常不知道他们在道德上受到了利益冲突(conflicts of interest)的影响。在更宏观的层面上,损害会计师事务所的那种利益冲突是普遍存在的。[①] 普遍存在的利益冲突不仅遮蔽审计人员的理性判断力,使其出现判断偏误失去客观性,而且也严重侵蚀审计独立性。

---

① Moore, Don A., Tetlock, Philip E., Tanlu, Lloyd John D., Bazerman, Max H., "Conflicts of Interest and the Case of Auditor Independence: Moral Seduction and Strategic Issue Cycling", *The Academy of Management Review*, 2006, 31(1): 10-29.

(二) 审计监督人员的知识、方法和理解力局限阻碍专业胜任能力提升

审计机关的专业化是其依法独立审计并且充分发挥审计监督职能的能力基础,只有不断加强审计人员专业知识和方法的训练和更新,才能适应审计监督工作所面对的日益复杂的新情况的挑战,胜任审计监督工作需要,充分发挥审计监督职能作用。美国教育评估与政策分析学者卡尔·E. 威斯勒(Carl E. Wisler)在《评估与审计:趋同的前景》(Evaluation and Auditing: Prospects for Convergence)一文中指出:"几年来,最高国家审计机关已经超越了会计专业和法律专业。他们招募了广泛的社会科学家、自然科学家和工程师,并让他们对政府项目的有效性进行评估。特别是在美国,他们加入了项目评估员,他们的观点和方法都是来自社会科学的。"[1]可以合理地预期,通过审计机关的专业化建设和审计监督专业人员队伍的不断优化将能够有效提高其对政府活动和社会问题领域进行独立性审计调查、评估和监督的胜任能力,从而履行好审计监督职责,满足社会公众的期望。

与审计人员专业知识和方法直接相关的是其理解力,包括对审计监督过程中各类问题的理解力,以及对于自身责任的理解力。因为这种理解力直接影响审计人员依法进行独立审计监督的效果和质量。美国学者C. 大卫·巴龙(C. David Baron)、道格拉斯·A. 约翰逊(Douglas A. Johnson)、D. 杰拉尔德·西尔福斯(D. Gerald Searfoss)、查尔斯·H. 史密斯(Charles H. Smith)曾经发现:"审计人员与审计报告用户对审计人员发现和披露违规及非法行为的责任范围有着非常不同看法和偏好。特别是审计报告用户要比审计人员更倾向于认为审计人员有责任发现和披

---

[1] Wisler, Carl E., *Evaluation and Auditing: Prospects for Convergence*, New Directions for Evaluation, San Francisco, CA: Jossey-Bass Publishers, 1996: 1-71.

露违规与非法行为。"①审计人员与审计报告用户以及社会公众对于审计监督职责及专业胜任能力的不同理解正是产生审计监督独立性期望差距的重要原因之一。

（三）审计监督人员的角色冲突不利于职业道德责任的增强

社会角色理论认为，人们在社会生活中扮演各种不同的角色时都会因为存在不相容的期望而导致角色冲突现象。实际上，在角色期望、角色理解与角色表现之间都会存在角色冲突，并且造成角色期望差距。由于审计人员的相互冲突的角色作用，必然导致审计期望差距的存在。② 人们在社会生活中扮演的社会角色不过是其所处的社会位置要求的一套行为模式，也就是其在社会群体中被赋予的身份、责任及应该发挥的职能。换句话说，每个社会角色都代表着一系列与其角色有关的行为的社会标准，这些标准决定了角色承担者在社会中应有的责任、义务与行为模式。就审计监督人员而言，依法独立审计并且发挥好审计监督效能就是其所承担的职业角色在社会中的普遍期望。也就是说，审计独立性不仅是审计监督人员个人、组织或者行业的理解和主张，而且也一定是社会对于审计监督人员、组织及行业的一种期望。任何理解上的偏差或者行为的落差都必然会造成审计监督独立性期望差距。1993年，南非比勒陀利亚大学朱尔根·迪特尔·格洛克(Juergen Dieter Gloeck)和赫尔曼·德·贾格(Herman de Jager)在一项关于南非共和国审计预期差距的研究中发现："审计人员独立性方面存在着期望差距。审计人员所需的独立性远远不止是一种性格特征，如礼貌、诚实、正直和许多其他必须是审计人员个性

---

① Baron, C. David, Johnson, Douglas A., Searfoss, D. Gerald, Smith, Charles H., "Uncovering Corporate Irregularities: Are We Closing the Expectation Gap?", *Journal of Accountancy*, 1977, 144(4): 243-50.

② Lee, Teck-Heang, Ali, Azham Md., "The Audit Expectation Gap: A Review of the Contributing Factors", *Journal of Modern Accounting & Auditing*, 2008, 4(8): 30-37.

的一部分。正是这种特殊的性格特征表明,审计需求的条件紧密交织在一起。"①的确,审计监督的独立性绝非只是审计人员的个性特征,而是其在社会中承担的角色的职责和义务,既是角色期望,也是社会规范。因此,必须从社会、政治甚至是职业伦理道德的意义上才能准确把握其本质。

诚然,审计监督作为问责制中的一个重要因素,包含了独立性、客观性和公正性等方面责任的角色期望、角色理解和角色实践。然而,正如美国公共管理学者迈克尔·M.哈蒙(Michael M. Harmon)指出的,由于个体作为道德代理人存在自由裁量空间,因而问责制不可避免地存在责任悖论。② 在哈蒙看来,责任本质上是一个自相矛盾的概念。从问责制的角度来看,审计作为一种责任监督机制在国家治理过程中发挥日益突出的作用。但是,对于责任的角色期望、角色理解和角色实践也就难免出现期望差距。独立性、客观性、公正性被认为是审计人员职业道德中不可或缺的首要内容,也是审计行业立足社会获取公众信任提升公信力的根本,而独立性则是审计监督中根本的根本,最重要的就是要保持审计的独立性。但是,由于角色理解的偏差和角色实践的局限性,最终导致了审计监督独立性方面的种种期望差距。

第二节 审计监督的公开性期望差距

国家治理的公开性与透明化不仅是一个重要特质,而且是实现良政

---

① Gloeck Juergen Dieter, de Jager Herman, "The Audit Expectation Gap in the Republic of South Africa", *Meditari*, 1993: 1-42.
② Harmon Michael M., *Responsibility as Paradox: A Critique of Rational Discourse on Government*, Thousand Oaks, CA: Sage Publications, 1995: 163-164.

善治的必要条件。善治的关键就是使政府和市场透明。[①] 的确,透明度已成为研究现代国家治理的一个关键概念,然而,透明度是一种复杂的现象。在国家治理中,审计监督发挥职能作用离不开政府信息公开。同时,国家治理透明化也内在地要求通过审计监督的信息公开功能在信息输入、信息鉴证和信息输出过程中为良政善治提供强有力的信息支撑。但是,审计监督在发挥促进信息公开职能作用方面面临着种种挑战,例如,委托代理关系中的信息不对称、政府公共信息垄断以及审计信息公开不足等,其结果导致审计机关不能有效满足社会对审计监督制度促进国家治理透明性的期待,存在审计公开性期望差距。

一、委托代理关系中的审计监督公开性期望差距

国家治理透明化意味着政府公共部门的公共信息公开,从而在法治化的基础上实现民主参与和公共问责。从委托代理关系的视角来看,审计监督就是要基于委托人的利益主张出发进行考量,重点监督代理人在受托关系中的行为机会主义,监督检查其行为的合规性、合理性,充分发挥审计监督的信息公开功能,提升审计监督的实效性。然而,代理人的信息机会主义、"灯下黑"的监督困境以及信息不对称条件下的监督不力必然造成审计监督公开性期望差距。

(一) 代理人信息机会主义的现实挑战

国家治理中存在着多重性的委托代理关系,因而始终离不开信息共享,否则必然造成信息不透明、参与不足和问责不力。英国西英格兰大学布里斯托商学院学者托尼·布瓦尔德(Tony Bovaird)和英国"治理国际"组织首席执行官埃尔克·L. 洛夫勒(Elke L. Löffler)在《公共治理质量评估:指标、模型和方法》(Evaluating the Quality of Public Governance:

[①] Florini, Ann M., "Increasing Transparency in Government", *International Journal on World Peace*, 2002, 19(3): 3–37.

Indicators, Models and Methodologies)一文中指出:"鉴于在良善公共治理中需要量化和评估,因而提供客观和准确的会计信息的问题就显得尤为重要。"[1]然而,在公共治理的多重委托代理关系中,代理人可能发生机会主义(opportunism),包括行为机会主义(behavioral opportunism)和信息机会主义(informational opportunism)。[2] 面对代理人的信息机会主义,委托人关注的重点是信息的真实性及这些信息反映的绩效的合理性,这同样成为国家治理中审计监督关注的重点。然而,信息机会主义的出现导致作为信息载体的财政财务报告和绩效报告中存在着混淆视听的虚假信息或空洞信息,其结果进一步增加了审计监督的难度,致使其难以有效发挥信息公开功能和审计监督实效性,出现审计监督公开性期望差距。

(二)难以摆脱"灯下黑"的监督困境

透明治理是国家治理的基本属性和特征,透明治理意味着信息公开和信息共享。唯其如此,才能真正实现国家治理的法治化、民主化和责任性,推进法治政府、廉洁政府和责任政府建设。意大利萨勒诺大学公共部门会计学者弗朗西斯卡·曼内斯·罗西(Francesca Manes Rossi)、西班牙萨拉戈萨大学公共部门会计学者伊萨贝娜·布鲁斯卡(Isabel Brusca)和娜塔莉亚·阿伏尔萨诺(Natalia Aversano)指出:"治理过程中强调透明度的各项行动中最常见的一项就是颁布透明度法律(transparency law),透明度法律的角色作用实际上是一种反腐败工具(an anti-corruption tool)。"[3]如果说公开性和透明化的直接作用是反腐败功能,那么其深层次

---

[1] Bovaird, Tony, Löffler Elke L., "Evaluating the Quality of Public Governance: Indicators, Models and Methodologies", *International Review of Administrative Sciences*, 2003, 69(3): 313-328.

[2] 郑石桥:《国家治理与国家审计:审计主题差异的理论框架和案例分析》,《会计之友》2015年第1期。

[3] Brusca, Isabel, Rossi, Francesca Manes, Aversano, Natalia, "Accountability and Transparency to Fight against Corruption: An International Comparative Analysis", *Journal of Comparative Policy Analysis: Research and Practice*, 2018, 20(5): 486-504.

的功能则在于维系治理的合法性、责任性和公信力。荷兰阿姆斯特丹大学治理与公法学者迪尔德雷·柯廷(Deirdre Curtin)和荷兰乌得勒支大学公共管理学者阿尔伯特·雅各布·梅耶尔(Albert Jacob Meijer)在讨论透明度与合法性的关系时认为:"增加透明度可以导致公共机构(public institutions)获得合法性(legitimacy),这对于那些正在建设新形式的民主治理(democratic governance)的国家如欧盟来说,是尤其重要的。"[1]在国家治理中基于法治化和民主化的内在逻辑增加透明度必然要求充分发挥审计监督的信息公开功能,通过审计结果公开促进透明治理。而且,审计监督公开性绝不只是审计公告促进信息公开,必然也包括国家审计机关自身的信息公开。然而,"灯下黑"的监督困境导致审计监督公开性期望差距存在。英国诺丁汉特伦特大学商学院艾伦·洛维尔(Alan Lovell)指出:"目前来讲,审计无论是作为一个概念还是一种实践,都有一个矛盾之处,那就是,虽然审计被声称代表着组织的开放性,但审计本身的做法却越来越神秘(arcane)和不透明(opaque)。"[2]信息就是权力,信息生成权力,信息越是集中,也就越容易使权力走向腐败。这种"灯下黑"的监督困境始终是导致审计监督公开性期望差距的重要原因。

(三)信息不对称条件下的监督不力

众所周知,信息不对称是委托代理关系中存在的基本问题。审计关系中的审计监督主体与审计监督客体即监督对象之间围绕受托责任的履行情况始终存在信息不对称的现象。由于信息不对称现象的存在,代理人可以利用其所拥有的信息优势来谋取自己的利益[3],从而基于代理权的

---

[1] Curtin, Deirdre, Meijer, Albert Jacob, "Does Transparency Strengthen Legitimacy?", *Information Polity*, 2006, 11(3): 895-910.

[2] Lovell, Alan, "Notions of Accountability and State Audit: A UK Perspective", *Financial Accountability & Management*, 2010, 12(4): 261-280.

[3] 郑石桥:《政府审计对公共权力的制约与监督:基于信息经济学的理论框架》,《审计与经济研究》2014年第1期。

行使过程在履行受托责任时出现权力异化和腐败现象,国家治理中的审计监督就是要通过对会计信息的监督,降低社会公众与政府公共部门之间存在的信息不对称现象,其具体监督路径是从公共财政和公共财务的相关信息切入,寻找公共权力腐败的源头。[①] 通过信息输入和信息鉴证,甄别公共财政和公共财务中的信息失真现象,查出假账,查找权力腐败线索,并且基于审计公告实现审计结果公开,进而推动公共问责。然而,由于国家审计依赖于公共行政系统的信息输入,因而对于行权者的监督实际上是比较弱的,也降低了其通过信息公告改善信息不对称的职能作用和实际效果。

二、政府公共信息垄断导致审计监督公开性期望差距

在国家治理透明化的大背景下,信息公开与信息共享是依法治理、民主参与和公共问责的前提条件。但是,由于政府公共决策信息公开不力、政府信息公开与保密界限模糊以及政府公共信息管理中审计机关的参与不足等原因,不可避免地造成审计监督信息公开功能局限性,最终导致审计监督公开性期望差距。

(一) 政府公共决策信息公开不力

公共决策信息的充分公开既是公共决策权力运行公开的一个基本方面,也是公共决策权力运行公开化的基础。信息公开主要是指行政主体在行使职权时,除涉及国家机密、个人隐私和商业秘密外,凡与行政职权有关的事项,必须向行政相对人及社会公开。从开放政府理论视角看,透明性是现代开放政府三个支柱之一。英国格拉斯哥大学亚当·斯密商学院戴维·A. 希尔德(David A. Heald)认为:"所谓透明性,一般是指使公众

[①] 李嘉明、杨流:《国家审计与国家监察服务腐败治理的路径探索——基于协同视角的思考》,《审计与经济研究》2018年第2期。

获得一个特定实体的业务和结构方面信息的原则。"[①]政府透明性的对立面是暗箱操作。无论是事件透明(event transparency)或者是过程透明(process transparency),也无论是追溯性透明(transparency in retrospect),还是实时性透明(transparency in real time),透明度一词都与公开性(openness)以及监视(surveillance)这些词汇之间关系密切。监视意味着某人正在进行监督和注视(watching),因此,这一术语即使是在技术上和中立地使用,也会带来一种威胁性(menace),具有"达摩克利斯之剑"的效应。缺乏透明度的信息垄断则必然给审计监督增加难度。

(二) 政府信息公开与保密的界限模糊

政府信息公开不是无条件的,也不是无限制的,而是基于多方面综合权衡的。2011年,英国公共管理学者克里斯托弗·克罗珀·胡德(Christopher Cropper Hood)在《治理》杂志上发表《从信息自由世界到维基解密世界:透明度故事的新篇章?》(From FOI World to WikiLeaks World: A New Chapter in the Transparency Story?)一文指出:"'维基解密世界'(WikiLeaks World)是该组织的缩影,它代表了一种与信息自由(freedom of information,FOI)法律和公司治理守则中所涉及的透明度截然不同的方法,在这些法律和法规中,披露信息(disclose information)的正式义务必须与安全、隐私(privacy)和商业机密(commercial confidentiality)等方面因素的考虑相平衡。而在维基解密世界里,透明度则是来自直接行动,而不是发布或发布信息的官方机构。透明度意味着披露官方归入密级的或私密的信息,从而超出信息自由倡议的范围。事实上,维基解密的透明度包括了拒绝所有必须公开的信息和保持密级的信息之间的神秘界

[①] Heald, David A., "Varieties of Transparency", In Christopher Hood and David Heald (eds.), *Transparency: The Key to Better Governance*? Oxford: British Academy/Oxford University Press, 2006: 23-45.

限(the arcane lines)。"[1]过度保密的结果造成决策信息垄断和暗箱操作。荷兰乌得勒支大学政府治理学院博士后研究员史蒂芬·G. 格雷姆里克怀森(Stephan G. Grimmelikhuijsen)在《一个好人却是一个坏巫师：关于民主政府透明度的限度和未来》(A Good Man But a Bad Wizard: About the Limits and Future of Transparency of Democratic Governments)一文中指出："计算机介导的透明度(computer-mediated transparency)被视为实现政策目标和转变政府(transform government)职能的一个强有力的工具。这显然是基于一种认识，即透明度本身是好事情，可以通过使用信息通信技术(Information and Communication Technologies, ICTs)最终改善政府和公民之间的关系(government and citizen relations, G2C)来实现。格雷姆里克怀森认为，虽然政府透明度的确是必要的，但是，学者们和实践者们往往都高估了政府透明度的积极作用(positive effects)，而低估政府透明度的负面效应(negative effects)。其实，没有理由相信透明度总是一件好事情。此外，信息通信技术不一定是提高透明度的有效手段，因为它使信息过载(information overload)、网络宣传(cyber propaganda)和不经意的信息发布(inadvertent information release)的风险大大增加了。透明度甚至还可能会导致政治犬儒主义(political cynicism)。此外，透明度可能具有广泛的不可预见的和意外后果，最终可能影响社会和经济。这并不是反对透明度，但必须注意的是，披露信息所涉及的风险比文献中所承认的要复杂得多。透明度的未来可能有两方面：可量化的绩效指标更加透明，但是对处于政府核心地位的信息流动的控制则会更进一步加

---

[1] Hood, Christopher Cropper, "From FOI World to WikiLeaks World: A New Chapter in the Transparency Story?", *Governance*, 2011, 24(4): 635-638.

强。"①在透明度的争议中,政府信息公开与保密的界限也更加模糊。这对于审计监督发挥信息公开功能来说,是一个现实的挑战,使其在审计监督过程中出现公开性期望差距。

(三)政府公共信息管理中审计机关的参与不足

在政府公共部门的治理过程中,由于公共决策信息缺乏专业化管理,使得信息公开过程混乱,信息公开不全面、不及时,甚至导致公共信息失真等问题,严重损害国家治理中的透明化进程。2017年,中国社会科学院法学研究所发布了《中国法治发展报告 NO.15(2017)版法治蓝皮书》指出:"半数以上城市政府信息公开透明度总体评估结果不及格。"②同时,政府公共信息管理过程中,审计机关的参与以及公众参与都是不足的。这也是政府信息公开不充分、不及时所导致的必然结果。纽约州立大学奥尔巴尼分校政府技术中心的特雷莎·M.哈里森(Teresa M. Harrison)和德约科·西格特·萨约戈(Djoko Sigit Sayogo)在一项涉及财政领域的国家比较研究中发现:"民主、人力资本和预算文件披露始终是与透明度相关的。最高审计机关的参与以及公众参与的实现程度都与透明度和问责制的具体措施有关。"③信息公开与信息共享既是公共治理的题中之义,也是公共问责的前提条件。离开了政府公共信息公开与公共信息共享,审计监督信息公开的治理功能必然难以发挥实效性,进而就会产生审计监督公开性期望差距。

---

① Grimmelikhuijsen, Stephan G., "A Good Man But a Bad Wizard: About the Limits and Future of Transparency of Democratic Governments", *Innovation & the Public Sector*, 2012, 17(3/4): 293-302.

② 李林、田禾、吕艳滨:《中国法治发展报告No.15(2017)》,北京:社会科学文献出版社,2017年,第186—225页。

③ Harrison, Teresa M., Sayogo, Djoko Sigit, "Transparency, Participation, and Accountability Practices in Open Government: A Comparative Study", *Government Information Quarterly*, 2014, 31(4): 513-525.

三、审计信息公开不足导致审计监督公开性期望差距

国家治理体系中的审计监督是在信息搜集、信息输入和信息分析的基础上进行信息披露从而实现审计公开性和权力监督的政治目标和治理效能的。然而,由于缺乏充分且有效的审计信息披露机制、审计合谋中的审计信息舞弊,以及审计结果公开的"双刃剑"效应等问题的存在,不可避免地增加了出现审计监督公开性期望差距的风险。

(一)缺乏充分且有效的审计信息披露机制

审计监督作为一种基于信息而展开的经济鉴证和权力监督活动,始终离不开信息搜集、信息处理和信息公开等机制和环节。格雷姆里克怀森指出:"尽管目前可能高估了透明度的积极影响(positive effects),低估了其负面后果(negative consequences),但这并不是说透明度本身就应该受到限制(limited)。众所周知,重要的政治决定是由易犯错误的政治家(fallible politicians)所做出的。因此,我们需要透明度来揭露这些错误。"[①]的确,审计监督所倚重的透明度作为国家治理中的一种不可或缺的制度安排和设置,其目标就是为了揭露公共决策过程中的失误失职以及公共管理中的种种违规行为,维护公共利益。从这个意义上说,透明度无疑是影响审计监督质量的重要变量之一。美国密歇根大学琳达·伊丽莎白·德安杰洛(Linda Elizabeth DeAngelo)指出:"审计质量是指审计人员发现会计数字错误陈述的能力的提高,包括审计市场对审计人员能力和独立性的评价。审计对于审计服务消费者的事前价值,取决于审计人员发现会计系统中的错误或违规行为的能力,以及在发现错误或违规行为时承受客户压力的能力即独立性。在这种情况下,审计人员独立性可以定义为,在已经发现了违规行为的情况下,审计人员报告违规行为的可能

---

① Grimmelikhuijsen, Stephan G., "A Good Man But a Bad Wizard: About the Limits and Future of Transparency of Democratic Governments", *Innovation & the Public Sector*, 2012, 17 (3/4): 293–302.

性大小。"①因此,审计人员通过审计报告发布其在依法独立审计中发现的违规行为的审计结果,这一信息公开过程受到任何损害都必然会降低审计质量。在市场经济体制中,投资者根据财务信息的可靠性和可信性进行选择,影响着资本市场的效率。然而,不可靠的信息会损害个人投资者的利益,甚至会阻碍经济发展。因此,各国政府将审计质量视为一种公共利益,并试图通过制度化措施来维持和提高审计质量。与此相关的是,许多专业人士如英国审计专家彼得·怀曼(Peter Wyman)就认为:"审计人员在审计过程中致力于提高透明度是保持对审计过程信心的关键因素。"②的确,审计监督信息公开是保持人们对审计过程信心从而增进审计监督公信力的关键,同时也是发挥审计监督职能作用提升治理效能的重要环节。相反,审计信息披露机制的缺失或者缺损必然损害审计信息公开的效率和质量,最终导致审计监督公开性期望差距。

(二)审计合谋中的审计信息舞弊

在市场私人部门的审计过程中,审计舞弊是指注册会计师在受托进行审计监督时出现的弄虚作假、营私舞弊等违规行为,其直接表现形式就是审计信息舞弊,结果必然损害审计监督制度的可靠性、公正性和公信力。德国明斯特大学克里斯蒂安·波特(Christiane Pott)、西奥多·J. 莫克(Theodore J. Mock)和克里斯托夫·沃特林(Christoph Watrin)等人指出:"最近美国和欧盟的丑闻突显了这样一个事实,即审计是确保财务报表可信度(credibility)和可靠性(reliability)的重要因素。然而,由于削弱了审计人员的独立性(impaired auditor independence),可能已经对资

---

① DeAngelo, Linda E., "Auditor Independence, 'Low Balling', and Disclosure Regulation", *Journal of Accounting and Economics*, 1981, 3(2): 113-127.

② Wyman, Peter, "Is Auditor Independence Really the Solution?", *CPA Journal*, 2004 (4): 6-7.

本市场和经济造成了重大的经济损害。"[①]审计监督是要检查会计业务中的舞弊行为,查出真相并且公之于众的,而审计合谋则是在财务报告的审计过程中,为了自身利益的最大化而迎合被审计单位进行财务造假,歪曲真相,做出虚假证明或虚伪陈述,造成审计信息失真,结果不仅导致审计监督公开性期望差距,甚至最终损害审计制度的有效性和公信力。在我国,注册会计师审计和政府审计的实践中的各种会计信息失真现象使人感到审计监督制度在一些地方已经形同虚设,成了一种制度"稻草人"。[②]在审计监督实践中,各级审计机关如果不能更好地适应形势发展要求,不断加强审计队伍建设、审计组织制度建设和审计方法技术创新,如果不能积极实施"精审工程",推进审计结果信息公开,就会损害审计行业信誉甚至是审计监督的公信力,进而导致审计监督公开性期望差距。

(三) 审计结果公开的"双刃剑"效应

在审计监督实践中,审计人员在报告审计结果信息时是有一定原则和制度规范的。格雷姆里克怀森指出:"我们需要透明度来揭露政府行政管理中的错误。然而,如果假定透明度只会揭示一个"瞬间的真相"(instantaneous truth),只会给我们带来好的东西,那就是一个天真的假设。"[③]的确,审计结果信息公开是众望所归的事情。然而,对于审计机关来说,这可实在是一把"双刃剑"。一方面,审计监督工作变得更加透明,使得社会公众能够更进一步了解审计工作,并关注审计结果,这无疑大大增强了审计机关和审计人员的公共责任感,有利于提高审计监督工作的质量和实效性;另一方面,审计结果公开又会使得审计工作处于公众监督

[①] Pott, C., Mock, Theodore J., Watrin, C., "The Effect of a Transparency Report on Auditor Independence: Practitioners' Self-assessment", *Rev Manage Sci*, 2008, 2: 111-127.

[②] 郝振平:《审计关系的代理理论分析》,《审计研究》2000 年第 1 期。

[③] Grimmelikhuijsen, Stephan G., "A Good Man But a Bad Wizard: About the Limits and Future of Transparency of Democratic Governments", *Innovation & the Public Sector*, 2012, 17 (3/4): 293-302.

之下,增大了审计风险。① 但是,无论如何,审计结果信息公开的积极功能是主要的,不仅能够有力地促进公共问责,而且有利于提升审计监督制度的治理效能和公信力。瑞士洛桑大学公共行政管理学者文森特·马比拉德(Vincent Mabillard)和拉菲尔·祖莫芬(Raphaël Zumofen)在《透明度和问责制之间的复杂关系:对现有框架的综合和贡献》(The Complex Relationship Between Transparency and Accountability: A Synthesis and Contribution to Existing Frameworks)一文中指出:"问责制和透明度在当代治理中越来越重要。需要将这两个概念联系起来,重新考虑透明度和问责制之间的关系。其中,信任是影响透明度和问责制之间关系的一个变量。"②一方面,只有在透明的基础上才能维系信任;另一方面,信任也不能代替监督和问责,必须通过监督和问责的过程才能增进信任。而且,审计结果公开也是国家治理透明化和民主化的基本要求。挪威卑尔根大学尼古拉斯·库弗(Nicolas Keuffer)和瑞士洛桑大学文森特·马比拉德指出:"对透明度的日益增长的需求促进了公共行政部门内部更大的公开性。透明度被认为是善政的重要工具,有助于加强人们对当局合法性的认知(reinforce the perceived legitimacy of authorities)。与此同时,近几十年来,地方自治(local autonomy)日益受到欢迎,并得到许多国际机构的推荐。"③所以,不能因为审计结果公开的"双刃剑"效应而放慢审计结果公开的步伐或者缩小审计结果公开力度。否则,就会导致审计监督公开性期望差距。加拿大阿尔伯塔大学商学院教授罗斯·A. 丹纳姆(Ross A.

---

① 杨肃昌:《我国国家审计近年的发展成就与问题揭示》,《财会月刊(会计)》2006年第10期。

② Mabillard, V., Zumofen, R., "The Complex Relationship Between Transparency and Accountability: A Synthesis and Contribution to Existing Frameworks", *Public Policy and Administration*, 2016, 32(2): 110-129.

③ Keuffer, N., Mabillard, V., "Administrative Openness and Diversity in Swiss Municipalities: How Does Local Autonomy Influence Transparency Practices?", *International Review of Administrative Sciences*, 2019, 32(2): 1-17.

Denham)指出:"作为一项指导性的原则,在确定应该报告哪些适当的信息时,应当公开地承认,审计报告真正的功能作用不是要引起尴尬,也不是试图改变已经发生的事件,而是防止(prevent)不良做法或事件在未来(future)发生。"[①]其实,预防功能只是审计监督职能作用的一个方面,纠错功能同样不可忽视。如果因为审计结果信息公开的"双刃剑"效应而实施信息机会主义行为,就必然会损害审计公信力,也会造成审计监督公开性期望差距。

第三节 审计监督的责任性期望差距

国家治理的责任性特质必然要求国家审计机关在进行审计监督过程中始终坚持其作为治理主体的责任性,并且基于审计监督机关信息公开致力于实现公共问责。国家治理中审计人员的责任就是履行审计监督义务以发现和报告审计对象所犯的欺诈或违规行为。然而,由于审计体制中存在的悖论、审计权责失衡以及审计监督的问责困境,加上审计机关存在被各种利益集团俘获的可能性,导致审计发现问题少,问责更少,结果造成审计公信力下降,制度实效性被削弱,最终导致审计监督责任性期望差距。

一、审计体制悖论导致审计监督责任性期望差距

审计体制悖论是指由于审计体制设置上的原因而导致的审计机关在发挥审计监督功能时出现的问题、困境与尴尬。审计监督体制的这种悖论性质直接导致审计机关基于审计监督结果进行审计问责乏力的困境。

[①] Denham, Ross A., "The Canadian Auditors General: What Is Their Role?", *Canadian Public Administration*, 2008, 17(2): 259-273.

具体说来，从合规性审计到效率性审计的体制性不适、审计机关的组织再造不力以及行政化问责力不从心等方面的体制性悖论，都会造成审计监督与问责的制度供给不足，结果必然产生审计监督责任性期望差距。

(一) 从合规性审计到效率性审计的体制性不适

众所周知，在现代民主社会中，国家治理的一个重要前提是，政府及其受托管理公共资源的各层级代理人都有责任对其活动进行全面的核算。鉴于此，政府公共部门审计的首要的总体目标就是必须通过执行和强化全面问责制的进程，保持公众对政府公共行政管理活动合法性、透明性和责任性的足够信心。普罗大众、公职人员和民选代表都希望得到保证，确保公众的资源已根据现行法律得到妥善管理。他们还希望得到保证，政府的各项计划正在高效且有效地进行。值得注意的是，他们希望从知识渊博、独立和客观的审计人员那里得到这种保证。由此可见，审计人员的服务在维持公众期望和高标准公共管理方面的重要性。加拿大阿尔伯塔大学商学院教授丹纳姆强调要通过广泛构想的公共部门审计服务（public-sector audit services）来支持充分的问责制（full accountability）。[1] 审计监督制度的不可或缺性意味着审计人员的审计监督服务在国家治理中是必不可少的，因此，审计监督人员必须履行广泛的角色义务，不仅涉及财务审计和项目审计的职责，而且要能够承担起并且发挥好进行绩效审计的职责功能。英国学者 E. 莱斯利·诺曼顿（E. Leslie Normanton）在《政府的问责与审计》（The Accountability and Audit of Governments）一书中指出："国家审计从公共支出的形式转向公共支出的实质性内容，其主要目的是从合规性（regularity）即财务审计（financial audit）到效率性

---

[1] Denham, Ross A., "The Canadian Auditors General: What Is Their Role?", *Canadian Public Administration*, 2008, 17(2): 259-273.

审计的转变。"[①]而现行审计体制包括审计人员的具体关系、权力和责任等方面不能适应新的审计监督的任务要求，出现监督乏力和问责困境，进而导致了审计监督责任性期望差距。

(二) 审计机关的组织再造不力

信息化时代的审计监督要充分利用信息技术手段，包括大数据(big data)、云计算(cloud computing)和区块链(blockchain)技术，建立符合信息时代发展要求的组织模式，将传统的审计关口前移，因此需要进行审计机关组织模式再造，以适应和支持复杂的大型化、多行业协同审计等新情况、新任务和新要求。在信息化背景下运用大数据审计新技术，依法履行审计监督职责，切实擦亮反腐利剑，并且要敢于亮剑、善于亮剑，不断增强审计监督工作的主动性、协同性和实效性。但是，由于审计机关的组织惰性(organizational inertia)导致组织再造不力，不能适应信息化时代的新情况、新任务和新要求，无法切实履行好审计监督职能和责任，种好自己的审计监督"责任田"，导致出现审计监督责任性期望差距。同时，在新公共管理改革运动影响下将私营部门审计模式作为政府公共部门审计监督的模板也是有局限性的。英国学者艾伦·洛维尔(Alan Lovell)认为："将私营部门审计模式作为中央政府行政管理的适当模板是有缺陷的。不过，我们认识到，虽然审计确实有可能提高政府行政管理的能见度(visibility)，但审计监督(audit surveillance)有可能通过抑制和限制负责管理中央政府行政管理的人的创新性(innovation)和创造力(creativity)而发挥反作用导致随之而来的"失败"风险(the attendant risk of failure)。"[②]在我国，一些地方审计机关由于体制原因存在被各种利益集

---

① Normanton, E. Leslie, *The Accountability and Audit of Governments: A Comparative Study*, Manchester: Manchester University Press, 1966: 304.

② Lovell, A., "Notions of Accountability and State Audit: A UK Perspective", *Financial Accountability & Management*, 2010, 12(4): 261-280.

第五章　国家治理体系中审计监督的期望差距

团俘获的可能性,如果不能切实加强审计机关的组织再造力度[①],适时将审计监督关口前移,就会影响其有效发挥审计监督职能作用,导致审计公信力下降,造成审计监督责任性期望差距。

(三) 行政化问责力不从心

行政型审计监督模式下的行政问责不可避免地导致"越审越乱"的"审计悖论"。艾伦·洛维尔认为:"原则上,政治问责制和财政问责制是不同的概念,后者通常被视为纯粹的技术实践,其最初目的被认为是'价值中立'地检查政府财政事务的正直性(probity)、合法性(legality)和合规性(regularity)。然而,政府公共行政管理内的商业化取向(commercial orientations)的兴起不仅提升了会计技术的重要性,而且增加了负责评估财务合规性和功效性的组织。"[②]换言之,审计监督的行政化趋势越来越明显了。英国卡迪夫大学商学院莫里斯·W. 彭德伯里(Maurice W. Pendlebury)、伯明翰大学罗文·琼斯(Rowan Jones)和尤苏夫·卡尔巴里(Yusuf Karbhari)在《英国政府行政机构的会计核算》(Accounting for Executive Agencies in the UK Government)一文中指出:"事实上,政治问责制和财政问责制之间的区别可以说是模糊的(blurring),因为解释组织绩效(organisational performance)的许多指标都是以财政术语(financial terms)表达的。"[③]行政型审计监督模式作为一种实质上的"内部审计"关系,意味着审计机关与管理或使用公共资金的被审计单位在根本目标上的一致性,即实现社会公共利益的最大化。也就是说,审计机关与被审计单位有着共同的利益诉求,但是,国家审计机关的监督者形象容易使被审

---

① 黄溶冰:《经济责任审计的审计发现与问责悖论》,《中国软科学》2012年第5期。
② Lovell, A., "Notions of Accountability and State Audit: A UK Perspective", *Financial Accountability & Management*, 2010, 12(4): 261–280.
③ Pendlebury, Maurice W., Jones R., Karbhari Y., "Accounting for Executive Agencies in the UK Government", *Financial Accountability & Management*, 1992, 8(1): 35–48.

计单位产生抵触性情绪,同时,审计对象中的违纪违规现象总是极具隐蔽性和复杂性。① 因而,行政化模式下的审计问责由于其力度不足必然会陷入"越审越乱"的"审计悖论"。其实,导致审计悖论问题的根本原因并不在审计本身,而在于审计背后的审计监督问责体制建设。审计全覆盖不仅要求实现对所有领导干部应审尽审,而且需要有一个全面适用的从政治和道义、法律各个层面实施多重问责的程序性规定。② 而行政化审计问责中的审计报告更像一份政府内部监督机构形成的调查报告,具有浓厚的行政色彩,其问责效果常常是力不从心,导致出现审计监督责任性期望差距。

二、审计权责失衡造成审计监督责任性期望差距

众所周知,审计权力作为国家或组织为监督、鉴证、评价财政和财务收支之真实性、合法性、效益性情况而赋予审计人员的强制力量,就是国家治理中必须认真对待的一种"公权力"。理论上讲,公共权力具有目标上的公益性、运行过程的公开性和地位上的权威性和实效上的强制力。但是,在实践中,由于作为公共权力的审计权力配置仍然存在着诸多的困境甚至是悖论现象,导致审计权力行使过程与监督效果不能适应审计问责目标的实际需要,出现审计结果处理中的审计妥协、审计监督过程中的责任缺失和审计监督报告的有益性不足,致使审计问责不力,最终难免造成审计监督责任性期望差距。

(一)审计结果处理中的审计妥协

审计监督的目标是揭露问题、问责纠错和推动整改。但是,在纠错和容错之间常常存在审计妥协(auditing compromise)。迈克尔·鲍尔(Michael Power)将审计看作是一组价值观的象征,归根结底是对控制的

---

① 马轶群、陈希晖:《国家审计权威信任与公正感研究》,《中国行政管理》2012年第6期。
② 毕舸:《扭转"审计悖论"需实现问责三大转型》,《中国经济时报》2006年9月13日第001版。

承诺(promise)。① 并且认为,审计监督中缺乏问责机制的结果必然导致民主进程受损。审计监督的意义就在于通过审计过程要求审计客体承担相应的责任。艾伦·洛维尔指出:"虽然审计监督可能被视为对他人行为增加信心及增进信任的一种方式,但是,就其本质而言,监督破坏了信任。尽管如此,审计监督,无论是涉及环境、安全、社会,还是关于财务问题,都越来越成为评估问责制的主要机制。"② 其实,在信任与问责之间,的确应该设置容错机制,这既是基于信任的基础之上的,同时也具有可靠的问责机制的最终保障。但是,容错机制的弹性限度过大过宽,则会导致无原则的审计妥协甚至是审计共谋,最终损害审计监督的实效性、公正性和公信力。在我国,一些地位不高的审计机关在做出审计处理前往往已经做出了不少的审计妥协,进入审计处理程序的问题是一般性问题或得到政府认可处理的问题。③ 如果不能优化审计领导体制,完善审计处理权配置,增强审计监督权威性、独立性和公正性,那么审计结果处理中的审计妥协就会导致审计监督责任性期望差距。

(二) 审计监督过程中的责任缺失

国家治理中的审计监督是审计机关依法独立实施的,独立性是其灵魂。然而,片面追求独立性势必会影响其在权力监督体系中的协同性和问责效能,在独立性和问责制之间形成张力。美国公共行政学者迈克尔·M. 哈蒙(Michael M. Harmon)认为,就其一般含义而言,问责制和独立性是不可调和的目标(irreconcilable goals),因为每一项目标,如果有的

---

① Power, Michael, *The Audit Society: Rituals of Verification*, Oxford: Oxford University Press, 1999: 16-17.
② Lovell, A., "Notions of Accountability and State Audit: A UK Perspective", *Financial Accountability & Management*, 2010, 12(4): 261-280.
③ 郑石桥、尹平:《审计机关地位、审计妥协与审计处理执行效率》,《审计研究》2010年第6期。

话,只能以牺牲对方为代价才能实现。① 在哈蒙看来,与控制概念相关的悖论和幻想意味着,需要建立更加复杂的和更有依据的问责制概念,以认识到与政府管理相关的不确定性、模糊性和复杂性。哈蒙建议改善问责制,将问责制从纯粹的事后(ex post)转移到事前(ex ante),或者至少是实时性(real-time)的过程问责(process accountability)。换言之,审计监督与问责的关口必须前移,以增强其在国家治理中的免疫功能作用。在我国,"越审越乱"与"审计疲态"并存的"审计悖论"在一定程度上揭示了人们面对政府收支不规范而呈现的复杂而矛盾的心态。② 如果不能在坚持依法独立审计的基础上,突出审计监督的责任性,进而强化问责制,在国家治理中提升权威性、协同性和有效性,则会导致审计监督责任性期望差距。

(三) 审计监督报告有益性不足

传统上,人们认为公共部门和私营部门具有不同特点和素质,但随着管理主义的兴起,一种商业精神(commercial ethos)被移植到公共部门组织之中,消解了这些差异性。艾伦·洛维尔认为:"管理主义的兴起大大提高了国家审计的重要性。管理主义及其所有工具如会计制度和技术(accounting systems and techniques)成了公认的信条,因此,审计与政府管理的任何方面一样,都将受到一种管理主义式的评估。"③ 的确,基于管理主义理念之上的新公共管理改革在授权分权的基础上推动了绩效管理和公共问责的实施和发展,在此背景下,绩效审计也得到了强化。挪威卑尔根大学克里斯汀·赖希伯恩-基耶纳鲁德(Kristin Reichborn-

---

① Harmon, Michael M., *Public Administration's Final Exam: A Pragmatist Restructuring of the Profession and the Discipline*, Tuscaloosa, AL: University of Alabama Press, 2006: "Prologue", 1.
② 高培勇:《积极面对"审计悖论"》,《经济》2006 年第 10 期。
③ Lovell, A., "Notions of Accountability and State Audit: A UK Perspective", *Financial Accountability & Management*, 2010, 12(4): 261-280.

Kjennerud)在《政治问责和绩效审计：挪威审计长的案例》(Political Accountability and Performance Audit：The Case of the Auditor General in Norway)一文中指出："绩效审计报告可用于以各种方式追究政府部长们的责任，这应该导致被审计实体的变革和改进。但是，这些报告并不总是能够得到很大的关注。但是，如果被审计对象认为它们是有所帮助的，那么就可以带来改进。因此，审计报告关注的焦点应该是有益性(helpfulness)和问责制(accountability)。"[①]换言之，如果审计报告不能聚焦关键问题，只是"顾左右而言他"，无法用来对具体的审计对象进行问责、追责并进而推动整改，那么岂不是"审了也白审"。在我国推行的经济责任审计结果公告，充分公开经济责任审计结果的信息，可以使监督主体大众化，借助社会各界的力量，督促经济责任审计的问责工作。[②] 但是，由于规制机构的权力过于集中，审计机关存在被规制俘获的可能性，难以通过协同问责机制增强经济责任审计"问责到人"的力度，造成了所谓的"审无力""审无能"，无法使审计问责落到实处，而没有问责制和实效性的审计监督就会成为制度"稻草人"，出现制度空转，最终强化了审计监督责任性期望差距。

三、审计监督的问责困境导致审计监督责任性期望差距

基于社会角色理论可知，审计监督主体对于自身所扮演角色和承担工作的权责义务的准确理解是其履行审计责任发挥审计监督与问责职能作用的前提条件。但是，在实践中，审计监督的问责困境，包括审计报告中的责任修辞、绩效审计中的问责乏力以及审计行业界的认知差异，都是导致审计监督责任性期望差距的重要影响因素。

[①] Reichborn-Kjennerud, Kristin, "Political Accountability and Performance Audit：The Case of the Auditor General in Norway", *Public Administration*, 2013, 91(3): 680-695.
[②] 黄溶冰：《经济责任审计的审计发现与问责悖论》，《中国软科学》2012年第5期。

(一) 审计报告中的责任修辞

从社会角色理论的视角来看,审计期望差距实际上就是角色扮演者对于其角色地位的权责义务的理解及履行落实程度与社会公众的一般期待之间存在的落差。缩小这种期望差距的基本途径是社会化过程包括教育和培训等。1993年,澳大利亚新南威尔士大学加里·斯图尔特·门罗(Gary Stewart Monroe)和西澳大学大卫·R. 伍德利夫(David R. Woodliff)在《教育对审计预期差距的影响》(The Effect of Education on the Audit Expectation Gap)一文中将审计期望差距理解为审计人员与公众对审计人员所承担的职责和责任以及审计报告所传达信息之间的不同信念。[①] 同时,门罗和伍德利夫的研究还揭示了专业教育在审计期望差距方面的影响,他们指出:"似乎可以肯定的是,教育是解决审计期望差距的一种有效方法。"当然,这还需要考虑适当的教育类型。1994年,门罗和伍德利夫在《审计预期差距的实证调查:澳大利亚的证据》(An Empirical Investigation of the Audit Expectation Gap: Australian Evidence)一文中研究了修订后的审计实践指导报告中的措辞变化对审计期望差距产生的影响。他们的调查结果证实,根据旧报告,审计人员与各用户群体之间对于审计人员的责任就存在期望差距。然而,修订后的审计实践指导报告中的修改措辞对审计性质以及审计人员和管理层的责任的信念产生了重大影响。修改后的措辞消除了一些差异,但也在通过审计报告传达信息的信念上产生了一些新的差异。[②] 审计实践指导报告是审计监督人员在审计过程中遵循的行为规范,必须明确指出审计监督人员的职权、责任和义务,任何措辞的差异性和修辞的歧义性都会导致角色理解上的偏差,并

[①] Monroe, Gary S., Woodliff, David R., "The Effect of Education on the Audit Expectation Gap", *Accounting and Finance*, 1993, 33(1): 61-78.

[②] Monroe, Gary S., Woodliff, David R., "An Empirical Investigation of the Audit Expectation Gap: Australian Evidence", *Accounting and Finance*, 1994, 34(1): 47-74.

且在角色扮演过程中难以全面履行责任和义务,导致审计监督责任性期望差距的进一步扩大。

英国埃塞克斯大学会计学者普雷姆·西卡(Prem Sikka)、斯特拉斯克莱德大学安东尼·G. 普克斯蒂(Anthony G. Puxty)、伦敦城市大学卡斯商学院休·克里斯托弗·威尔莫特(Hugh Christopher Willmott)和斯特拉斯克莱德大学克里斯汀·库珀(Christine Cooper)将审计期望差距的成因归咎于用户的困惑(users' confusion)、广泛的误解(widespread misunderstanding)、无知和/或缺乏教育(ignorance and/or lack of education)。[①] 的确,对于审计监督责任和义务的理解是基于一定的解释框架实现的,因为具体的审计监督制度是由个人在特定的社会问责制度安排中进行的,其含义是在这些不断变化的制度安排中形成的。审计监督的意义取决于人们在其所处时代特定的话语形式中形成的意识。社会化过程和教育培训环节在审计监督人员的责任意识形成过程中具有重要的意义,对于缩小和弥合审计监督责任性期望差距也具有重要的影响。

(二) 绩效审计中的问责乏力

一个国家的最高审计机关是依法有权要求其他公共组织对公共资金的使用及其绩效负责的国家监督体系中的权力监督机构,因而其在各自国家的经济、政治和行政生活中发挥着重要作用。从最初的合规性审计到后来的绩效审计,国家审计机关通过各种不同的审计监督方式在国家监督体系和问责机制中发挥其职能作用。英国公共管理学者克里斯托弗·波利特(Christopher Pollitt,1946—2018)和希尔卡·苏马(Hilkka Summa)指出:"绩效审计也是一个国家中问责机制的一部分,尽管体制安

[①] Sikka, P., Puxty Anthony G., Willmott Hugh C., Cooper C., "The Impossibility of Eliminating the Expectations Gap: Some Theory and Evidence", *Critical Perspectives on Accounting*, 1998, 9(3): 299-330.

排的性质因各国情况的不同而各不相同。① 也就是说,绩效审计和其他各种审计监督方式一样,也是以问责为导向的,致力于在国家治理的公共问责机制中发挥作用,但是,其所发挥的职能作用是有限度的。新西兰惠灵顿维多利亚大学审计学者布伦达·A. 波特(Brenda A. Porter)将审计期望差距理解为社会对审计人员的期望与社会所感知的审计人员绩效之间的差距。② 在她看来,审计期望—绩效差距直接影响利益攸关者对于审计的看法,最终也影响审计监督在社会公众中的公信力。在世界许多国家中,外部审计员的可信度正在日益受到质疑,针对审计人员的广泛批评和诉讼就是一个明证。实际上,针对审计人员的批评不断增加,正是因为审计人员的绩效未能达到社会的预期。

如前文所述,绩效审计是新公共管理改革基础上发展起来的审计问责机制和方式。新公共管理理论基于管理主义的理念和价值主张,坚持以市场为基础塑造企业家型政府,在国家审计领域中倡导绩效审计。但是,通过绩效审计强化问责反而会削弱绩效,进而出现审计监督责任性期望差距,甚至会形成一种问责悖论。英国学者贾斯汀·基恩(Justin Keen)也指出了绩效审计问责悖论,即强化问责制会削弱或阻碍组织绩效(organizational performance)。如果审计导致博弈(gaming)、防御(defensiveness)和过度谨慎(excessive caution),就会阻碍创新,并且忽视结果。③ 实际上,审计监督中的问责悖论是审计监督和公共问责过程中客观存在的矛盾现象和困境,关键是要在独立性、责任性和问责制等目标之间取得平衡,从而更好地发挥审计监督职能作用,实现审计监督的责

---

① Pollitt, Christopher, Summa, Hilkka, "Reflexive Watchdogs? How Supreme Audit Institutions Account for Themselves", *Public Administration*, 1997, 75(2): 313-336.

② Porter, Brenda A., "An Empirical Study of the Audit Expectation—Performance Gap", *Accounting and Business Research*, 1993, 24(93): 49-68.

③ Keen, J., "On the Nature of Audit Judgements: The Case of Value For Money Studies", *Public Administration*, 1999, 77(3): 509-525.

任性。

然而,不同审计目标之间的平衡并不容易实现,相反,在实践中往往会使审计监督容易陷入困境。正如比利时天主教鲁汶大学的瓦伊塔尔·帕特(Vital Put)所指出的,改进议程(the improvement agenda)显然是与问责制的要求不相容的(incompatible)。问责制的基础是明确的规范,而改进则取决于解释(explanation)。同时,基于解释的报告可能被认为是不那么合法的(less legitimate)。这一相互冲突的议程给审计人员在实践中造成了困境。[①] 在帕特看来,问责关系是以不信任(distrust)为前提的三角关系,例如,作为委托人(principal)的议会、作为代理人(agent)的审计对象(auditee)和审计人员(auditor),对于审计对象的审计监督,重点是对过去的会计账目的审计。另外,支持性关系(supportive relationship)则是建立在信任基础上的一对一关系,在这种关系中,被审计对象是参与主体,重点是为未来解决问题。即使最高审计机关强调其改进使命,它仍然在一个问责三角(an accountability triangle)之中发挥作用:最高审计机关的任务往往强调问责,绩效审计人员的知识基础和文化受注重问责的财务报表审计的高度影响。这就造成了相互竞争的规范之间存在的紧张关系。

不仅在相互竞争的规范之间存在紧张关系,而且在不同的价值观之间也会存在所谓的价值冲突。澳大利亚国立大学公共管理学者理查德·格兰特·马尔根(Richard Grant Mulgan)在《审计长:管理主义鸟巢里的杜鹃?》一文中指出:"问责制和透明度等价值观可能会与更具管理主义的方法造成紧张关系,特别是在诸如外包(outsourcing)等问题上。例如,过度

---

① Put, Vital, "Norms Used: Some Strategic Considerations from the Netherlands and the UK", In Jeremy Lonsdale, Peter Wilkins, Tom Ling (eds), *Performance Auditing: Contributing to Accountability in Democratic Government*, Cheltenham: Edward Elgar Publishing, 2011: 75-94.

使用"商业—不信任"免责声明(commercial-inconfidence disclaimers)。"①实际上,绩效审计起源于管理层对监测结果的关切,但是,在某些方面,审计长发现自己与管理层是相抵触的,特别是在外包和私有化降低了公共问责程度的情况下更是如此。同样,绩效审计也增加了审计长与政府部门公开冲突的可能性。挪威卑尔根大学克里斯汀·赖希伯恩-基耶纳鲁德(Kristin Reichborn-Kjennerud)在《政治问责和绩效审计:挪威审计长的案例》(Political Accountability and Performance Audit: The Case of the Auditor General in Norway)一文中指出:"绩效审计(performance audit)的任务中存在着固有的冲突(conflict)。审计机构既要改善业务,又要强化问责制(accountability),绩效审计的主要目的是问责,而学习(learning)是一个重要的次要目标。尽管如此,会计提供账目(account giving)和绩效(performance)之间的逻辑联系还没有被证明。"②所以,在一些学者看来,绩效审计对于问责制的作用是存在质疑的。

诚然,如同第三章中所讨论的,绩效审计可以在国家治理中发挥民主问责的功能作用。在政治体制的保障下,国家审计机关通过依法独立审计并且将政治体制和制度优势转化为治理效能。沃里克·N. 芬内尔(Warwick N. Funnell)也指出:"审计具有许多其他形式的评估所不具有的优点。绩效审计为各国政府提供了新的机会,利用公共部门审计人员作为独立于政府之外的一种问责代理人的道德合法性(moral legitimacy)③,进而增强政治合法性,促进国家治理的责任性。但是,绩效审计的期望差距也是客观存在的,并且有其深层次原因。芬内尔就此指

---

① Mulgan, Richard G., "Auditors-General: Cuckoos in the Managerialist Nest?", *Australian Journal of Public Administration*, 2001, 60(2): 24-34.

② Reichborn-Kjennerud, Kristin, "Political Accountability and Performance Audit: The Case of the Auditor General in Norway", *Public Administration*, 2013, 91(3): 680-695.

③ Funnell, Warwick N., "Performance Auditing and Adjudicating Political Disputes", *Financial Accountability & Management*, 2015, 31(1): 92-111.

出："在提高经济性（economy）、效率性（efficiency）和有效性（effectiveness）即所谓 3E 的过程中，作为公民的个人和作为消费者/客户的个人之间的紧张关系很容易被遗忘。"[1]如果最高审计机关不能及时关注和妥善处理审计监督过程中所面临的这些矛盾心理，恰当回应各方的合理关切，必然影响其有效发挥审计问责的功能作用，导致审计监督责任性期望差距的产生甚至扩大。

（三）审计行业界的认知差异

审计行业界的认知差异也是产生审计监督责任性期望差距的一个重要方面。在审计准则中，责任规范的理解上存在认知差异。无论是政府审计、民间审计或者是内部审计，其审计监督人员都必须遵循审计准则，包括一般准则、工作准则和报告准则。审计人员遵从审计准则中所规定的审计行为规范，履行审计监督责任，是其发挥审计监督职能作用，实现审计监督问责效能的基础。任何违背审计准则中对于审计人员的责任义务和行为规范要求的现象，都会造成审计监督行为偏差进而产生审计监督责任性期望差距。所以，导致审计期望差距的因素不仅在于审计人员的工作方式和对审计的态度，也与审计准则要求即审计职业规范相关联。[2] 如果不能对审计准则中责任规范有全面准确理解，并且在审计监督过程中严格地遵照执行，那么就不可避免地产生审计监督责任性期望差距。

---

[1] Funnel, Warwick N., "Enduring Fundamentals: Constitutional Accountability and Auditors-General in the Reluctant State", *Critical Perspectives on Accounting*, 2003, 14(2): 107-132.

[2] 赵丽芳：《审计期望差距、差距弥合与治理基础审计——审计责任的历史还原或重塑》，《审计研究》2007 年第 2 期。

第六章　国家治理体系中审计监督的行动路向

国家治理现代化要求治理体系的不断优化和治理能力的全面提升，其中国家审计监督能力的提升和审计监督体系优化相辅相成。国家治理体系中的审计监督要基于新时代党和国家监督体系权威性、协同性和有效性的总体要求，在党的集中统一领导下坚持依法独立审计，通过审计信息公开维护公众知情权，并且通过基于审计监督的公共问责不断提升审计公信力，进而不断提高审计监督制度执行力和治理实效性，缩小和弥合审计监督在独立性、公开性和责任性等方面的期望差距。

第一节　在党的集中统一领导下依法独立审计

独立性是审计监督的灵魂，是审计监督赖以存在与发展的基石。权力监督制度是国家政治制度和法律制度的重要组成部分，是加强和改善党的领导、控制国家机关权力滥用、保障人民民主权利实现的重要制度保障，其核心是对权力的监督。权力制约与监督是民主政治的重要原则和实现途径，更是政治文明得以实现的基石和支柱。党和国家的权力运行到哪里，监督就要跟进到哪里。在当代中国政治语境下，中国共产党作为

第六章　国家治理体系中审计监督的行动路向

唯一的执政党,长期以来对各种政治活动施加重要影响,其在制度变迁与社会变革中的作用远非一般选举制度下的执政党所能比拟。本质上看,一定时期内对行政权力的监督力度与效果将主要取决于党的决心和意志,忽视这一点去奢谈所谓的多元监督无疑是不现实也是不负责任的。①只有在党的集中统一领导下依法独立审计,才能不断提高审计监督的实效性,弥合审计监督期望差距。

一、加强党对审计工作的领导,依法独立审计

独立性作为审计监督制度赖以存在与发展的基石,需要顶层设计和统筹协调,离不开统一高效的审计监督体系构建和审计管理体制改革,需要国家治理法治化的制度保障,并且在元治理中克服审计监督的碎片化倾向。当然,我们需要正确理解审计监督的独立性。

(一)强化顶层设计和统筹协调,构建统一高效的审计监督体系

依法独立审计是审计监督制度的生命力之所在。所谓独立性审计,简单说来,就是指审计机关独立于审计对象之外,财政上独立于被审部门以外,审计人员在履行职责时不受任何非法律因素的干涉,不受审计对象的影响。②依法独立审计是审计机关发挥审计监督职能作用,把政治制度优势转化为治理效能的基本条件。瑞典哥德堡大学古斯塔夫·卡斯特伯格(Gustaf Kastberg)和艾玛·埃克·奥斯特伯格(Emma Ek Österberg)在《转变社会部门审计——他们审计多了,但审查更少了》一文中指出:"审计监督研究就是要反映'利器审计'(sharp audit)在政治制度内社会部门的作用和功能。"③审计监督制度只有在政治制度和体制的保障下实现

---

① 蔡林慧:《试论中国行政监督机制的困境与对策》,《政治学研究》2012年第5期。
② 胡智强:《论我国国家审计权的配置》,《安徽大学法律评论》2009年第1辑,第56—62页。
③ Kastberg, Gustaf, Ek Österberg, Emma, "Transforming Social Sector Auditing—They Audited More, But Scrutinized less", *Financial Accountability & Management*, 2017, 33(3): 284-298.

依法独立审计才能有效发挥监督职能作用,提升制度执行力和实效性。中央审计委员会的组建,强化顶层设计和统筹协调,为审计监督工作提供有力指导,保障了审计监督的权威性、科学性和独立性。因此,应将审计工作融入国家政治发展的整体战略中去认识和探索。①

(二) 增强审计监督的法治化水平

国家治理是多元行动主体在法治的基础上采取的协同行动。古斯塔夫·卡斯特伯格和艾玛·埃克·奥斯特伯格指出:"审计技术的转变反映了作为审计实践基础的知识库(knowledge base)的变化。我们所观察到的是政策文件(policy documents)、报纸文章和采访中所描述的若干变化都指向同一个方向,即走向一种强调政治的审计(a politically emphasized audit),强调其司法地位和工具(juridical status and tools)。在新的'利器'审计(sharp audit)模式中,重点是放在带有政治色彩的决策(politically flavored decisions)上的,这些决策与审计人员在该领域所做的优先事项(priorities)不一致。新模式的实现涉及几个行为者,并得到了他们的评论:政治家以及国家卫生与福利委员会(National Board of Health and Welfare,NBHW)和媒体。这一扩大的网络反过来又扩大了对审计方式的要求。"②在国家治理过程中,政府公共部门审计监督要始终坚持依法独立审计。同时,综合考虑审计技术的科学应用。此外,还要在法治的基础上吸纳不同利益攸关者共同参与的协同行动。在国家治理中增强审计监督的法治化水平,需要一个稳定的审计知识体系,使合法的知识与所使用的技术之间相匹配。在协同行动中,既要重视审计人员的地

---

① 金太军:《协商民主:在国家审计体制改革中的认知与建构》,《学习与探索》2018 年第 10 期。

② Kastberg, Gustaf, Ek Österberg, Emma, "Transforming Social Sector Auditing—They Audited More, But Scrutinized Less", *Financial Accountability & Management*, 2017, 33(3): 284–298.

方性知识甚至是直觉,同时坚持在生产力、法律基础、统一性和优先性方面坚持正确的方向和原则。国家治理体系中的国家审计法治化不仅要求审计监督主体和客体都要遵守国家相关法律、按照法律法规行事,而且意味着制定的法律规范要合法,对审计客体的要求要合法,审计主体的行为要合法,审计监督行为内容要合法、程序要合法并且审计结果的处理都要合法。① 总之,国家审计法治化是审计机关依法独立审计的前提和基础。

(三) 在元治理中克服审计监督的碎片化

作为元治理(meta-governance)主体的国家或政府,拥有其他行为体所不具备的政治、法律、财政、人力、信息等方面的资源或工具来实现治理目标。卡斯特伯格和奥斯特伯格指出:"'利器'审计模式包括三项倡议,即加强与司法系统的联系(strengthened ties to the juridical system)、密切与政治系统的联系(closer ties to the political system)以及加强集中治理(increased centralized governance)。在这一模式中,审计过程和审计结果作为审计人员和被审计者双方的关注对象变成了包括审计师、被审计者、政治家、媒体、司法系统的更大的行动者网络(network of actors)的关注对象……启动了关于如何进行审计的标准化进程……旨在确保统一进行每项审计。"②的确,元治理意义上的审计监督就是要克服"没有政府的治理"的碎片化趋势,以共识性的模板和其他标准化方法支持,在协同治理过程中形成统一性和整合性的监督力量,从而实现审计监督的权威性、协同性和实效性,提升审计监督的治理效能,缩小审计监督期望差距。进入21世纪,整体政府、协同政府、新公共服务等诸多反思和修正新公共管理运动的理论和实践纷纷出现,并被称为"后新公共管理运动"。西方国家

---

① 石爱中:《现行体制下国家审计法治谠论》,《审计研究》2004年第1期。
② Kastberg, Gustaf, Ek Österberg, Emma, "Transforming Social Sector Auditing—They Audited More, But Scrutinized Less", *Financial Accountability & Management*, 2017, 33(3): 284-298.

后新公共管理运动的改革,主要强调了中央政府的适度集权、治理信息共享和协同治理等理念,以克服公共管理碎片化。组建中央审计委员会,加强党对审计监督的领导,能够治理由分权改革所带来的国家治理中的管理流程割裂、管理碎片化等问题,有效推进国家治理体系和治理能力现代化。

二、改革审计管理体制,保障依法独立行使审计监督权

改革审计管理体制的目标任务说到底就是要健全有利于保障审计机关依法独立行使审计监督权的审计管理体制,进而在提高审计监督的专业性的基础上不断增强审计监督的科学性,并且提升审计监督的全面性程度。

(一) 提高审计监督的专业性

审计人员开展审计监督工作离不开扎实的专业知识、充分的职业胜任能力和丰富的工作经验,其中,精通财政财务、计算机和大数据等审计业务相关专业知识,熟悉国家相关方针政策更是审计人员必备的基本素质,同时,还必须严格遵守法律法规和国家审计准则,在审计监督过程中始终恪守审计职业道德。1988 年,加拿大特许会计师协会(Canadian Institute of Chartered Accountants, CICA)下设的麦克唐纳委员会(MacDonald Commission)研究报告认为:"审计期望差距是公众对审计的需求与公众对审计执业的认识之间存在的差距。[1] 麦克唐纳报告(MacDonald Report)提出,虽然公众基本上不了解审计员的作用和责任,但公众的期望在很大程度上是合理的而且是可以实现的。因此,专业人员应努力满足这些期望,采取措施加强审计人员的独立性和专业性,并改进财务披露质量。加拿大阿尔伯塔大学商学院伊夫·金德隆(Yves

---

[1] Canadian Institute of Chartered Accountants (CICA), *Report of the Commission to Study the Public's Expectations of Audits* (MacDonald Commission), Toronto: CICA, 1988: 6.

Gendron)、戴维·J.库珀和英国圣安德鲁斯大学管理学院芭芭拉·汤利(Barbara Townley)指出:"审计人员被认为具有专门知识,因此,要围绕对专门知识的要求建立支持网络。"[①]审计监督的专业性更多地意味着国家治理中需要外部的审计监督。审计人员只有具备责任认识、专业知识和业务能力,才能通过对被审计单位和事项的财务状况进行专业化的审计监督,在系统化的审计监督基础上对审计数据、资料信息进行科学分析,查找存在的突出问题,并且通过审计报告提出解决问题的审计意见和建议。

(二)增强审计监督的科学性

审计监督不仅要具有合理性的价值追求,而且必须尊重并遵循科学规律性。增强审计监督的科学性既要有科学的理论与方法,还要有科学的态度,同时科学设计的审计管理体制保障审计监督的科学性、独立性和透明性。英国著名审计学者、伦敦经济政治学院会计学教授迈克尔·凯文·鲍尔(Michael Kevin Power)指出:"在英国,下议院财政委员会和上议院经济事务委员会都特别注重审计人员的作用。在欧盟,一份关于审计作用的绿皮书引起了前所未有的辩论和反应。人们批评的问题主要在于:由于审计市场过于集中,审计人员不够独立,审计过程对公众来说仍然不透明。拟议的改革本质上是结构性的,而不是根本性的。只是改变了审计运作的规则环境,而不是审计本身的变革。"[②]审计本身变革的目标应该是保障审计人员的独立性地位和审计监督过程的科学性水平,从而缩小和弥合审计期望差距。在我国,基于科学态度、科学精神、科学规律

[①] Gendron, Yves, Cooper, David J., Townley, Barbara, "The Construction of Auditing Expertise in Measuring Government Performance", *Accounting, Organizations and Society*, 2007, 32(1/2): 101-129.

[②] Power, Michael K., "Assurance Worlds: Consumers, Experts and Independence", *Accounting Organizations & Society*, 2011, 36(4/5): 324-326.

和科学方法进行审计监督也是党和国家以及社会各界对于审计监督人员的普遍期待。只有不断增强审计监督的科学性,坚持科技强审,加强审计信息化建设,进一步提高审计监督的专业性、全面性和协同性,才能提升审计监督的制度执行力和实效性,缩小审计期望差距,回应党和国家及社会各方面的需要和关切。

(三) 提升审计监督的全面性

审计监督的全面性意味着审计监督对象和内容的广泛性、普遍性和动态性。在中国特色社会主义新时代,审计全覆盖的具体内容包括在政策落实、公共资金、民生资金和项目、自然资源资产以及领导干部经济责任等方面都要做到应审尽审。审计监督重点应当加强对各项权力运行的制约和监督。① 在私人经济部门中,审计监督的对象一般是根据市场需要而确定的。1993 年,美国密歇根州立大学商学院布赖恩·T. 彭特兰(Brian T. Pentland)在《适应数字:审计和宏观秩序的微观生产》(Getting Comfortable with the Numbers: Auditing and the Micro-Production of Macro-order)一文中将审计描述为一个建立事实的过程,在这个过程中,对现象的描述变成了关于这些相同现象的事实。彭特兰认为,审计可以理解为一个过程,在这一过程中产生纯粹的审计对象(audit objects)和评估(assessments)供公众使用。② 审计的这种建立事实的过程其实是一种建构主义(constructivist)理论视角。从这一视角出发,鲍尔教授在《使事物可审计》(Making Things Auditable)一文中认为:"审计并不是一种派生的(derived)、中立的(neutral)活动,而是一个主动的'使事物可审计'的过程,它包括两个组成部分,即协商一个合法的、制度上可以接受的知识

---

① 王艳荣:《国家审计监督全覆盖的本质与实现路径》,《纳税》2018 年第 5 期。

② Pentland, Brian T., "Getting Comfortable with the Numbers: Auditing and the Micro-production of Macro-order", Accounting, Organizations and Society, 1993, 18 (7/8): 605 - 620.

库(knowledge base)和创造一个接受这个知识库的环境(environments)。"①基于这一"建构主义"的"可审计逻辑",卡斯特伯格和奥斯特伯格在"利器"审计模式的分析中增加了另一个维度,也就是审计对象(the audit objects)。②众所周知,审计需要可审计的报表或安排,也就是说,必须有一些东西供审计人员评估和核实。然而,审计对象不仅仅是等待收集的,相反,审计对象是在审计知识系统的上下文中构建的。事实上,审计对象的构建已被证明是审计的重要组成部分,特别是在关系到绩效、质量和效率等无形现象的绩效审计中。澳大利亚新南威尔士大学保罗·安顿(Paul Andon)、克林顿·弗里(Clinton Free)和英国曼彻斯特大学布兰登·奥德怀尔(Brendan O'Dwyer)在《兼并新的审计空间:挑战和调整》(Annexing New Audit Spaces: Challenges and Adaptations)一文中指出:"长期以来,职业审计具有动态性和流动性的特点。在其整个历史中,审计事务所被证明具有高度的适应性,在充满活力和竞争的市场中做出反应和创新。"③在私人经济部门中,审计市场的扩大为审计专业人员的审计监督提供了一系列"新审计空间"。在政府公共部门中,审计监督对象的范围也是随着社会经济安全与发展和政治体制改革的需要以及人们认识的不断深化而动态性地确定的。审计监督的全面性意味着审计对象和内容具有广泛性、普遍性。相应地,改革审计管理体制的目标就是要保障国家审计机关依法独立行使审计监督权,而且审计监督的全面性要求审计机关根据法定职责主动实施经常性、常态化的监督,在审计监督全覆盖的

---

① Power, Michael K., "Making Things Auditable", *Accounting, Organizations & Society*, 1996, 21(2/3): 289 - 315.

② Kastberg, Gustaf, Ek Österberg, Emma, "Transforming Social Sector Auditing—They Audited More, But Scrutinized Less", *Financial Accountability & Management*, 2017, 33(3): 284 - 298.

③ Andon, P., Free, C., O'Dwyer, B., "Annexing New Audit Spaces: Challenges and Adaptations", *Accounting, Auditing & Accountability Journal*, 2015, 28(8): 1400 - 1430.

总体要求下针对公共资金、国有资产、国有资源、领导干部等法定审计监督对象，做到"应审尽审、凡审必严、严肃问责"，不断提升审计监督的全面性，避免出现监督盲区，做到不留死角、没有空白，不断增强审计监督的实效性和治理效能。在这方面，审计监督的全面性意味着国家审计机关在发挥职能作用时也要具有全面性，通过依法全面履行审计监督职责，更好地在国家治理体系中发挥审计监督应有的职能作用。

三、正确理解审计监督的独立性

审计监督在国家监督体系中的作用越来越大，受到社会大众的关注也越来越多。之所以如此，关键是由于审计监督的独立性和公开性不断增强。理解审计监督独立性，需要基于民主与法治的统一加以把握，在信任与问责之间达成平衡，在委托代理关系中全面分析。

（一）基于民主与法治的统一把握审计监督独立性

审计监督是基于民主与法治的统一在国家治理中发挥其职能作用的。民主是审计监督的本质和动因。同时，审计监督是在国家治理法治化的基础上通过依法独立审计而实现民主控权和公共问责的。而依法独立审计职能作用的有效发挥离不开不同监督制度的协同和民主参与意义上的公共问责，从这个意义上说，审计监督独立性只有在民主与法治的统一中才能得到全面正确的理解和运用。

（二）在信任与问责之间维护审计监督独立性

审计监督作为国家治理体系中的一项重要的政治制度，是权力监督体系中的一个基本组成部分，也是腐败治理体系的支柱之一。实际上，国家审计既是国家治理体系中的一种权力监督机制和问责制度，同时也是一种信任增进机制。如果说信任是建设民主政治的基础，那么问责是审计监督存在的理由。审计监督通过风险预防、绩效评价、权力控制和信息公开等机制发挥信任增进功能进而涵育信任文化。诚然，审计监督可以增进信任，但是，信任不能代替监督，更不能削弱作为民主治理基石之一的问责。腐败被描述为一种"毒瘤",它侵犯了公众对制度、政府或国家的信任,并危及社会凝聚力。欺诈和腐败没有国界,而且已经蔓延到全世界,甚至蔓延到曾经被认为"干净"的国家。公共部门的贿赂、欺诈和腐败已成为全球立法者的主要关切,因为公共资金的转移破坏了立法者对公共资金的控制。舞弊和腐败行为正日益成为世界各国共同关注的问题,审计机关在应对这一问题时所应当发挥的作用也日益凸显。在中国特色社会主义新时代,公众对最高审计机关(Supreme Audit Institution,SAI)的期望值越来越高,期望最高审计机关能够通过协同治理,有效地促进政府公共行政部门在行使公共权力、使用公共资金、管理国有资产、运营国有资源和履行经济责任的过程中树立诚信的文化氛围。中国需要建设一个综合性的、适合中国国情的国家廉政体系,构建集中统一、全面覆盖、权威高效的审计监督体系,保障国家审计机关依法独立行使审计监督权,更好发挥审计监督职能作用。同时,加强全国审计工作统筹,优化审计资源配置,加强审计监督和公共问责,不断提升反腐倡廉效能,缩小和弥合审计监督独立性期望差距,提升政府信任水平。

(三)在委托代理关系中理解审计监督独立性

国家审计是基于委托人对于代理人的合理怀疑而实施的审计监督,其发挥作用的一个前提是委托—代理关系下公众对政府公共权力行使者的不信任。国家审计监督作为一种对受托经济责任的"检查与证明",其工作重心就是要监督政府公共部门作为代理人的责任履行情况,从而维护好人民群众的根本利益,同时,以财政审计为基点,不断扩展审计领域、维护法治建设和发挥权力制约功能。[①] 从这个意义上说,基于人民主权之上的审计监督是在委托代理关系中依法独立行使经济监督权,预防、制约

[①] 杨肃昌、李敬道:《从政治学视角论国家审计是国家治理中的"免疫系统"》,《审计研究》2011年第6期。

和监督权力腐败行为,实现社会对于公平(fairness)与正义(justice)的期望。无论是在市场私人部门中还是在政府公共部门中,审计监督在委托代理关系中依法行使监督权、发挥监督功能作用的独立性都被寄予了很高的期望值。1953年,美国著名会计学家阿纳尼亚斯·查尔斯·利特尔顿(Ananias Charles Littleton)在《会计理论结构》(Structure of Accounting Theory)中指出,审计人员"可以发挥重要的协调功能……他具有一项重要的社会使命,即尽可能保持自己的独立性,以确保他的报告获得所有利益集团的接受"。同时,利特尔顿还认为,"人们对审计知识和技能的关注清楚地表明,审计人员的工作被认为是专业性的……以高标准的职业要求、知识和技能为基础的法定职业资格,在一定程度上给社会公众提供了保障……优秀的审计人员必须具备这样的一些素质:具有批判性分析的能力、在瞬息万变的环境中进行正确判断的能力以及保持客观公正的气质"。从利特尔顿的论述中可以清楚看到,审计独立性和审计力量的专业胜任能力是保障审计质量、提高权力审计控制效果的重要因素。[①] 1981年,以色列副总审计长本杰明·吉斯特(Benjamin Geist)在《国家审计:公共问责制的发展》(State Audit: Developments in Public Accountability)一书中指出:"没有专业性的、公共性的、外部的和内部的审计制度(professional, public, external and internal auditing systems)的运作,现代政府和适当社会(proper society)的存在是不堪设想的。"[②]所谓专业性的、公共性的外部或者内部的审计制度,其实就是意味着一种独立性的审计监督制度。2006年,荷兰乌得勒支大学治理学院保罗·特哈

[①] Littleton, Ananias Charles, *Structure of Accounting Theory*, Illinois: American Accounting Association, 1953. 转引自董延安:《经济权力审计控制研究述评》,《全国商情(经济理论研究)》2009年第17期。

[②] Geist B., *State Audit: Developments in Public Accountability*, Macmillan: London, 1981: 3-22.

第六章 国家治理体系中审计监督的行动路向

特(Paul't Hart)和莱顿大学安克里特·威尔(Anchrit Wille)在《荷兰核心行政长官中的部长和最高官员：一起生活，逐步分离？》(Ministers and Top Officials in the Dutch Core Executive: Living Together, Growing Apart?)一文中指出："新公共管理主张不信任作为提高绩效的一种手段，并打破了传统的问责安排(traditional accountability arrangements)。事实上，在过去十年中，大多数主要的议会调查和最关键的国家审计法院报告都涉及执行失败(implementation failures)，以及新政策的过度生产，这往往会削弱有效的执行(effective implementation)。也许自相矛盾的是，这些报告表明，强调以结果为导向的政府和机构的国家利益管理同时限制了部级和部门在执行和提供服务事项上的权力。在荷兰，政治重要性(political salience)程度的提高和对执行过程进行政治控制的机会的减少是摩擦的一个主要来源：不仅在部长及其公务员之间，而且在官僚领域本身，也就是核心部门和执行机构之间的委托—代理之争(principal-agent struggles)。"[1]委托—代理之争呼唤独立性的审计监督和民主化的公共问责，这使得治理过程中的依法独立审计成为一种重要的问责工具。荷兰乌得勒支大学治理学院斯约尔斯·P. 奥弗曼(Sjors P. Overman)、拉德堡德大学管理学院玛丽克·L. 范·吉努格滕(Marieke L. van Genugten)和桑德拉·范·泰尔(Sandra van Thiel)在《结构分类后的问责制：比较机构问责安排》(Accountability after Structural Disaggregation: Comparing Agency Accountability Arrangements)一文中指出："新的问责工具——绩效指标、结果审计和财政激励——有望取代新公共管理改革中的传统

---

[1] Hart, Paul't, Wille, A., "Ministers and Top Officials in the Dutch Core Executive: Living Together, Growing Apart?", *Public Administration*, 2006, 84(1): 121-146.

问责工具。"①然而,正如荷兰莱顿大学玛德琳娜·布苏约克(Madalina Busuioc)在《问责、控制和独立性:欧洲机构的案例》(Accountability, Control and Independence: The Case of European Agencies)一文中指出的,"独立性和问责制可以而且实际上应该共存。在机构独立且授权机构放弃直接控制权的情况下,问责制才能具有重要作用。相反,独立性和持续控制确实是矛盾的,因为持续控制会受到限制并且在极端情况下会使代理人的决策自主权化为乌有,而决策自主权是真正独立性(real independence)的一个根本的维度。"②在国家治理体系中,审计作为一个国家的经济卫士,是其经济秩序的制度基础和制度保障,也是这个国家实现良政善治的基石。独立性被公认为是审计监督制度的生命,是其在复杂的多重委托代理关系中有效发挥监督问责功能的前提条件和根本保障。我国的审计监督机关要在党的领导下,依法独立审计,不断缩小和弥合审计监督独立性期望差距,切实践行依法治权、民主参与和公共问责的国家治理理念,积极发挥反腐利剑功能,在"干部清正、政府清廉、政治清明"的廉洁政治建设中贡献力量,促进政府信任水平的持续提升,不断探索中国特色社会主义审计发展道路。

第二节 通过审计信息公开维护公众知情权

审计监督信息公开是国家治理透明化的基本要求,也是审计监督公

---

① Overman, Sjors P., Genugten, Marieke L. van, Thiel, Sandra van, "Accountability after Structural Disaggregation: Comparing Agency Accountability Arrangements", *Public Administration*, 2015, 93(4): 1102–1120.

② Busuioc, Madalina, "Accountability, Control and Independence: The Case of European Agencies", *European Law Journal*, 2009, 15(5): 599–615.

第六章 国家治理体系中审计监督的行动路向

开性的题中之义。审计监督信息公开是社会公众的普遍期待,承载着党和国家及全社会对审计监督制度在国家治理中发挥透明治理功能的巨大期望值。审计信息公开既包括审计信息公告的制度化、常态化和精准性,也包括通过审计监督促进政府公共信息公开。

一、强化审计信息公开,维护公众的信息知情权

在国家治理体系中,审计监督主要是针对政府公共部门的公共责任履行情况所进行的检查、鉴证与监督,其监督的对象是政府公共部门在委托代理关系中作为代理人行使公共权力调配公共资源取得公共价值和绩效方面的信息。在此基础上,通过审计公告将审计监督结果信息公之于众,促进政府公共信息公开,维护人民作为委托人的信息知情权。

(一) 国家审计是政府信息的重要需求者

审计监督的基础是信息公开。离开了信息公开,一切审计监督都无从谈起。可以说,透明和公开是国家治理的题中应有之义,也是国家审计所追求的基本目标。国家审计之所以是国家治理的制度基石之一,在于其信息公开功能为国家治理的法治化、民主化、透明化和责任性奠定了坚实的基础。国家审计机关作为政府公共信息的重要需求者,应直接参与推动政府公共信息透明公开的建设进程。[①] 加拿大阿尔伯塔大学商学院教授罗斯·A. 丹纳姆(Ross A. Denham)在《加拿大总审计长的作用是什么》(The Canadian Auditors General: What Is Their Role)一文中指出:"应该重申的是,为了正确履行职责,审计长必须能够要求和接收他认为对维护完全问责原则适当的所有信息。在极端情况下,审计人员必须能够通过向负责政府实体或机构的部长提出特别请求,或者在最后,通过向

[①] 陆晓晖:《国家审计在增强政府信息透明度中的作用》,《中国审计报》2013年2月27日第005版。

其立法机构提出审查特定材料的权利的请求,来要求他所需要的信息。"①当然,国家审计机关只有充分获取进行审计监督所必要的政府公共部门履行经济管理责任情况相关信息,并且对其进行准确的分析和处理,才能输出审计公告所赖以生成的审计结果信息,进而能够推动审计结果公开。

(二) 在审计公告中维护公众知情权

国家治理民主化是建立在信息公开基础上的,离开了信息公开,公众的民主参与权就无法实现。美国布鲁金斯学会外交政策高级研究员安·M.弗洛里妮(Ann M. Florini)在《提高政府透明度》(Increasing Transparency in Government)一文中指出:"信息是民主和市场的命脉。在没有信息的情况下,公民没有评价他们的代表或表达他们的意见的基础,选举和代表的过程都成了假象。没有信息,现代经济所依赖的金融市场就变成了非理性的猜测活动,也不能指望政府监管机构履行其职责。"②国家治理中的审计监督发挥职能作用的基本原理就是通过输入审计监督工作所需要的审计监督对象履职尽责相关信息,获取及保全相关审计证据,然后对所获取的信息、证据进行甄别、加工和分析处理,从而输出审计产品包括做出审计建议、公布审计结果、进行处理处罚。③ 其中,发布审计公告、公布审计结果是国家治理过程中国家机关依法独立审计的基本职责,也是审计监督发挥职能作用和治理效能的重要方面,同时,还是维护公众知情权的本质要求。在行政型审计监督模式中,审计结果公告无疑是一种行政行为,但同时也是国家治理体系中的一种民主制度,更是一种民主的政治文化。审计信息公告行为的经济效率有赖于政府的认同与支

---

① Denham, Ross A., "The Canadian Auditors General: What Is Their Role?", *Canadian Public Administration*, 2008, 17(2): 259-273.
② Florini, Ann M., "Increasing Transparency in Government", *International Journal on World Peace*, 2002, 19(3): 3-37.
③ 朱殿骅、伍学进:《我国国家审计权的配置现状与优化路径》,《江汉学术》2014年第2期。

第六章 国家治理体系中审计监督的行动路向

持,有赖于审计机关的高质量审计监督和全体公民的民主监督。[①] 国家审计机关在依法独立审计的基础上发布审计监督结果信息公告看起来似乎是一个机关发挥其职能作用的事情,但实际上是在政治体制保障下,立足国家治理法治化,通过协同治理实现的治理效能。加拿大卡尔顿大学公共行政学者莎伦·L. 萨瑟兰(Sharon L. Sutherland)在《审计政治:比较视角下的联邦审计长办公室》(The Politics of Audit: The Federal Office of the Auditor General in Comparative Perspective)一文中指出:"加拿大审计长力求出具非专业性的'有意义'的报告,实际上意味着具有重要的政治意义(politically significant)。这使得这些报道吸引了媒体的注意,审计长的大部分权力来自媒体对其工作的关注。"[②]这实际上说明了审计监督正是通过审计公告并且借大众传播媒体的舆论力量在协同治理中促进信息公开,维护公众知情权,缩小审计监督公开性期望差距,并且在此基础上推进更加广泛的民主监督,从而进一步提升审计监督实效性和治理效能。

(三) 致力于实现以人民为中心的审计信息公开

政府透明度已经成为民主治理(democratic governance)的普遍价值,但是理论研究表明,在共识民主政体(consensual regimes)和多数主义民主政权(majoritarian regimes)中,各种力量形成透明度的方式不同。因此,在不同的民主制度中,透明度可能实现不同的目标。2015 年,荷兰乌得勒支大学政府治理学院助理教授史蒂芬·G. 格雷姆里克怀森(Stephan G. Grimmelikhuijsen)和美国纽约州立大学布法罗分校杰尔代兹·卡西莫娃(Jyldyz Kasymova)通过比较荷兰和美国新泽西州的透明度情况,揭

---

① 张立民、聂新军:《构建和谐社会下的政府审计公告制度——基于政府审计信息产权视角的分析》,《中山大学学报(社会科学版)》2006 年第 2 期。
② Sutherland, Sharon L., "The Politics of Audit: The Federal Office of the Auditor General in Comparative Perspective", *Canadian Public Administration*, 1986, 29: 118-48.

示了两个关于信息披露的不同观点,在多数主义民主(majoritarian democracy)制度中,需要透明度来增强那些在决策过程中没有代表的利益。在一个共识民主(consensual democracy)国家中,更广泛的利益已经在决策过程中得到了体现,不太需要透明度作为增强公民权利的手段。这意味着,尽管政府透明度具有普遍适用性,但是没有"一刀切"(one size fits all)的解决办法。[①] 在我国,党和国家监督体系发挥审计监督职能作用,强化审计监督结果信息公开,就是要防止公共权力行使者滥用权力,保证把人民赋予的权力真正用来为人民谋利益。在国家治理中,政府审计监督能够获得较为准确的国家财政情况信息,同时,也具有向广大民众汇报审计结果情况的责任和义务。可以说,审计监督就是要通过信息公开发挥反腐利剑作用,促进腐败治理和国家廉政建设,实现以人民为中心的审计信息公开,缩小和弥合审计监督公开性期望差距。

二、在审计监督中促进政府信息公开

实际上,审计信息公开必然要求政府执行信息公开制度,而政府信息公开制度执行过程存在问题的地方恰恰是审计监督的重点,因为公职人员的贪污腐败行为以及其他不正之风,往往可以从政府信息垄断、信息不公开与信息不对称中找到其产生的原因。历史经验反复证明一条铁律,一切不受制约和监督的权力必然导致腐败。同时,很多贪污腐败事件往往都是在暗箱操作的过程中产生的。重大的公共工程项目、公共预算及其执行、公共资金的使用状况、税收流向、救济救灾物资款项等基本公共信息隐而不告,极易形成职务犯罪、徇私舞弊和贪污腐败的风险。所以,国家审计机关进行审计监督就是要在信息公开制度执行中发挥推动作用,特别是要利用信息通信技术促进信息公开,而且要对准审计监督的

[①] Grimmelikhuijsen, Stephan G., Kasymova, J., "Not So Universal After All: Exploring the Meaning and Use of Government Transparency in Consensual and Majoritarian Democracies", *Public Integrity*, 2015, 17(4): 389-407.

第六章　国家治理体系中审计监督的行动路向

"灯下黑"地带实施精准监督,进而回应党和国家以及社会公众对于审计监督制度的期待和关切,缩小和弥合审计监督公开性期望差距。

(一)审计机关要在信息公开中发挥推动作用

打通政府公共部门中信息共享的"孤岛"和"中梗阻",是审计监督更好地服务于国家治理的必由之路。世界上许多国家的审计部门都在推进政府信息公开方面发挥了积极的作用。例如,日本实行的是独立型的国家审计体制,其审计院(会计检查院)将审计报告提交国会,抄报内阁和首相,或通过新闻媒体公开发表(保密的除外),并且经常将报告改写成通俗读物广为散发,向国民公开发表。日本与德国一样重视公众舆论和宣传媒介在强化审计报告约束力方面的作用。通过网络信息公开、召开审计恳谈会等形式和途径,试图把议会监督和舆论监督结合起来,对审计结果充分发挥作用具有重要意义。这一做法与法国、西班牙审计法院的做法十分接近,与美国召开听证会的做法也颇具类似之处。[1] 国家审计机关通过审计监督推进信息公开制度执行既是其在国家治理透明化中发挥职能作用的前提条件,同时也是其在依法独立审计过程中行使审计监督权必然要承担的责任和义务。加拿大阿尔伯塔大学商学院教授罗斯·A.丹纳姆(Ross A. Denham)认为:"为了保障审计长坚持客观性和独立性的能力,一些重要事项必须做出规定,其中包括必须确立审计人员的报告责任(reporting responsibility),各方都必须了解其所要报告的一般信息,同时必须保证审计长能够获得所有相关信息。审计长承担所有政府事务的外部审计工作,外部审计在公共资源管理领域的重要性和功能作用是通过提供信任(credence)来促进充分问责,保护管理,提高效率,判断成效,报告浪费、奢侈、不健全的项目和复杂的政策。这一主要责任是通过核实、

---

[1] 高晓霞:《日本审计院》,载审计署审计科研所编《世界主要国家和国际组织审计概况》,北京:中国时代经济出版社,2014年,第291页。

衡量、判断和向立法机构推荐被认为对公共利益有必要的相关信息来完成。"[1]履行这些职责和义务需要卓越的能力,对公共利益的准确理解与非常深刻的认识以及相关职业技能和政治智慧的结合。这在私人审计公司中可能不会经常出现,因为需要结合审计监督义务能力和履行政治责任相关要求,以便实现高效、诚实和公共行政的普遍利益,其所监督的对象是政府公共行政权力运行过程不透明部分和"暗箱操作"产生的设租寻租等腐败问题。

(二) 利用信息通信技术促进信息公开

政府信息公开制度是政府公共部门为人民服务、对人民负责、接受人民监督的重要制度安排。这一制度的有效执行应该充分利用信息化时代的信息通信技术手段以便不断提高审计监督精准性和审计结果信息公开制度执行力。当然,信息通信技术在审计监督过程中的应用需要充分考虑技术复杂性、适用性和安全性等方面的风险。美国学者吉多·L. 格茨(Guido L. Geerts)、林福德·E. 格雷厄姆(Lynford E. Graham)、伊莲·G. 摩尔丁(Elaine G. Mauldin)、威廉·E. 麦卡锡(William E. McCarthy)、弗农·J. 理查德森(Vernon J. Richardson)指出:"随着信息通信技术(information and communication technologies)在组织结构(the fabric of organizations)中的根深蒂固且不可分割的融入,出现了更多令人困惑的研究问题和实践问题。如果管理者低估了信息通信技术控制的内在缺陷,那么他们可能会投入更少的资源来实施强有力的信息通信技术控制,而内部控制审计风险可能会在没有得到审计人员适当认可的情

---

[1] Denham, Ross A., "The Canadian Auditors General: What Is Their Role?", *Canadian Public Administration*, 2008, 17(2): 259-273.

况下大幅度增加。"[1]随着中国特色社会主义民主意识的不断增强,国家治理体系中围绕经济受托责任、公共权力运行和廉政建设等方面的审计监督和公共问责范围也越来越大,内容也越来越丰富,项目也越来越具体,需要正确运用大数据、云计算以及移动互联网等信息化手段为审计监督提供新的技术和方法,规避科学技术应用中的"双刃剑"风险,从而有效促进信息公开制度执行力,不断提高审计监督制度在党和国家监督体系中发挥反腐利剑作用的范围、精度和力度。

(三) 对准审计监督的"灯下黑"地带

针对审计监督的"灯下黑"地带,要根据物理中的无影灯效应原理,从灯光的数量、效能、角度和整合平台出发,建立健全政府审计监督"全覆盖"的监督体系和监督机制[2],破解审计监督中客观存在的悖论与困境。需要进一步明确的是,审计监督制度设置本身就是基于对代理人的合理怀疑而做出的一种制度安排,其存在的理由是要通过审计监督而指向公共问责的。法国巴黎高等商学院(HEC Paris)学者弗洛里安·胡斯(Florian Hoos)、加拿大麦吉尔大学管理会计学者朱琳·路易丝·普鲁伊泽斯(Jorien Louise Pruijssers)和法国巴黎高等商学院学者米歇尔·W. 兰德(Michel W. Lander)在《谁在看? 不同审计制度下的问责及其对审计师职业怀疑的影响》(Who's Watching? Accountability in Different Audit Regimes and the Effects on Auditors' Professional Skepticism)一文中指出:"欧盟委员会(European Commission)建议,联合审计的使用应通过加强问责制,提高审计人员的理性怀疑态度(auditor skepticism),进

---

[1] Geerts, Guido L., Graham, Lynford E., Mauldin, Elaine G., McCarthy, William E., Richardson, Vernon J., "Integrating Information Technology into Accounting Research and Practice", *Accounting Horizons*, 2013, 27(4): 815-840.
[2] 秦荣生:《无影灯效应原理与我国政府审计监督》,《审计研究》2010年第5期。

而提高审计质量(audit quality)。"①对代理人的合理怀疑是审计监督在信任与问责两者之间的必要选择、必由之路和必经地带。审计监督要致力于在国家治理中维护公众的知情权,促进政府透明度和政府可问责性,同时,各级审计机关应在履行公共受托责任的过程中把公众作为重要的参与者,依法、理性、有序地引导公众广泛参与审计管理和审计监督过程,努力构建起公众参与国家审计监督工作的方式、渠道和机制,让公众不仅仅成为国家审计监督工作的"审视者""评价者",同时还可以在协同治理中担当"指导者""建设者"的重要角色,这既有助于国家审计监督职能的有效发挥,也有助于国家审计更好地推动和服务国家治理的法治化、民主化、公开化和责任性。②而且,依靠公众参与的过程和力量进一步强化和提升审计监督职能作用也是党和国家监督体系建设的基本理念和根本要求,借力群众监督和舆论监督,有利于推进审计监督全覆盖从而不断提高国家审计制度的执行力和治理效能。

三、基于审计监督权推进审计监督信息公开

在信息社会中,政府公共部门信息公开既是国家治理的制度化要求,同时也是审计监督的基础和内容。国家审计机关基于审计监督权促进政府信息公开,并且在人民主权和知情权的意义上规范审计结果公告行为,推进审计结果信息公开,进而通过审计监督信息公开维护人民群众的公共利益,最终实现信息民主化和法治化。

(一) 规范审计结果公告行为

审计结果公告作为审计监督制度的有机组成部分,是全社会对于审

---

① Hoos, F., Pruijssers, Jorien L., Lander, Michel W., "Who's Watching? Accountability in Different Audit Regimes and the Effects on Auditors' Professional Skepticism", *Journal of Business Ethics*, 2019, 156(2): 563-575.
② 赵鲁光:《公众参与治理背景下国家审计的职能定位与实现路径》,《现代审计与经济》2012年第1期。

计监督公开性和透明度的普遍期待。如前文所述,国际最高审计机构组织于 2009 年底通过的《ISSAI 20:透明度和问责原则》(ISSAI 20: Principles of Transparency and Accountability)和《ISSAI 21:透明度原则——良好实践》(ISSAI 21: Principles of Transparency—Good Practice)两项国际条例的目的就是要提出与透明度和问责制有关的原则和良好实践,以帮助最高审计机关提高公众和国家服务部门对其在社会中的职能和作用的认识。西班牙奥维耶多大学学者贝伦·冈萨雷斯—迪亚兹(Belén González-Díaz)、罗伯特·加西亚·费尔南德斯(Roberto García Fernández)、安东尼奥·洛佩兹—迪亚兹(Antonio López-Díaz)提出制定一项沟通战略(communication strategy),使最高审计机关(Supreme Audit Institutions, SAIs)能够提高其对目标群体的透明度和问责制。他们强调了这样一个事实,即这些组织的战略应该基于三个基本支柱(three fundamental props),即目标受众(target audience)、信息(message)和沟通渠道(channels of communication)。最高审计机关需要将其传播战略瞄准越来越广泛的受众,这些受众反过来将通过传统媒体和新媒体接收不同的信息。[1] 的确,审计结果公告作为行政型审计监督模式中的一种行政行为,其发挥职能作用的过程本身也需要规制和规范。审计结果公告作为国家治理中一种民主制度运行机制和民主政治文化,其行为的经济高效性不仅有赖于政府的认同与支持,也有赖于审计机关的依法独立审计、依规审计和高质量审计,更有赖于全体公民的监督。[2]

(二)在审计监督信息公开中成为人民利益的维护者

审计监督机关通过在党和国家监督体系中发挥公共经济权力与公共

---

[1] González-Díaz Belén, Fernández Roberto García, López-Díaz Antonio, "Communication as a Transparency and Accountability Strategy in Supreme Audit Institutions", *Administration & Society*, 2012: 1-27.

[2] 张立民、郑军:《国家审计、产权保护与人权改善——中国特色社会主义国家审计建设历程的回顾与思考》,《审计与经济研究》2009 年第 6 期。

经济责任履行情况监督的职能作用成为国家治理中人民利益的维护者。

首先,审计监督机关在审计全覆盖的总体要求下基于专业性、科学性和全面性的审计监督发布审计结果公告促进信息公开,实现公民知情权。爱沙尼亚塔林科技大学创新与治理学院林嘉·劳德拉(Ringa Raudla)、库利·塔罗(Külli Taro)、切林·阿古(Cherlin Agu)和詹姆斯·W.道格拉斯(James W. Douglas)等人在《绩效审计对公共部门组织的影响:爱沙尼亚的案例》(The Impact of Performance Audit on Public Sector Organizations: The Case of Estonia)一文中指出:"与委托代理理论相一致的是,如果审计报告受到更广泛的关注,特别是受到媒体和议会的关注,那么报告的公开性(the publicness of the report)以及议会系统中议会和行政机构之间的正式问责关系,就可以促进适应性行动(adaptive action)。"[1]实现对代理人的民主监督和公共问责。国家审计监督的关键在于信息公开,而政府公共信息管理的依据则在于公民依法享有的知情权。

其次,人民作为委托人不仅依法拥有对作为代理人的政府公共部门行使知晓公共权力履行公共责任情况的权利,而且有权在知情的基础上参与群众监督和舆论监督。国家审计就是通过对政府公共权力运行过程进行监督促进公共部门信息公开,进而在维护公众知情权的基础上实现公众的监督权。

最后,审计监督通过促进信息公开最终实现人民在知情的基础上进行民主监督,进而在民主监督的过程中参与公共问责。审计监督与审计问责实质上是要确保人民赋予的权力真正用来为人民谋利益,从这个意义上说,国家审计是建设廉洁政府、责任政府和服务型政府的重要保障。

---

[1] Raudla, R., Taro, Külli, Agu, C., et al., "The Impact of Performance Audit on Public Sector Organizations: The Case of Estonia", *Public Organization Review*, 2016, 16(2): 217-233.

(三) 通过审计监督实现信息民主化和法治化

信息民主(information democracy)是指在信息化社会中,个人在信息所有和使用等方面的权利。民主与法治意义上的信息民主化体现在掌握信息的个人受法律的保护,使个人掌握的信息在信息社会中依法具有专有权,他人不得强占。基于民主与法治意义上的信息权利不仅包括获知信息权和使用信息权,而且涉及参与信息权和免知信息权等。在信息时代的国家治理中,信息民主与信息法制始终是不可分割的两个方面。信息法制越是健全,信息民主也就越有保障,信息民主的职能作用也就越能在国家治理中得到确实有效的发挥。基于此,人们完全有理由期待国家治理中的审计监督制度能够在政府公共部门信息公开制度有效执行的基础上进一步促进信息公开化、信息民主化和信息法治化。美国学者、密歇根大学哲学教授卡尔·科恩(Carl Cohen)在其政治哲学著作《论民主》一书中指出:"民主的兴旺发达依仗其公开性——公众关心公共事务,即对一般群众公开。因此,我们想到民主时,总是把它视为基本上具有公开的性质,a respublica,一种共和政体。秘密是民主的敌人……为了保密就会要求更多的保密。"[1]的确,信息公开制度是国家治理过程中民主参与、民主监督和民主问责等民主制度建设与民主治理实践的制度基础。如果仅仅是为了一些具体管理环节中的操作性事务上的简单方便或者是因为害怕担责任,动辄以所谓"内部安全"为理由而拒绝信息公开,使广大公众无已知晓重大社会事务的原委、代价与可能的后果,则作为一种政治制度的民主就将受到威胁。[2] 基于法治化、民主化和责任性的审计监督制度执行可以反过来在国家治理中进一步推动政府公共部门信息公开,进而有效促进信息民主化和法治化的有机统一。例如,可以通过审计监督制度的

---

[1] [美]卡尔·科恩著:《论民主》,聂崇信、朱秀贤译,北京:商务印书馆,1988年,第163页。
[2] 何丽君:《政治文化的历史足迹:由专制向民主的嬗变》,《学术探索》2007年第6期。

有效执行实现公共财政预算信息的民主化与法治化,即在公共预算法治化的轨道上,基于公共预算权力运行的审计监督结果信息公开,保障公众对于公共预算进行民主监督和公共问责的权利,在这一过程中,公众可以充分享有公共预算管理相关事务的知情权、参与权和监督权,从而实现公众角色的实质性转变,即从过去的"象征性参与"到"真正的公众参与"的转变[1],形成公众参与、公众知情、公众监督和公共问责的"参与式预算"的民主氛围。

第三节 在公共问责中提升审计监督公信力

国家治理责任性意味着始终坚持审计监督的问责导向,即通过审计监督问责体系建设与优化,构建并且实施权力问责导向的审计监督模式,充分发挥审计监督在党和国家监督体系中的职能作用,加大国家审计问责力度,深入解决国家审计实践中的"屡审屡犯"问题,缩小和弥合审计监督责任性期望差距,不断提升审计监督公信力。

一、优化审计监督问责体系

国家治理责任性是基于法治化、民主化和公开化,并且通过问责制的实施而实现的。审计监督是党和国家监督体系的重要组成部分,必须明确审计监督的问责导向,加强审计监督与公共问责的有机统一,进而形成全方位的审计问责体系。只有这样,才能在国家治理体系中充分发挥审计监督的职能作用,回应党和国家以及全社会的普遍期待,不断提升审计监督的制度执行力和治理效能。

---

[1] 赵鲁光:《基于公众参与治理视角的国家审计》,《审计月刊》2012年第1期。

(一) 明确审计监督的问责导向

问责是审计监督存在的理由,是受托公共管理责任得以切实履行的最终保障,也是政府信任和公信力的增进机制。只有通过规范化、制度化的问责手段和问责工具,才能有效促进公共管理者对于公共支出和行为结果负起受托公共责任,维护并不断提升公共部门组织的公众信任(public trust)。英国诺丁汉特伦特大学商学院艾伦·洛维尔(Alan Lovell)在《问责与国家审计的英国视角》(Notions of Accountability and State Audit: A UK Perspective)一文中认为:"虽然审计可能被视为通过监督增加对他人行为的信心以及可能的信任的一种方式,但就其本质而言,监督破坏了信任。然而,无论是涉及环境、安全、社会等方面的问题,还是财务问题,审计都越来越成为评估责任的主要机制。"[1]国家治理体系中的审计监督只有进一步明确问责的导向,聚焦经济社会发展中的重要领域和关键环节,不断拓展审计监督发挥职能作用的广度和深度,真正做到"应审尽审、凡审必严、严肃问责",才能全面提高审计监督在国家治理中的制度执行力和治理效能。

(二) 加强审计监督与公共问责的统一

审计监督制度作为党和国家监督体系的有机组成部分,其监督工作绝不只是"查病"的体检功能,不能仅仅"就账查账"或者只算经济账,还要发挥好"治病"的处置功能和"防病"的预警功能。就审计监督的"治病"功能而言,它是指向公共问责和问题整改的。虽然挪威卑尔根大学克里斯汀·赖希伯恩-基耶纳鲁德(Kristin Reichborn-Kjennerud)在调查中发现,大多数被审计对象认为绩效审计很有用,并认为国家审计机关有助于

---

[1] Lovell, A., "Notions of Accountability and State Audit: A UK Perspective", *Financial Accountability & Management*, 2010, 12(4): 261-280.

问责制的实施和改进,但是,用于审计问责目的的审计报告往往用处不大。① 这从一个方面说明了在审计监督与审计问责之间还有一个"失去的链接"(missing link),因此,需要从权力监督体系权威性、整体性和协同性目标出发,在两者之间架起一座统筹衔接、有机贯通的无缝桥梁。巴西财政部前部长路易斯·卡洛斯·布雷塞尔·佩雷拉(Luiz Carlos Bresser-Pereira)认为:"管理型公共行政是作为官僚制公共行政的高级阶段被引入国家治理体系之中的,其目标是在国家组织中实现更高的效率和责任感。因此,除了重视经典式的政治问责(political accountability)如程序规则(procedural rules)、审计(auditing)和议会审查(parliamentary review)之外,政府公共管理改革还提出了三种形式的管理问责,即合同成果控制(control by contracted outcomes)、有管理的竞争(by managed competition)以及社会问责(social accountability)。"② 的确,审计监督、绩效管理和公共问责应该是一个健全的监督体系中的有机组成部分,只有在国家治理中依法基于权威的力量并且协同发挥职能作用,才能在不断提升制度执行力的基础上实现治理效能。在我国,审计监督工作是由党和国家集中统一领导的。依据《中华人民共和国宪法》规定,审计署隶属于国务院管理,而在地方各级政府中设置的审计机构则实行上级审计机关和本级人民政府的双重领导体制。按照宪法的规定,审计长是国务院的成员。审计署作为最高审计机关,负责统一领导全国的审计监督工作。这样由国家统一集中领导,有民主基础、有法律保障、有严密组织的审计体系,乃是中国式社会主义审计的一个显著特色。③ 中共十九大之后,通

---

① Reichborn-Kjennerud, Kristin, "Political Accountability and Performance Audit: The Case of the Auditor General in Norway", *Public Administration*, 2013, 91(3): 680-695.

② Bresser-Pereira, Luiz Carlos, *Democracy and Public Management Reform: Building the Republican State*, New York: Oxford University Press, 2004: 180.

③ 李宝震:《中国审计的特色和社会主义审计的原则》,《现代财经——天津财经学院学报》1984年第4期。

过机构改革,进一步优化审计署职责,之后又组建中央审计委员会。改革审计管理体制的目标是保障国家审计机关依法独立行使审计监督权。同时,改革还致力于整合审计监督力量,优化审计资源配置,做到"应审尽审、凡审必严、严肃问责",坚持"重点工作推进到哪里、审计监督就跟进到哪里"的审计监督原则。在审计监督过程中,重点聚焦招商引资、征地搬迁、脱贫攻坚、生态环保等重要领域和关键环节。在应急管理中强化审计监督,2020年新冠肺炎疫情防控工作中大量财政资金和捐赠款物审计就是一项应急性的审计监督工作重点,需要及时把疫情防控相关政策、财政资金审计以及救灾捐助资金和物资的审计嵌入正在实施的审计项目中,持续开展跟踪审计,严格监督,严肃问责,坚决杜绝重大应急公共事件管理领域中出现的腐败问题。

(三) 形成全方位的审计问责体系

从本质上说,国家治理体系就是规范政府公共权力运行以公平、公正、公开地提供公共服务,达成公共目标和维护公共利益的一系列制度和程序。所谓规范政府公共权力,就是要优化配置公共权力的构成体系,约束公共权力的运行过程,同时还要问责公共权力运行的过程和结果。问责制所体现的是所谓"责任政府"(responsible government)的基本原则,是政府权力与责任对等的一种政治制度安排,其目的是为了防止公共权力的滥用。英国公共管理学者克里斯托弗·波利特(Christopher Pollitt)和希尔卡·苏马(Hilkka Summa)在《自反性看门狗:最高审计机关如何对自身的账户负责》一文中指出:"最高审计机关如英国国家审计署(UK National Audit Office)和法国审计法院(French Cour des Comptes)在民主国家的体制机制中发挥着重要作用。它们被赋予高度的独立性,首先是为了确保能够对公共开支的廉正性(probity)和合法性(legality)进行公共问责(public accountability),其次是为了确保能够对经济性、效率性和效益性方面进行问责。此外,还不能忽视了关于最高审计机关如何追究自己责任的问题。"[1]国家治理的完善,需要构建与国家治理相匹配的审计问责机制。[2] 当然,在构建全方位的审计问责体系时,既要考虑依法赋予的审计监督权的权力边界,防止审计问责权力的滥用,同时也要考虑可审计性和可问责性问题,以免出现"审无力",导致削弱国家审计的威慑力和公信力。

二、增强审计监督的问责效能

审计问责作为国家治理的重要工具,只有回归审计监督的民主本质,不断拓宽审计监督的民主问责渠道,才能充分发挥审计监督的职能作用,特别是问责功能和制度执行力。同时,政府公共部门必须接受来自内部和外部的审计监督和民主问责,才能保证受托公共责任的全面认真履行,促进政府信任。

(一)回归审计监督的民主本质

审计监督作为国家治理的重要制度安排和重要治理工具,有利于推进绩效型、责任型政府和服务型政府的建设,其基础是国家治理的法治化、民主化和责任性逻辑。因此,在国家治理中,必须通过依法独立实施的审计监督和审计问责,通过审计结果公告实现审计监督信息公开,助力群众监督、舆论监督以及各类监督的协同性,促进责任政治和责任政府建设。美国南密西西比大学爱德华·M. 惠特(Edward M. Wheat)教授认为:"政府审计人员在当今公共管理中的角色更加积极主动和独立,通常愿意超越明确的授权,启动审计,并发布关于财务趋势的特别报告。遵循'公认的政府审计标准'的激进审计人员将公众视为他们的'最终客户'

---

[1] Pollitt, Christopher, Summa, Hilkka, "Reflexive Watchdogs? How Supreme Audit Institutions Account for Themselves", *Public Administration*, 1997, 75(2): 313–336.

[2] 雷俊生:《试论国家治理视角下的审计问责边界》,《天津财经大学学报》2012年第8期。

(ultimate client)。"①在中国特色社会主义审计制度中,审计监督工作与发展社会主义民主政治是有机统一的,并且与推进政治体制改革、落实依法治国方略、建设服务型政府、保障公民合法权益有机结合②,共同促进中国特色社会主义民主政治的健康发展。通过审计监督对公共权力实行有效制约,使公共权力始终在阳光下公开化运行,则是促进社会主义民主政治发展与完善的现实要求。③ 因此,只有充分发挥审计监督职能作用,回归审计监督的民主控权本质,对公共权力与责任进行有效监督和制约,实施民主化的公共问责,才能防止公共权力异化。在审计监督活动过程中,审计人员担负着公共权力监督这一重要的政治使命,审计机构的政治影响力亦是通过审计人员对公共权力行使者履行受托公共责任实际情况的监督活动而具体体现的。这就要求审计监督人员除了必须具备专门的审计专业技能外,还需要特殊的政治素质,如此才能保证审计活动成为正义的审计活动。④ 离开了审计监督的民主政治逻辑和民主问责本质,就无法有效发挥审计监督的问责功能。

(二) 拓宽审计监督的民主问责渠道

国家治理法治化、民主化和责任性的内在要求是基于法治化的依法独立审计,不断拓宽审计监督的民主问责渠道,在通过审计监督厘清受托公共责任的基础上实施公共问责最终实现良政善治的目标。德国波鸿鲁尔大学(Ruhr-Universität Bochum,RUB)汉尼斯·斯特赖姆(Hannes Streim)在《法律政治制度与最高审计机构中的代理问题》(Agency Problems in the Legal Political System and Supreme Auditing

---

① Wheat,Edward M.,"The Activist Auditor: A New Player in State and Local Politics",*Public Administration Review*,1991,51(5):385.
② 王平波:《论科学发展中国特色审计》,《审计研究》2008年第2期。
③ 蔡春、朱荣、蔡利:《国家审计服务国家治理的理论分析与实现路径探讨——基于受托经济责任观的视角》,《审计研究》2012年第1期。
④ 赵欢春、曹小春:《政治审计学论纲》,《学海》2015年第5期。

Institutions)一文中通过分析表明,法律政治体制中存在代理问题。因此,必须由最高审计机关提供审计监督服务。在激励审计人员进行高质量审计方面存在相当大的问题,迫切需要开发有效的绩效审计技术。然而,即使这些问题能够得到很好的解决,一个重要的问题仍然存在:如何确保政客们真正使用审计结果。① 实际上,就审计监督的民主本质而言,审计监督的问责效能根本要靠群众监督和民主问责。

国家审计监督制度作为民主与法治的产物,也随着民主意识与民主权力的不断提高而发展。同时,社会公众保护公众利益和正当权利的诉求、参政议政意识的觉醒及对政府提高治理绩效的期望都引起了国家审计外部环境的变化,与此同时国家审计机关也需要适应外部环境变化,切实推行多维度的绩效审计②,并且不断拓宽公众参与审计监督的民主化渠道,在民主参与的基础上强化民主治理中的公共问责。因此,现代国家审计必须走出国家审计只向国家负责的认识误区,始终坚持向人民负责的最高原则③,通过人民的民主参与拓展审计监督的公共问责渠道。

国家审计问责制度作为一种以国家审计监督为基础而建立起来的规则化的问责工作体系,它涵盖了审计机关的直接问责与其他机构借助审计结论所进行的间接问责。④ 审计问责是人民作为委托人向作为代理人的政府进行民主问责的一种方式,实际上是通过审计监督向使用国家财政资金或者说纳税人金钱的政府及其下属机构所进行的问责。因此,对于政府公共部门权力运行过程中存在的问题,必须通过审计之后的问责,才能找到解决问题的良方。只有完善审计问责制度,才能使审计监督在

---

① Streim, H., "Agency Problems in the Legal Political System and Supreme Auditing Institutions", *European Journal of Law and Economics*, 1994, 1(3): 177-191.
② 张立民、郑军:《国家审计、产权保护与人权改善——中国特色社会主义国家审计建设历程的回顾与思考》,《审计与经济研究》2009年第6期。
③ 李季泽:《论国家审计之界定》,《中国社会科学院研究生院学报》2002年第3期。
④ 冯均科:《国家审计问责制度目标设定探微》,《财会月刊》2008年第11期。

对权力的制约和监督中发挥巨大的作用。其中,责任政府以及官员问责制度的确立也是不可或缺的重要因素。① 在国家治理体系中,审计问责制实际上是针对政府审计结果中涉及的个人或组织使用资产流向、使用效率和使用效果的一种责任追究体系。② 审计问责的临时性、工具性、人治色彩等也导致审计问责中的权责不分、同体问责与异体问责失调、责任追究落实不到位、被问责人的合法权益难以得到有效保障,进而导致审计威慑不足,屡审屡犯,与国家治理的需要相距甚远。③ 公众参与是社会主义国家治理的一项重要内容。

(三)更好地发挥审计监督的问责效能

国家治理体系中的审计监督能否弥合责任性期望差距,关键在于其是否有效发挥职能作用,实现审计问责的制度实效性,把民主治理的制度优势转化为治理效能。

首先,充分发挥审计监督的问责效能需要有民主政治体制保障。在民主政治体制下,审计问责也需要敏锐的政治判断力。加拿大西安大略大学毅伟商学院(Ivey Business School)沃恩·S. 拉德克利夫(Vaughan S. Radcliffe)在《"特别"政府审计中的竞争理性》(Competing Rationalities in "Special" Governments Audits)一文中审查了各国政府利用"特别"调查审计作为问责机制的情况。这种审计是根据政治家的要求进行的,而且经常发生在政治危机中。审计人员及其做法使政治事件能够得到处理,就好像它们基本上是管理问题一样。④ 实际上,审计监督不能仅仅基于工具理性,还需要坚持明确的政治方向。

---

① 宋槿篱:《完善我国审计监督的法律思考》,《法治论坛》2009年第1期。
② 汤小莉:《国家审计问责制度解析——基于审计问责要素视角》,《审计与经济研究》2010年第5期。
③ 雷俊生、马志娟:《国家治理视角下的审计问责》,《会计之友》2012年第5期。
④ Radcliffe, Vaughan S., "Competing Rationalities in 'Special' Governments Audits", *Critical Perspectives on Accounting*, 1997, 8(4): 343-366.

其次,在民主政治体制下更好地发挥审计监督的问责效能也要有民主协商的空间和能力。日本成蹊大学教授深谷昌弘(ふかや まさひろ)在《"公共价值"与财政民主主义》一文中指出:"对于民主主义政治体制来说,公共价值的形成有赖于审计机关职能的实现。审计机关所承担的职能已经不再是传统的管理和控制,而是市民参与的合意形成过程中的自由讨论和交往空间中的成员和参与者。"[1]可以说,民主体制下的民主参与和公共问责实效性始终都离不开多元共治主体的民主行动能力。

最后,充分发挥审计监督的问责效能根本上要依靠公众参与。吉尔吉斯斯坦学者、美国蒙特瑞国际研究学院(Monterey Institute of International Studies)研究人员马哈巴德·拜米扎伊娃(Mahabat Baimyrzaeva)和土耳其会计法庭(Turkish Court of Accounts)研究学者 H. 奥马尔·科塞(H. Ömer Köse)在其合著的《最高审计机构在促进公民参与治理中的作用》一文中指出:"最高审计机关是负责审计公共资金使用情况的重要政府机构,传统上被视为其他政府组织服务的独立的技术官僚实体,与公民和更广泛的治理问题毫无关系。这一形象在世界各地正在发生逐步的变化,因为各国政府的角色已经发生了更广泛的变化……公众对治理的参与也在不断增加。"[2]公众参与国家审计进而对公共经济权力的运行进行监督和制约的实质就是形成"权利制约权力"和"权力制约权力"双重制约公共经济权力的合力机制。公众通过行使信息知情权、民主参与权、言论自由权以及对公共经济权力的滥用等进行举报、检举和告发的权利,同时借助国家审计监督发挥其功能,双重确保人民能够制约公共经济权力的运行,

---

[1] [日]深谷昌弘:《"公共価值"と財政民主主義》,《会計検査研究》5 号【巻頭言】,1992,3.
[2] Köse, H. Ö., Baimyrzaeva, M., "The Role of Supreme Audit Institutions in Improving Citizen Participation in Governance", *International Public Management Review*,2014,15(2):77-90.

进而促进公共经济权力代理人全面履行公共受托经济责任。[①] 在我国党和国家监督体系中,党内监督和群众监督是权力监督体系和公共问责体系中的根本力量。将公众参与引入国家治理中的审计监督制度执行过程之中有利于提升审计监督的问责效能,增强国家治理的效率性、效益性和责任性。

三、提升审计监督公信力

国家治理的责任性意味着其重要使命是通过公共问责营造良善的公共生活,实现国家的良政善治。良善的公共生活既要得到社会信任和政治信任的润滑,也需要通过民主控权的意义上的政治不信任与理性怀疑的促动。在现代社会中,国家治理中的审计监督是通过公共问责维系和增进政治信任的管理工具。审计监督是在委托代理关系中的合理不信任基础上实现政府信任的制度化路径和手段。审计监督要在信任与问责两者之间构建必要的容错纠错机制,从而在有利于强化公共问责的基础上不断提升审计监督制度的公信力。

(一) 审计监督是通过公共问责维系和增进政治信任的管理工具

众所周知,信任是人类社会中一切合作关系形成的基础。国家治理强调具有不同价值取向和利益诉求的行动者能够实行多元共治,因此,必然离不开多元治理主体之间在经济、政治和社会活动中的信任与合作。经济史学家弗雷斯特·亨特·卡皮(Forrest Hunter Capie)认为:"货币和金融中介是经济增长的重要因素。这两者的有效工作在很大程度上都依赖于信任。在20世纪下半叶,信任被侵蚀甚至破裂,规则取代了它。福利成本增加,经济增长受到损害。"[②]信任不只是经济活动中所必需的,在

[①] 姜迎雪:《国家审计制约公共经济权力的功能和实现路径初探——基于公众参与治理的视角》,《审计月刊》2016年第4期。

[②] Capie, Forrest H., "Trust, Financial Regulation, and Growth", *Australian Economic History Review*, 2015, 56(1): 5–21.

社会生活和政治活动中同样如此。而建立在审计监督基础上的公共问责则是信任的建构机制和增进机制。英国林肯郡和亨伯赛德大学劳尔·埃斯佩乔(Raúl Espejo)在《作为信任创建过程的审计》(Auditing as a Trust Creation Process)一文中认为:"与传统审计专注于发现不当行为相反,新绩效审计的重点在于提高绩效。绩效审计的主要目的是建立对组织的信任。"[1]现代国家治理中的公共生活并不是怀疑和批判的盐碱地,特别是在民主政治领域中,基于合作性治理之建设性目标的理性怀疑和合理不信任更是非常必要的[2],是在民主政治体制中构建民主控权机制和公共问责机制的基本逻辑。因此可以说,基于民主控权逻辑的审计监督本质上就是一种民主治理、民主政治和民主管理的工具,也是一种通过公共问责制促进政治信任的治理机制。国家治理体系中审计监督的目标不只是通过发挥"经济卫士"职能作用保障经济社会的健康运行,还要在国家治理和政府过程中发挥"啄木鸟"的功能作用,及时发现隐藏在国家机体深处的各种害虫(pests),确保国家机体中的各个职能机构得以健康运行和发展,可以说,国家治理体系中的审计监督是通过公共问责维系和增进政治信任的管理工具。

(二) 从委托代理关系中的不信任到基于审计监督的政府信任

国家审计是基于委托人对于代理人的合理怀疑而实施的审计监督,其发挥作用的一个前提是委托—代理关系下公众对政府公共权力行使者的理性怀疑和合理不信任。如果说信任是建设民主政治的基础,那么问责是审计监督存在的理由。美国麻省理工学院斯隆商学院罗斯·L. 瓦茨(Ross L. Watts)和罗切斯特大学商学院杰罗尔德·L. 齐默尔曼(Jerold

---

[1] Espejo, Raúl, "Auditing as a Trust Creation Process", *Systemic Practice & Action Research*, 2001, 14(2): 215-236.

[2] 上官酒瑞、程竹汝:《政治信任"悖论"的有效展开与现实意义》,《探索与争鸣》2012年第12期。

L. Zimmerman)认为:"审计是一种自发的、可以降低代理成本的制度安排。只有预计审计师会报告一些发现的违约行为(breaches of contract),审计才能成功地改变预期,从而降低管理者承担的机会主义行为成本(代理成本)。"[1]正因为如此,审计作为一种降低代理成本的信任工具绝不只是存在于市场部门私人组织中,而是广泛应用于政府公共部门组织之中,包括各种形式的政治组织和社会组织之中。德国科隆马克斯-普朗克社会研究所基多·莫勒林(Guido Möllering)在《信任:原因、常规、自反性》(*Trust: Reason, Routine, Reflexivity*)一书中使用"选择信任"(leap of faith)和"跳入未知"(to jump into the unknown)这两个隐喻来描述信任的本质,并以如下方式定义信任:信任是建立在理性、例行公事和反身性基础上的持续过程,中止了不可还原的社会脆弱性和不确定性,就好像它们得到了解决一样,从而保持了对或多或少具体他人的行为和意图的良好预期状态。[2] 如果说信任是国家审计和国家善治之间相互联系的中介,那么在国家审计与信任之间的关键机制是公共问责,即通过提升审计监督制度的执行力而实现的审计问责效能。同时,国家治理中审计监督发挥职能作用的一个前提是委托—代理关系下公众对政府的理性怀疑和合理不信任,并通过预测、评价、控制和意愿四种机制发挥信任功能和建立信任文化,提升政府执政能力、反腐倡廉和政府与公众之间的互动合作,使得国家治理中的审计监督在实现国家良政善治的进程中处于基础性和保障性的地位。[3] 在委托代理关系中,审计监督制度通过发挥审计信息搜集、审计信息鉴证和审计结果信息公开等职能作用,促进信息公开化,消除

---

[1] Watts, Ross L., Zimmerman, Jerold L., "Agency Problems, Auditing, and the Theory of the Firm: Some Evidence", *The Journal of Law and Economics*, 1983, 26(3): 613-633.

[2] Möllering, G., *Trust: Reason, Routine, Reflexivity*, Amsterdam: Elsevier, 2006: 111.

[3] 陈汉文:《审计理论》,北京:机械工业出版社,2009年。转引自崔雯雯:《国家审计、信任和善治》,《天津商业大学学报》2017年第4期。

信息不对称,增加信息可信性,不断提升国家治理中的政府信任水平。

(三) 在审计监督与审计问责之间构建容错纠错机制

审计监督是对基于信任而形成的受托责任的监督。信任也是在多元社会条件下一切民主政治中之所以能够通过交往、讨论和妥协达成共识的基础。同时,审计监督是基于理性怀疑和公众不信任的正功能而形成的民主治理中对于权力运行过程进行监督的合理逻辑。瑞典厄勒布鲁大学(Örebro University)社会学教授马格努斯·博斯特罗姆(Magnus Boström)在《在监督和信任之间:对扩展上游责任的承诺》(Between Monitoring and Trust: Commitment to Extended Upstream Responsibility)一文中指出:"根据目前可持续发展(sustainability)和企业社会责任(Corporate Social Responsibility, CSR)的趋势,各组织被迫承担更广泛的责任。然而,承担这一责任需要认真的和富有挑战性的努力,因为它似乎涉及范围更广的问题。"[1]换句话说,有限的信任是针对有限责任的。因而,在监督与信任之间的问责也是针对其有限责任的。在我国的国家治理进程中,如何促进被审计单位合作是国家审计需要解决的重要问题。[2]国家审计中的程序公正、结果公正和互动公正能够增强国家审计中被审计单位的合作行为。在此基础上,还要进一步探索构建国家治理中审计监督的容错纠错机制建构的可行路径,将容错纠错机制纳入原有的审计监督与问责环节。[3]

在国家治理的廉政体系建设中,审计监督具有提升政治信任的功能,是一种信任增进机制,通过提升公众的政治信任实现良政善治。如果说

---

[1] Boström, Magnus, "Between Monitoring and Trust: Commitment to Extended Upstream Responsibility", *Journal of Business Ethics*, 2015, 131(1): 239-255.

[2] 马轶群、陈希晖:《国家审计权威信任与公正感研究》,《中国行政管理》2012年第6期。

[3] 马轶群、王文仙:《国家审计容错纠错机制的构建——理论基础、现实问题与可行路径》,《中南财经政法大学学报》2018年第2期。

信任是建设民主政治的基础,那么问责是审计监督存在的理由。国家廉政体系中的审计监督通过风险预防、绩效评价、权力控制和信息公开等机制发挥反腐利剑作用,实现信任增进功能,进而弘扬廉政文化并且涵育信任文化。需要强调的是,审计监督可以增进信任,但是信任不能代替监督,更不能削弱作为民主治理基石之一的问责制。随着中国特色社会主义民主意识的不断增强,国家廉政体系中公共问责的范围也越来越大、内容也越来越丰富、项目也越来越具体,而大数据、云计算以及移动互联网的发展,也为审计监督提供了新的技术和方法,可以有效提高审计监督发挥反腐利剑作用的范围、精度和力度。这不仅使得审计监督在权力与责任之间找到了准确鉴证的工具,而且也使其能够在信任与问责之间精准识别出容错纠错的空间,从而可以结合公共问责和容错纠错不断夯实审计监督在国家廉政体系中的信任增进机制。

第七章　更好地发挥中国特色审计监督的治理效能

国家治理体系中的审计监督作为党和国家监督体系的有机组成部分,是深深植根于中国文化历史传统与社会政治现实的权力监督制度安排和制度设计的,其独特的政治逻辑在于其政治权力基础、政治体制优势和民主政治动因。体现党和国家监督体系权威性、协同性和有效性的中国特色审计监督制度是中国特色社会主义政治制度的本质要求。新时代中国特色审计监督要在党的领导依法独立审计,在法治化、民主化和全覆盖的基础上充分发挥职能作用,更好地发挥中国特色审计监督的治理效能。

一、审计监督的法治化

国家治理体系中审计监督的法治化意味着在党的领导下坚持依法独立审计,彰显审计监督的合法性。同时,要规范审计监督行为过程,保障审计监督行为的程序合法性。此外,还要坚持审计监督结果处理合法原则,不断提升审计监督的公信力。

(一)坚持依法独立审计,彰显审计监督行为合法性

在国家治理体系中,国家审计的法治化的核心是依法独立审计,而依法独立审计的前提是审计法治建设和审计监督制度建设,做到"有法可依、有法必依、执法必严、违法必究"。具体说来,要在建立健全审计法律

第七章　更好地发挥中国特色审计监督的治理效能

规范体系的基础上为审计监督工作提供法律依据、法律保障和法律指导,在审计监督过程、审计监督程序、审计监督结果处理等各方面各环节中都依法行使审计监督权,并且基于审计监督结果依法实施公共问责,使审计监督中发现的问题能够得到解决和改善,真正提高审计监督的权威性、协同性和有效性。因此,新时代中国特色审计监督要在党的领导下,坚持依法独立审计,在绩效审计基础上促进责任政府建设,进而在彰显国家治理法治化、民主化和责任性的过程中实现治理效能。瑞典斯德哥尔摩大学商学院安德尔斯·格隆伦德(Anders Grönlund)、弗雷德里克·斯瓦尔登(Fredrik Svärdsten)和中瑞典大学经济关系研究中心彼得·奥赫曼(Peter Öhman)认为:"绩效审计常常被认为是效益审计(value for money audit)的同义词,效益审计的传统要素是经济性、效率性和效益性,通常被称为"三个E"。

然而,随着时间的推移,其覆盖范围也趋向于扩展,包括了问责制(accountability)或合规性(compliance),对组织遵守法律、规则和政策情况的检查,评估那些责任人如何满足这些要求。"[①]依法独立审计监督基础上的公共问责制就是要判定不同层级的受托责任人在多大程度上实现了相关目标,并满足了他们完全负有责任的其他要求。根据英国公共管理学者克里斯托弗·波利特(Christopher Pollitt)、法国审计法院(Cours des Comptes)顾问泽维尔·吉雷(Xavier Girre)、英国国家审计署杰瑞米·朗斯代尔(Jeremy Lonsdale)、荷兰皇家特许会计师协会公共信托主任罗伯特·穆尔(Robert Mul)、芬兰环境部希尔卡·苏马(Hilkka Summa)和德勤挪威公司的玛里特·斯塔德勒·沃尔尼斯(Marit Stadler Waerness)在《绩效还是合规？五国绩效审计与公共管理》(*Performance or Compliance?*

[①] Grönlund, A., Svärdsten, F., Öhman, Peter, "Value for Money and the Rule of Law: The (new) Performance Audit in Sweden", *International Journal of Public Sector Management*, 2011, 24(2): 107-121.

Performance Audit and Public Management in Five Countries)一书中的说法:"在审查一个公共组织而不是几个公共组织时,更容易侧重于法治。"[①]所以,国家治理中基于多元共治的审计监督的法治化进程更加需要依靠政治体制的保障,同时需要借力于权力监督体系的协同性,进而在充分发挥审计监督职能作用的基础上实现国家治理责任性。

审计独立性作为审计监督制度的灵魂,也是审计监督赖以存在与发展的基石,其组织机关、财政预算以及行使职权过程等方面的独立性,都需要依法予以保证。[②] 在实践中,需要不断完善审计领导体制和管理体制,从而在体制上保障审计机关依法独立行使审计监督职权。《审计法》所规定的独立性的审计监督权,既是审计监督能否发挥作用的关键,也是国家治理法治化和民主化的要求。[③] 在建设中国特色社会主义法治国家进程中,审计监督的法治化就是要在党的领导下充分保障审计机关依法独立行使审计监督权,从而更好地发挥审计监督的职能作用。

(二) 规范审计监督行为过程,保障审计监督行为的程序合法性

规范审计监督行为过程就是指国家审计机关及其审计人员的审计监督行为过程要符合相关法律的规定,这不仅包括审计监督的方式方法,也涉及审计监督的步骤顺序和时间要求以及其他相关的程序性规定。

首先,审计监督行为过程中所涉及的审计监督方法是国家审计机关及其审计人员在审计监督活动过程中所运用的各种监督手段、监督技术和监督方法的总称。审计监督方法是审计人员在长期的审计监督工作实践中总结创立的,并且是在社会经济发展和科学技术进步的基础上不断

[①] Pollitt, C., Girre, X., Lonsdale, J., Mul, R., Summa, H., Waerness, Marit S., *Performance or Compliance? Performance Audit and Public Management in Five Countries*, Oxford: Oxford University Press, 1999.

[②] 胡智强:《论我国国家审计权的配置》,《安徽大学法律评论》2009 年第 1 辑,第 56—62 页。

[③] 吕培俭:《关于我国审计制度特色的一些思考》,《审计研究》2001 年第 6 期。

地发展和创新的。但是,无论是常规的审计监督方法还是创新的审计监督方式方法,都必须是合法的,并且也是要得到合法应用的。

其次,审计监督行为过程中涉及的程序性要求包括审计计划程序、现场审计前准备程序、现场审计的实施程序、对内对外审计报告程序、审计结果处理处罚程序、听证程序、复议程序等。[①] 国家治理中审计监督行为必须符合程序法相关规定,任何程序上的错误或失误都可能导致整个审计监督行为过程的失败,甚至是彻底改变审计监督行为本身的性质。

最后,在审计监督过程中要对审计监督行为的程序性规范的具体执行情况进行经常性的监督检查。这不仅是为了维护被审计单位的合法权益,也是在规范审计监督人员合法正当行为的基础上保护审计监督人员合法权利。

(三) 坚持审计监督结果处理合法原则,提升审计监督公信力

在审计监督结果完成之后需要提交审计报告,提出审计意见书或者审计决定书,其方式、内容、格式都必须依据相应的审计法律、审计部门规章和审计准则明确规定的,坚持审计监督结果处理合法原则是为了消除审计结果处理过程中的随意性,提升审计监督的公信力。

在依法独立审计的基本原则中,除要求国家审计机关要依据法律法规的明确规定行使审计监督职权外,还要根据法律制定者和执行者的有限理性、法律和事实之间的张力,法律本身的不确定性等法律"空缺结构"问题,规定了审计机关享有一定的执法裁量权[②],保有一定的自由裁量空间。在国家治理的审计监督过程中,只有始终坚持依法独立审计原则和求真务实精神的科学统一,贯彻审计监督结果处理合法原则,才能充分彰显中国特色社会主义审计监督制度的"法理精神"。

---

① 石爱中:《现行体制下国家审计法治谠论》,《审计研究》2004年第1期。
② 解军红、高玉华:《中国特色审计制度的基本特征》(上),《中国审计报》2009年2月18日第005版。

当然，审计监督自由裁量权的行使必须在法律允许范围内，否则会造成不良后果。审计自由裁量的基本原则是不能违背审计监督结果处理平等原则，即对不同被审计单位的相同审计监督结果，必须采用相同的方式，依据相同的法律，运用相同的审计自由裁量标准来进行处理处罚。审计自由裁量权的行使过程中出现任何处理处罚的恣意行为都会动摇国家审计法治的根基，破坏法律的公正性[①]，其结果必然扩大审计监督期望差距，损害审计监督公信力。

二、审计监督的民主化

国家治理体系中审计监督民主化意味着国家审计要在党和国家监督体系中回归审计监督的民主本质，不断拓宽审计监督的民主问责渠道，才能充分发挥审计监督的职能作用，特别是问责功能和制度执行力。同时，政府公共部门必须自觉接受来自内部和外部的审计监督和民主问责，才能保证受托公共责任的全面认真履行，促进政府信任和审计监督公信力。基于委托代理理论的视角来看，人民群众才是国家治理民主化意义上的审计监督的终极监督主体。因此，审计监督应该始终坚持以人民为中心的原则，在党的领导下依靠人民群众监督以及其他监督制度的协同治理，服务于人民群众的根本利益。国家治理中的审计监督要实现人民群众的民主参与和民主问责权利，就必须坚持向人民负责的最高原则，更好地发挥审计监督的治理效能。

（一）国家治理民主化意味着审计监督是对公共权力的民主监督

在现代民主国家，审计监督作为宪法架构中基于委托代理关系对受托公共责任进行监督的一种制度设计，被视为评价政府履职经济性、效率性和效益性的一种制度安排，可以说，审计监督在国家治理体系中有其不可替代的地位、作用和功能，其核心职能是对政府公共部门的公共管理行

---

① 石爱中：《现行体制下国家审计法治谠论》，《审计研究》2004年第1期。

为进行的监督和制约。① 党和国家监督体系中的审计监督作为权力监督和权力制约的一项制度安排和制度设计,其独特的政治逻辑在于其政治权力基础、政治体制优势和民主政治动因。国家治理中的依法独立审计是民主政治发展的根本要求,其制度化建设、改革和发展的深层次动因与其说是经济的,不如说是政治的,其最真实的动因是政治民主化进程的推动。现代国家治理中的审计监督制度作为民主与法治的产物,更是国家治理民主化与法治化的制度化工具,其所发挥的职能说到底就是依法对公共权力及其受托公共责任履行情况实施的民主监督。同时,也只有在法治化和民主化的制度框架内才能真正有效发挥审计监督的职能作用。

(二) 公众是委托代理意义上审计监督的终极主体

国家治理中的审计监督是基于委托人对于代理人的合理怀疑而实施的审计监督,其发挥作用的一个前提是委托—代理关系下公众对政府公共权力行使者的理性怀疑和合理不信任。审计监督作为一种对受托经济责任的"检查与证明",其工作重心就是要监督政府公共部门作为代理人的责任履行情况,从而维护好人民群众的根本利益,同时,以财政审计为基点并不断扩展审计领域、维护法治建设和发挥权力制约功能。② 从这个意义上说,基于人民主权之上的审计监督是在委托代理关系中依法独立行使经济监督权,预防、制约和监督权力腐败行为,实现社会对于公平(fairness)与正义(justice)的期望。无论是在市场私人部门中还是在政府公共部门中,审计监督在委托代理关系中依法行使监督权发挥监督功能作用的独立性都被寄予了很高的期望值。只有充分发挥审计监督职能作用,回归审计监督的民主控权本质,对公共权力与责任进行有效监督和制

---

① 王世涛:《论宪法视域下审计体制的变革——检察机关行使审计职权的可能路径》,《法治研究》2015 年第 4 期。

② 杨肃昌、李敬道:《从政治学视角论国家审计是国家治理中的"免疫系统"》,《审计研究》2011 年第 6 期。

约,实施民主化的公共问责,才能防止公共权力异化。在审计监督过程中,审计人员担负着重要的政治使命,审计机构的政治影响力亦是通过审计人员的活动体现的。这要求审计人员除了需要专门的专业技能外,还需要特殊的政治素质。[①] 离开了审计监督的民主政治逻辑和民主问责本质,就无法有效发挥审计监督的问责功能,无法实现审计评价的目标。[②] 从委托—代理理论的视角来看,审计监督是人民主权和人民民主的实现方式和路径之一。民主就是要实现对于权力的控制、制约和监督。

（三）审计监督应始终坚持以人民为中心

国家治理中的审计监督在依法独立审计并且坚持独立性原则时,也具有明确的目的性和价值取向。英国审计学家迈克尔·K.鲍尔指出:"审计可能是一系列测试验证和收集证据的任务,但它也是一种价值和目标的系统,这些价值和目标被纳入需要它的官方计划之中。从这个角度看,审计总是有目的性的。"[③]这意味着审计具有明确的价值取向和目的性。澳大利亚国立大学理查德·格兰特·马尔根认为:"公共服务'政治化'的概念应在与专业公共服务相关的价值观范围内加以理解。在两个一般领域都援引了政治化:① 关于任命和解雇公务员的方法;② 涉及公务员从事的活动。"[④]在制度变迁和组织改革的背景下,德国斯派尔行政科学大学迈克尔·W.鲍尔(Michael W. Bauer)和约恩·埃杰(Jörn Ege)分析了欧盟委员会官僚主义的政治化,并且认为:"政治化通常可以被定义为通过

---

① 赵欢春、曹小春:《政治审计学论纲》,《学海》2015年第5期。
② 彭韶兵、周兵:《公共权力的委托代理与政府目标经济责任审计》,《会计研究》2009年第6期。
③ Power, Michael K., *The Audit Society: Rituals of Verification*, Oxford: Oxford University Press, 1997: 7.
④ Mulgan, Richard G., "Truth in Government and the Politicization of Public Service Advice", *Public Administration*, 2007, 85(3): 569–586.

在公务员的人力资源管理和行为中引入政治考虑来取代官僚中立。"[1]在中国特色社会主义民主政治中,审计监督作为党和国家监督体系的有机组成部分是人民民主的实现方式之一,其目标就是要在国家治理的权力监督过程中始终坚持以人民为中心,致力于实现人民的利益。民主的范围越大,人民行使民主监督的权力越真实,人民通过审计机关对政府公共部门行使公共权力的制约也就越强。[2] 国家治理中的审计监督必须始终坚持以人民为中心,围绕建立善治政府的目标,充分运用监督、评价和鉴证等职能[3],从监督责任、评价效率、提高透明度和促进民主法治等方面推进国家治理体系与治理能力现代化。[4] 国家治理中的依法独立审计权作为一种国家权力,必须在党的领导下始终服务于人民当家作主的需要,必须属于人民,服从人民的意志和利益。[5] 从国家审计和国家治理应然的辩证关系视角来看,国家治理法治化、民主化、透明性、协作性和责任性等基本属性必然要求审计监督始终坚持以人民为中心,服务于人民的根本利益。

三、审计监督的全覆盖

国家治理体系与治理能力现代化内在地要求审计监督体制的全面优化和审计监督能力的全面提升,从而确保审计监督对象的全覆盖。在中国特色社会主义新时代,实施审计监督的全覆盖,就是指审计机关在法定职权范围内,对公共资金、国有资产、国有资源和领导干部履行经济责任情况进行"横向到边、纵向到底"的全方位、全过程审计,做到应审尽审,不

---

[1] Bauer, Michael W., Ege, Jörn, "Politicization Within the European Commission's Bureaucracy", *International Review of Administrative Sciences*, 2012, 78(3): 403-424.
[2] 文硕著:《世界审计史》,北京:企业管理出版社,1996年。
[3] 徐京平、骆勇、张秦:《国家审计、审计质量与审计边界——一个文献综述》,《学术界》2016年第7期。
[4] 谭劲松、宋顺林:《国家审计与国家治理:理论基础和实现路径》,《审计研究》2012年第2期。
[5] 李季泽:《向人民负责是国家审计的最高原则》,《中国审计》2003年第Z1期。

留盲区和死角,从而在国家治理中更好地发挥审计监督的职能作用。

(一) 不断扩大审计监督的广度和深度

审计监督的全面性意味着审计监督对象和内容的广泛性、普遍性和动态性。在私人经济部门中,审计监督的对象一般是根据市场需要而确定的。审计监督的全面性意味着审计对象和内容具有广泛性、普遍性,涵盖各个领域,涉及各个方面,贯穿全过程和全领域。改革审计管理体制的目标就是要保障国家审计机关依法独立行使审计监督权,做到"应审尽审、凡审必严、严肃问责",不断提升审计监督的全面性,做到不留死角、没有空白,不断增强审计监督的实效性和治理效能,促进权力规范运行,推动廉政建设。同时,在创新审计管理体制和审计监督模式的过程中,不断扩大审计监督的广度和深度,并且运用大数据、云计算、区块链等新技术和新方法,不断提高审计监督能力,更好地发挥审计监督职能作用。

(二) 切实推行多维度的绩效审计

审计对象的构建已被证明是审计的重要组成部分,特别是在关系到绩效、质量和效率等无形现象的绩效审计中。荷兰格罗宁根大学管理会计学者桑德拉·蒂勒马(Sandra Tillema)和经济学者亨克·J. 特尔·博格特(Henk J. ter Bogt)在《绩效审计:提高政治和民主进程的质量?》(Performance Auditing: Improving the Quality of Political and Democratic Processes?)一文中指出:"为了提高政治和民主进程的质量,政府组织可以决定采用绩效审计。为了加强绩效审计的作用,审计机构必须在保持独立立场和满足其主要利益攸关方(包括当选机构、行政机构和官方组织)的期望和要求之间找到一种平衡。"[1]在中国特色社会主义新时代,审计监督必须坚持正确的政治方向,在党的领导下坚持依法独立审

---

[1] Tillema, S., Ter Bogt, Henk J., "Performance Auditing: Improving the Quality of Political and Democratic Processes?", *Critical Perspectives on Accounting*, 2010, 21(8): 754-769.

计。同时,国家审计机关也需要适应外部环境变化,切实推行多维度的绩效审计[①],进而强化责任政治,推进责任政府建设。在国家治理现代化进程中,审计监督制度可以嵌入政府行政责任的各项制度安排之中,包括行政机构绩效审计、行政机构内部控制评估、行政机构首长经济责任审计。[②]总之,在民主政治进程中,只有在信任的基础上授权、放权和赋权,才能形成相应的委托—代理关系。同时,也只有在坚持权责对等原则的基础上实施全方位、全过程和多维度的审计监督,才能确保受托公共责任得到全面履行,委托人的利益才能切实得到保障。

(三) 在审计监督中引入公众参与

公众积极参与国家治理和社会治理已成为当今民主社会的一种普遍现象,也是中国特色社会主义审计监督制度中的一项重要内容。土耳其审计法院院长雷扎伊·阿克耶尔(Recai Akyel)博士和土耳其会计法庭(Turkish Court of Accounts)研究学者 H. 奥马尔·科塞(H. Ömer Köse)在《审计与治理:公民参与的重要性与最高审计机构在加强民主治理中的作用》(Auditing and Governance: Importance of Citizen Participation and the Role of Supreme Audit Institutions to Enhance Democratic Governance)一文中认为:"作为一种思想和政治制度,民主取决于公众的积极参与和获得有关公共政策的信息,其执行结果是有效参与的主要条件。最高审计机关在获取和传播关于公共组织政策和绩效的信息方面发挥着重要作用,增强了公众参与治理进程的能力,并使政府承担责任且做出反应。因此,它们通过加强公共管理的问责制、透明度和效力,增加了治理质量的价值。公民参与治理是提高公众对治理机构信心的关键因素。越来越多的信息来源增强了公民参与治理进程的能力。当

---

① 张立民、郑军:《国家审计、产权保护与人权改善——中国特色社会主义国家审计建设历程的回顾与思考》,《审计与经济研究》2009 年第 6 期。
② 郑石桥:《政府审计嵌入责任政府制度建设路径研究》,《学海》2014 年第 3 期。

今以知识为基础的社会中,信息和知识是权力的主要来源。作为参与绩效评估的关键机构之一,最高审计机关在向公民提供相关信息方面发挥着至关重要的作用,以便赋予他们有效参与的能力。"[1]作为服务于问责制、透明度和民主化进程的关键基础,最高审计机关要与公民及其代表机构有效合作,利用审计监督职能作为增强公民权能的工具,促进改革进程,以实现更高的治理质量。审计机关助推公众参与审计的具体路径包括定期向社会公开预算执行情况及绩效、审计业务工作向社会开放、审计内部管理对社会公开等。[2] 在此过程中,需要强化公民主人翁意识和政府责任意识,建立公众参与国家审计的长效机制[3],从而在国家治理法治化、民主化和透明化进程中,推进审计监督过程中的公民参与,强化基于审计监督的公共问责,进一步实现国家治理的责任性,更好地实现审计监督的治理效能。

---

[1] Akyel, Recai, Köse, H. Ömer, "Auditing and Governance: Importance of Citizen Participation and the Role of Supreme Audit Institutions to Enhance Democratic Governance", *Journal of Yaşar University*, 2013, 8(32): 5495-5514.
[2] 陈献东:《国家审计助推公众有序参与国家治理研究》,《会计之友》2013年第6期下。
[3] 黄丽萍:《从公众参与治理的视角分析国家审计》,《审计月刊》2012年第2期。

参考文献

一、中文部分

1. 著作

[1]《马克思恩格斯全集》第1卷,北京:人民出版社,1965年。

[2]《马克思恩格斯全集》第5卷,北京:人民出版社,1958年。

[3]《马克思恩格斯全集》第7卷,北京:人民出版社,1959年。

[4]《马克思恩格斯全集》第8卷,北京:人民出版社,1961年。

[5]《马克思恩格斯选集》第三卷,北京:人民出版社,1995年。

[6]《马克思恩格斯选集》第四卷,北京:人民出版社,1995年。

[7] 马克思:《法兰西内战》,《马克思恩格斯选集》第三卷,北京:人民出版社,1995年。

[8] 马克思:《〈法兰西内战〉初稿(摘录)》,《马克思恩格斯选集》第三卷,北京:人民出版社,1995年。

[9] 马克思:《〈法兰西内战〉二稿(摘录)》,《马克思恩格斯选集》第三卷,北京:人民出版社,1995年。

[10] 马克思:《哥达纲领批判》,《马克思恩格斯选集》第三卷,北京:人民出版社,1995年。

[11] 恩格斯:《〈法兰西内战〉1891年版导言》,《马克思恩格斯选集》第三

卷,北京:人民出版社,1995年。

[12] 恩格斯:《家庭、私有制和国家的起源》,《马克思恩格斯选集》第四卷,北京:人民出版社,1995年。

[13]《列宁选集》第四卷,北京:人民出版社,1995年。

[14] 孙中山:《孙中山选集》,北京:人民出版社,1981年。

[15]《邓小平文选》第2卷,北京:人民出版社,1994年。

[16] 习近平著:《习近平谈治国理政》,国务院新闻办公室、中央文献研究室、中国外文局编,北京:外文出版社,2014年。

[17] 陈国权著:《政治监督论》,上海:学林出版社,2000年。

[18] 蔡春、刘学华等著:《绩效审计论》,北京:中国时代经济出版社,2006年。

[19] 胡贵安著:《国家审计权法律配置的模式选择》,北京:中国时代经济出版社,2010年。

[20] 胡伟:《政府过程》,杭州:浙江人民出版社,1998年。

[21] 黄崇岳:《中国历朝行政管理》,北京:中国人民大学出版社,1998年。

[22] 刘家义主编:《中国特色社会主义审计制度研究》,北京:商务印书馆、中国时代经济出版社,2016年。

[23] 刘家义主编:《中国特色社会主义审计理论研究》(修订版),北京:商务印书馆、中国时代经济出版社,2015年。

[24] 刘剑文主编:《民主视野下的财政法治》,北京:北京大学出版社,2006年。

[25] 李金华主编:《中国审计25年回顾与展望》,北京:人民出版社,2008年。

[26] 廖洪、余玉苗:《审计比较研究》,武汉:武汉大学出版社,1996年。

[27] 马骏、侯一麟、林尚立主编:《国家治理与公共预算》,北京:中国财政经济出版社,2007年。

[28] 彭勃、李辉、刘瑞复主编:《马克思恩格斯列宁斯大林论监督与监察》,北京:红旗出版社,1991年。

[29] 钱穆:《中国历代政治得失》,北京:生活·读书·新知三联书店,2001年。

[30] 王爱琦、王寿林主编:《权力制约和监督专题研究》,北京:中共中央党校出版社,2007年。

[31] 王光远:《管理审计理论》,北京:中国人民大学出版社,1996年。

[32] 吴丕、袁刚、孙广厦著:《政治监督学》,北京:北京大学出版社,2007年。

[33] 萧英达、张继勋、刘志远:《国际比较审计》,上海:立信会计出版社,2000年。

[34] 杨时展:《杨时展论文集》,北京:企业管理出版社,1997年。

[35] 叶皓:《西方国家权力制约论》,北京:中国社会科学出版社,2004年。

[36] 尤光付著:《中外监督制度比较》,北京:商务印书馆,2003年。

[37] 张杰明:《现代审计基础结构研究》,广州:广东高等教育出版社,1996年。

[38] 赵宝云著:《西方六国权力制衡机制通论》,北京:中国人民公安大学出版社,2009年。

[39] 赵早早、牛美丽编译:《渐进预算理论》,重庆:重庆大学出版社,2011年。

[40] 郑力主编:《世界各国政府审计》,北京:中国审计出版社,1995年。

[41] [英]托马斯·霍布斯著:《利维坦》,黎思复、黎廷弼译,北京:商务印书馆,1985年。

[42] [英]约翰·洛克:《政府论两篇》,叶启芳、瞿菊农译,北京:商务出版社,1964年。

[43] [英]亚当·斯密:《国民财富的性质和原因的研究》上下卷,郭大力、

王亚南译,北京:商务印书馆,1974年。

[44] [德]黑格尔著:《法哲学原理》,范扬、张企泰译,北京:商务印书馆,1961年。

[45] [德]威廉·冯·洪堡著:《论国家的作用》,林荣远、冯兴元译,北京:中国社会科学出版社,1998年。

[46] [英]约翰·斯图亚特·密尔著:《论自由》,许宝骙译,北京:商务印书馆,1959年。

[47] [法]皮埃尔·卡蓝默、安德烈·塔尔芒著:《心系国家改革——公共管理建构模式论》,胡洪庆译,上海:上海人民出版社,2004年。

[48] [美]托马斯·R.戴伊著:《谁掌管美国——卡特年代》,梅士、王殿宸译,北京:世界知识出版社,1980年。

[49] [英]威廉·配第著:《赋税论》,马妍译,北京:中国社会科学出版社,2010年。

[50] [美]阿伦·B.威尔达夫斯基著、布莱登·斯瓦德洛编:《预算与治理》,苟燕楠译,上海:上海财经大学出版社,2010年。

[51] [美]约翰·L.米克塞尔著:《公共财政管理:分析与应用(第六版)》,白彦锋、马蔡琛译,北京:中国人民大学出版社,2005年。

[52] [美]阿伦·B.威尔达夫斯基、内奥米·凯顿著:《预算过程的新政治学(第5版)》(影印),北京:北京大学出版社,2006年。

[53] [美]阿伦·B.威尔达夫斯基、内奥米·凯顿著:《预算过程中的新政治学(第4版)》,邓淑莲、魏陆译,上海:上海财经大学出版社,2006年。

[54] [美]约瑟夫·斯蒂格利茨著:《公共财政》,纪沫、严焱、陈工文译,北京:中国金融出版社,2009年。

[55] [美]荷雷·H.阿尔布里奇著:《财政学:理论与实践》,马海涛、顾明、李贞译,北京:经济科学出版社,2005年。

[56] [美]赫伯特·斯坦著:《美国的财政革命:应对现实的策略(第2版)》,苟燕楠译,上海:上海财经大学出版社,2010年。

[57] [美]乔纳森·D. 卡恩著:《预算民主美国的国家建设和公民权(1890—1928)》,叶娟丽等译,上海:格致出版社、上海人民出版社,2008年。

[58] [日]辻清明著:《日本官僚制研究》,王仲涛译,北京:商务印书馆,2008年。

[59] [日]秦郁彦著:《日本官僚制研究》,梁鸿飞、王健译,北京:生活·读书·新知三联书店,1991年。

[60] [日]佐藤庆幸著:《官僚制社会学》,朴玉、苏东花、金洪云译,北京:生活·读书·新知三联书店,2009年。

[61] [法]米歇尔·克罗齐埃、[美]塞缪尔·P. 亨廷顿、[日]棉贯让治著:《民主的危机:就民主国家的统治能力写给三编委员会的报告》,马殿军、黄素娟、邓梅译,北京:求实出版社,1989年。

[62] [比利时]厄内斯特·曼德尔著:《权力与货币——马克思主义的官僚理论》,孟捷、李民骐译,北京:中央编译出版社,2002年。

[63] [美]约瑟夫·劳斯著:《知识与权力:走向科学的政治哲学》,盛晓明、邱慧等译,北京:北京大学出版社,2004年。

[64] [美]詹姆斯·Q. 威尔逊著:《美国官僚政治——政府机构的行为及其动因》,张海涛等译,北京:中国社会科学出版社,1995年。

[65] [美]安东尼·唐斯著:《民主的经济理论》,姚洋、邢予青、赖平耀译,上海:上海人民出版社,2005年。

[66] [美]安东尼·唐斯著:《官僚制内幕》,郭小聪译,北京:中国人民大学出版社,2006年。

[67] [美]B. 盖伊·彼得斯著:《官僚政治:一个比较视角》,聂露、李姿姿译,北京:中国人民大学出版社,2006年。

[68] [美]B. 盖伊·彼得斯著:《税收政治学:一种比较的视角》,郭为桂、黄宁莺译,南京:江苏人民出版社,2008年。

[69] [美]格尔哈特·E. 伦斯基著:《权力与特权:社会分层的理论》,关信平、陈宗显、谢晋宇译,杭州:浙江人民出版社,1988年。

[70] [英]迈克尔·曼著:《社会权力的来源》第1卷,刘北成、李少军译,上海:上海人民出版社,2002年。

[71] [英]迈克尔·曼著:《社会权力的来源》第2卷,陈海宏等译,上海:上海人民出版社,2007年。

[72] [日]西尾胜著:《行政学》,毛桂荣等译,北京:中国人民大学出版社,2006年。

[73] [日]佐藤功著:《比较政治体制》,刘庆林、张光博译,北京:法律出版社,1984年。

[74] [日]大岳秀夫著:《政策过程》,傅禄永译,北京:经济日报出版社,1991年。

[75] [日]药师寺泰藏著:《公共政策》,张丹译,北京:经济日报出版社,1991年。

[76] [日]迁中丰著:《利益集团》,郝玉珍译,北京:经济日报出版社,1989年。

[77] [美]理查德·A. 马斯格雷夫、佩吉·B. 马斯格雷夫著:《财政理论与实践》,邓子基、邓力平译,北京:中国财政经济出版社,2003年。

[78] 世界银行专家组:《公共部门的社会问责:理念探讨及模式分析》,宋涛译,北京:中国人民大学出版社,2007年。

[79] [美]李侃如著:《治理中国:从革命到改革》,胡国成、赵梅译,北京:中国社会科学出版社,2010年。

[80] [美]苏珊·罗斯·艾克曼著:《腐败与政府》,王江、程文浩译,北京:新华出版社,1999年。

[81] [美]托尼·博萨著:《美利坚帝国的衰落:腐败、堕落和美国梦》,赵文书、张锡麟译,南京:江苏人民出版社,1998年。

2. 论文

[1] 艾超:《我国行政问责法制化思考》,《政治与法律》2009年第10期。

[2] 毕舸:《扭转"审计悖论"需实现问责三大转型》,《中国经济时报》2006年9月13日第001版。

[3] 蔡春、李明、毕铭悦:《构建国家审计理论框架的有关探讨》,《审计研究》2013年第3期。

[4] 蔡春、蔡利、朱荣:《关于全面推进我国绩效审计创新发展的十大思考》,《审计研究》2011年第4期。

[5] 蔡春、田秋蓉、刘雷:《经济责任审计与审计理论创新》,《审计研究》2011年第2期。

[6] 蔡春、杨彦婷:《法治精神与审计理论创新》,《审计研究》2015年第5期。

[7] 蔡春、朱荣、蔡利:《国家审计服务国家治理的理论分析与实现路径探讨——基于受托经济责任观的视角》,《审计研究》2012年第1期。

[8] 蔡林慧:《路径依赖视角下中越两国权力监督改革比较》,《南京师范大学学报(社会科学版)》2013年第5期。

[9] 蔡林慧:《试论中国行政监督机制的困境与对策》,《政治学研究》2012年第5期。

[10] 蔡林慧:《拓展我国公民监督路径的载体分析》,《理论探讨》2010年第3期。

[11] 蔡林慧:《现代西方国家监督政府体制所蕴含的理念及其启示》,《南京师范大学学报(社会科学版)》2005年第6期。

[12] 曹越、郝智慧:《新常态下审计监督治理功能的作用机制研究》,《财会月刊》2017年第10期。

[13] 曹越、李晶、伍中信:《中国国家审计制度变迁:历史与逻辑勾画》,《财经理论与实践》2016年第1期。

[14] 陈国权、谷志军:《决策、执行与监督三分的内在逻辑》,《浙江社会科学》2012年第4期。

[15] 陈国权:《责任政府:以公共责任为本位》,《行政论坛》2009年第6期。

[16] 陈国权、李院林:《政府职责的确定:一种责任关系的视角》,《经济社会体制比较》2008年第3期。

[17] 陈国权、王勤:《市场经济现代转型中的法治与责任政府》,《公共管理学报》2007年第2期。

[18] 陈献东:《国家审计助推公众有序参与国家治理研究》,《会计之友》2013年第18期。

[19] 程乃胜:《监审合一抑或监审分立——监察体制改革试点背景下的我国国家审计制度完善》,《中国法律评论》2017年第4期。

[20] 邓伟志:《监督十二条》,《民主》1989年第3期。

[21] 傅世春:《日本政府审计制度及其对中国的启示》,《审计研究》2008年第4期。

[22] 高培勇:《积极面对"审计悖论"》,《经济》2006年第10期。

[23] 高培勇:《走出"审计悖论"》,《涉外税务》2006年第12期。

[24] 高雄飞:《权力监督视野中的中国民主党派——社会主义政治文明建设的一个重要话题》,《暨南学报(社会科学版)》2002年第5期。

[25] 葛洪义:《"监督"与"制约"不能混同——兼论司法权的监督与制约的不同意义》,《法学》2007年第10期。

[26] 谷志军、王柳:《中西不同政治生态中的问责研究述评》,《甘肃行政学院学报》2013年第2期。

[27] 谷志军:《审计问责与国家治理》,《理论与改革》2013年第4期。

[28] 顾海良:《中国特色社会主义的历史逻辑和理论逻辑探索》,《教学与研究》2013年第10期。

[29] 顾杰、王超:《构建把权力关进制度笼子里的监督体系》,《中国领导科学》2017年第2期。

[30] 郭道晖:《论国家权力与社会权力——从人民与人大的法权关系谈起》,《法制与社会发展》1995年第2期。

[31] 郭硕博:《从监督到权力机制——福柯对马克思的批判性延续》,《马克思主义与现实》2014年第6期。

[32] 郝振平:《审计关系的代理理论分析》,《审计研究》2000年第1期。

[33] 郝振平:《审计文化中的核心价值体系研究》,《会计之友》,2012年第18期。

[34] 胡娟:《德国"法治国"思想在近代日本——以20世纪初民权学派与官僚学派的论争为中心》,《中国政法大学学报》2008年第1期。

[35] 胡耘通:《论国家审计在宪法框架内的定位》,《中共中央党校学报》2013年第2期。

[36] 胡智强:《论我国国家审计权的配置》,《安徽大学法律评论》2009年第1辑,第56—62页。

[37] 黄丽萍:《从公众参与治理的视角分析国家审计》,《审计月刊》2012年第2期。

[38] 黄颂杰:《权力制衡 幸福至善——亚里士多德政治哲学要义》,《学术月刊》2007年第12期。

[39] 黄溶冰:《经济责任审计的审计发现与问责悖论》,《中国软科学》2012年第5期。

[40] 姜明安:《论政务公开》,《湖南社会科学》2016年第2期。

[41] 姜迎雪:《国家审计制约公共经济权力的功能和实现路径初探——基于公众参与治理的视角》,《审计月刊》2016年第4期。

［42］颉新波:《从依法治国的视角浅析国家治理与国家审计——兼论社会主义法治理念在国家审计中的实践》,《法制与社会》2013年第6期。

［43］江利红:《论法治主义在日本的形成与发展》,《人大法律评论》2014年第2辑。

［44］金玲:《民主视野下国家审计的法理思考》,《特区实践与理论》2015年第6期。

［45］金太军:《协商民主:在国家审计体制改革中的认知与建构》,《学习与探索》2018年第10期。

［46］劳东燕:《自由的危机:德国"法治国"的内在机理与运作逻辑——兼论与普通法法治的差异》,《北大法律评论》2005年第1期。

［47］李宝震:《中国审计的特色和社会主义审计的原则》,《现代财经—天津财经学院学报》1984年第4期。

［48］李国明:《审计信息系统论——对审计本质的另一种探讨》,《审计与经济研究》2006年第6期。

［49］李季泽:《新世纪国家审计发展的条件与趋势》,《财贸经济》2001年第1期。

［50］李季泽:《向人民负责是国家审计的最高原则》,《中国审计》2003年第Z1期。

［51］李军、蒋兰香:《论二战后英美宪法在日本的传承》,《湖南社会科学》2009年第6期。

［52］李齐辉、吕先锫、许道俊、刘新琳:《试论我国审计制度的构建与创新》,《审计研究》2001年第2期。

［53］李若山:《论审计与我国社会经济权责结构的改革》,《中国经济问题》1992年第6期。

［54］李样举:《我国宪法上的审计机关研究——以宪法第91条为中心》,《国家行政学院学报》2011年第5期。

[55] 廖洪:《中国特色审计关系研究》,《财会通讯(学术版)》2007年第12期。

[56] 刘家义:《论国家治理与国家审计》,《中国社会科学》2012年第6期。

[57] 刘家义:《以科学发展观为指导推动审计工作全面发展》,《审计研究》2008年第3期。

[58] 刘力云:《当前国家审计体制研究中的四个问题》,《审计研究》2002年第5期。

[59] 刘秋明:《现代西方公共受托责任研究述评》,《外国经济与管理》2005年第7期。

[60] 陆晓晖:《增强政府信息透明:国外的成果及其借鉴》,《湖北经济学院学报(人文社会科学版)》2014年第7期。

[61] 陆晓晖:《国家审计在增强政府信息透明度中的作用》,《中国审计报》2013年2月27日第005版。

[62] 吕培俭:《关于我国审计制度特色的一些思考》,《审计研究》2001年第6期。

[63] 马骏:《政治问责研究:新的进展》,《公共行政评论》2009年第4期。

[64] 马曙光:《政治制度、历史传统与中国政府审计体制选择》,《审计与经济研究》2006年第6期。

[65] 彭韶兵、周兵:《公共权力的委托代理与政府目标经济责任审计》,《会计研究》2009年第6期。

[66] 秦前红、刘怡达:《人大司法监督与检察院法律监督衔接机制论纲》,《地方立法研究》2017年第1期。

[67] 秦荣生:《无影灯效应原理与我国政府审计监督》,《审计研究》2010年第5期。

[68] 秦荣生:《公共受托经济责任理论与我国政府审计改革》,《审计研究》2004年第6期。

[69] 秦荣生:《审计与民主政治》,《中国审计》2003 年第 Z1 期。

[70] 秦莹、吴英娟、周英敏:《对审计中国特色的思考》,《当代审计》2003 年第 3 期。

[71] 任建明:《决策权、执行权、监督权的制约与协调——十七大以来的理论与实践》,《人民论坛·学术前沿》2012 年第 14 期。

[72] 任剑涛:《财政监督与政府执行力——对〈利马宣言〉的扩展性解读》,《中国行政管理》2011 年第 6 期。

[73] 石爱中:《国家审计的政治思维》,《民主》2005 年第 1 期。

[74] 石爱中:《寻绎审计文化》,《审计研究》2005 年第 1 期。

[75] 宋惠昌:《民主政治与权力制约》,《理论参考》2014 年第 6 期。

[76] 宋惠昌:《论社会监督》,《理论视野》2011 年第 8 期。

[77] 宋依佳:《推行审计公开的战略思考——基于社会主义民主法治建设的背景》,《审计研究》2008 年第 3 期。

[78] 谭劲松、宋顺林:《国家审计与国家治理:理论基础和实现路径》,《审计研究》2012 年第 2 期。

[79] 唐健:《政府绩效信息使用:一个文献综述》,《公共行政评论》2018 年第 1 期。

[80] 佟德志:《从混合到共和——西方政体复合论发展的历史与逻辑》,《国外理论动态》2016 年第 9 期。

[81] 王灿平、薛忠义:《信息公开下我国责任政府的建构——借鉴英国、美国、新加坡、日本等国经验》,《江西社会科学》2016 年第 2 期。

[82] 王大为:《深入理解"把权力关进制度的笼子里"的重要含义——读〈法兰西内战〉》,《前沿》2013 年第 21 期。

[83] 王高贺、郭文亮:《我国权力监督制约问题研究评析》,《理论导刊》2010 年第 9 期。

[84] 王柯平:《"次好城邦"的混合政体》,《哲学动态》2013 年第 5 期。

[85] 王鸿:《中国特色国家审计制度的基本内涵》,《工业审计与会计》2009年第3期。

[86] 王会金:《治理视角下的国家审计协同——内容框架与模式构建研究》,《审计研究》2013年第4期。

[87] 王会金:《审计管理协同研究》,《审计与经济研究》2013年第6期。

[88] 王平波:《论科学发展中国特色审计》,《审计研究》2008年第2期。

[89] 王浦劬:《论我国基层治理权力与责任体制机制的优化》,《中共福建省委党校学报》2015年第1期。

[90] 王善平、宋艳:《我国国家审计文化建设的内涵和路径研究》,《审计与经济研究》2010年第5期。

[91] 王寿林:《从四方面实现对权力运行的全程监控》,《检察日报》2017年5月16日第008版。

[92] 王世涛:《论宪法视域下审计体制的变革——检察机关行使审计职权的可能路径》,《法治研究》2015年第4期。

[93] 王素梅:《论国家审计对公共经济权力的监督》,《中南财经政法大学学报》2013年第2期。

[94] 王雅琴:《法曹三者:日本法治的三大支柱》,《学习时报》2014年11月10日第002版。

[95] 薛澜、张帆、武沐瑶:《国家治理体系与治理能力研究:回顾与前瞻》,《公共管理学报》2015年第3期。

[96] 薛瑞汉:《我国行政问责制存在的问题及对策研究》,《国家行政学院学报》2007年第3期。

[97] 解军红、高玉华:《中国特色审计制度的基本特征》(上),《中国审计报》2009年2月18日第005版。

[98] 谢志华、陶玉侠:《论国家审计的角色定位》,《审计与经济研究》2013年第2期。

[99] 燕继荣:《中国国家制度改革的方向》,《探索与争鸣》2015年第3期。

[100] 杨光斌:《关于国家治理能力的一般理论——探索世界政治(比较政治)研究的新范式》,《教学与研究》2017年第1期。

[101] 杨光斌:《社会权利优先的中国政治发展选择》,《行政论坛》2012年第3期。

[102] 杨光斌:《我国经济转型时期国家权力结构的制度分析》,《学海》2006年第1期。

[103] 杨光斌:《权力主体的市场化动力比较分析——兼论行政改革的政治意义》,《学海》2003年第1期。

[104] 杨建荣:《理解国家审计:一个社会文化维度的解读》,《审计研究》2013年第1期。

[105] 杨建顺:《日本的行政法治之路》,载应松年、袁曙宏主编《走向法治政府》,北京:法律出版社,2001年。

[106] 杨肃昌:《审计监督的政治学思考》,《审计与经济研究》2008年第2期。

[107] 杨肃昌:《我国国家审计近年的发展成就与问题揭示》,《财会月刊(会计)》2006年第10期。

[108] 杨肃昌、李敬道:《从政治学视角论国家审计是国家治理中的"免疫系统"》,《审计研究》2011年第6期。

[109] 杨肃昌、肖泽忠:《中国国家审计制度:调查、问题、改革》,《内蒙古财经学院学报》2004年第3期。

[110] 尹平、戚振东:《国家治理视角下的中国国家审计特征研究》,《审计与经济研究》2010年第3期。

[111] 翟学伟:《人情、面子与权力的再产生——情理社会中的社会交换方式》,《社会学研究》2004年第5期。

[112] 张康之:《探索权力理论的新概念》,《云南行政学院学报》2000年第

5期。

[113] 张康之:《试论抽象权力和具体权力》,《中国人民大学学报》2000年第6期。

[114] 张立民、聂新军:《构建和谐社会下的政府审计公告制度——基于政府审计信息产权视角的分析》,《中山大学学报(社会科学版)》2006年第2期。

[115] 张立民、张阳:《国家审计的定位与中国政治民主建设——从对权力的制约和监督谈起》,《中山大学学报(社会科学版)》2004年第3期。

[116] 张立民、郑军:《国家审计、产权保护与人权改善——中国特色社会主义国家审计建设历程的回顾与思考》,《审计与经济研究》2009年第6期。

[117] 张文宗、彭拥军、戴玥:《审计问责的学理界说与制度构建》,《审计月刊》2013年第5期。

[118] 张贤明:《当代中国问责制度建设及实践的问题与对策》,《政治学研究》2012年第1期。

[119] 张以宽:《关于审计史研究的几个问题》,《审计与经济研究》2001年第1期。

[120] 张赞宁:《邓小平重视监督体制的法律化》,《炎黄春秋》1999年第5期。

[121] 张志杭:《柏拉图混合政体理论初探——以"夜间议事会"为视角》,《河北法学》2011年第1期。

[122] 赵鲁光:《公众参与治理背景下国家审计的职能定位与实现路径》,《现代审计与经济》2012年第1期。

[123] 赵鲁光:《基于公众参与治理视角的国家审计》,《审计月刊》2012年第1期。

[124] 赵小明:《审计:民主与法制建设的利器》,《审计与经济研究》2005年第6期。

[125] 郑石桥:《政府审计对象、审计业务类型和审计主题》,《会计之友》2015年第18期。

[126] 郑石桥、安杰、高文强:《建设性审计论纲——兼论中国特色社会主义政府审计》,《审计与经济研究》2013年第4期。

[127] 周义程:《从分权制衡到社会制约:西方权力制约思想的范式转换》,《社会主义研究》2011年第4期。

[128] 周永坤:《一切为了人的自由与解放——马克思恩格斯权力配置思想研究》,《法制与社会发展》2006年第6期。

[129] 周实、王太金:《对日本防止权力腐败的立法研究》,《当代法学》2003年第11期。

二、外文部分

1. 英文文献

[1] Akyel, Recai, Köse, H. Ömer, "Auditing and Governance: Importance of Citizen Participation and the Role of Supreme Audit Institutions to Enhance Democratic Governance", *Journal of Yaşar University*, 2013, 8(32): 5495-5514.

[2] Aucoin, P., Heintzman, R., "The Dialectics of Accountability for Performance in Public Management Reform", *International Review of Administrative Sciences*, 2000, 66: 45-55.

[3] Bak, Greg, "Trusted by Whom? TDRs, Standards Culture and the Nature of Trust", *Archival Science*, 2016, 16(4): 373-402.

[4] Bauer, Michael W., Ege Jörn, "Politicization Within the European Commission's Bureaucracy", *International Review of*

Administrative Sciences, 2012, 78(3): 403-424.

[5] Bednar, Michael K., "Watchdog or Lapdog? A Behavioral View of the Media as a Corporate Governance Mechanism", *Academy of Management Journal*, 2012, 55(1): 131-150.

[6] Behn, Robert D., "The Big Questions of Public Management", *Public Administration Review*, 1995, 55(4): 313-324.

[7] Bemelmans-Videc, M. L., Lonsdale J., Perrin, B., *Making Accountability Work: Dilemmas for Evaluation and for Audit*, New Brunswick, NJ: Transaction Publishers, 2007.

[8] Bertot, J. C., Jaeger, P. T., Grimes, J. M., "Using ICTs to Create a Culture of Transparency: E-government and Social Media as Openness and Anti-corruption Tools for Societies", *Government Information Quarterly*, 2010, 27(3): 264-271.

[9] Bogt, Henk J. ter., "Politicians in Search of Performance Information? —Survey Research on Dutch Aldermen's Use of Sources of Performance Information", *Financial Accountability & Management*, 2004, 20(3): 221-252.

[10] Boström, Magnus, "Between Monitoring and Trust: Commitment to Extended Upstream Responsibility", *Journal of Business Ethics*, 2015, 131(1): 239-255.

[11] Bouza, Anthony V., *The Decline and Fall of the American Empire: Corruption, Decadence, and the American Dream*, US: Springer, 1996.

[12] Bovens, Mark, "Information Rights: Citizenship in the Information Society", *The Journal of Political Philosophy*, 2002, 10(3): 324-55.

[13] Bovens, Mark, "Analysing and Assessing Accountability: A Conceptual Framework", *European Law Journal*, 2007, 13(3): 447-468.

[14] Bovens, Mark, *The Quest for Responsibility: Accountability and Citizenship in Complex Organisations*, Cambridge: Cambridge University Press, 1998.

[15] Brennan, Geoffrey, Buchanan, James M., *The Power to Tax: Analytical Foundations of a Fiscal Constitution*, Cambridge: Cambridge University Press, 1980.

[16] Bringselius, Louise, "Efficiency, Economy and Effectiveness—But What about Ethics? Supreme Audit Institutions at a Critical Juncture", *Public Money & Management*, 2018, 38(2): 105-110.

[17] Bringselius, L., "The Dissemination of Results from Supreme Audit Institutions: Independent Partners with the Media?", *Financial Accountability and Management*, 2014, 30(1): 75-94.

[18] Brook, Timothy J., *The Troubled Empire: China in the Yuan and Ming Dynasties*, Cambridge, MA and London: Belknap Press of Harvard University Press, 2010.

[19] Brook, Timothy J., *The Chinese State in Ming Society*, New York: Routledge, 2004.

[20] Brown, Richard, *A History of Accounting and Accountants*, Edinburgh: T. C. and E. C. Jack, 2006(1905).

[21] Brusca, Isabel, Rossi, Francesca Manes, Aversano, Natalia, "Accountability and Transparency to Fight Against Corruption: An International Comparative Analysis", *Journal of Comparative*

Policy Analysis: Research and Practice, 2018, 20(5): 486-504.

[22] Busuioc, Madalina, "Accountability, Control and Independence: The Case of European Agencies", *European Law Journal*, 2009, 15(5): 599-615.

[23] Capie, Forrest H., "Trust, Financial Regulation, and Growth", *Australian Economic History Review*, 2015, 56(1): 5-21.

[24] Chow, Danny S. L., Humphrey, C., Moll, J., "Developing Whole of Government Accounting in the UK: Grand Claims, Practical Complexities and a Suggested Future Research Agenda", *Financial Accountability & Management*, 2007, 23(1): 27-54.

[25] Costa, O., Jabko, N., Lequesne, C., Magnette, P., "Diffuse Control Mechanisms in the European Union: Towards a New Democracy?", *Journal of European Public Policy* 2003, 10(5): 666-676.

[26] Cuillier, D., Piotrowski, S. J., "Internet Information-Seeking and Its Relation to Support for Access to Government Records", *Government Information Quarterly*, 2009, 26(3): 441-449.

[27] Denhardt, Janet Vinzant, Denhardt, Robert B., *The New Public Service: Serving, Not Steering*, Armonk, New York: M. E. Sharpe, 2007.

[28] Dick, G. "Auditing in China: The Australian Involvement", *The Australian Journal of Chinese Affairs*, 1984(11): 169-174.

[29] Dubnick, Melvin, Kaifeng Yang, The Pursuit of Accountability: Promises, Problems and Prospects, In Donald Menzel and Harvey White (eds.), *The State of Public Administration: Issues, Challenges and Opportunity*, Armonk, NY: M. E. Sharpe,

2011.

[30] Dunn, Delmer D., *Politics and Administration at the Top: Lessons from Down Under*, Pittsburgh, PA: University of Pittsburgh Press, 1997.

[31] Dutil, Patrice A., Howard, C., Langford, J., Jeffrey Roy, "Rethinking Government—Public Relationships in a Digital World", *Journal of Information Technology & Politics*, 2007, 4 (1): 77-90.

[32] Dwivedi, O. P., "Ethics and Values of Public Responsibility and Accountability", *International Journal of Administrative Sciences*, 1985, 51(1): 61-66.

[33] Dye, Thomas R., & Zeigler, Harmon, *The Irony of Democracy: An Uncommon Introduction to American Politics* (14th ed.), Belmont, CA: Wadsworth Cengage Learning, 2009.

[34] Ebrahim, Z., Irani, Z., "E-government Adoption: Architecture and Barriers", *Business Process Management Journal*, 2005, 11 (5): 589-611.

[35] Eisenhardt, Kathleen M., "Agency Theory: An Assessment and Review", *Academy of Management Review*, 1989, 14(1): 57-74.

[36] Emiko Ohnuki-Tierney, "The Emperor of Japan as Deity (Kami): An Anthropology of the Imperial System in Historical Perspective", *Ethnology*, 1991(3): 1-17.

[37] Espejo Raúl. "Auditing as a Trust Creation Process", *Systemic Practice & Action Research*, 2001, 14(2): 215-236.

[38] Ferrari, G. R. F., *The Cambridge Companion to Plato's*

Republic, Cambridge and New York: Cambridge University Press, 2007.

[39] Flinders, Matthew Vincent, Wood, Matt, "Depoliticisation, Governance and the State", *Policy & Politics*, 2014, 42(2): 135 - 149.

[40] Flint, David, *The Philosophy and Principles of Auditing: An Introduction*, Macmillan Education Ltd., 1988.

[41] Free, Clinton, Radcliffe, Vaughan S., White, Brent, "Crisis, Committees and Consultants: The Rise of Value-for-Money Auditing in the Federal Public Sector in Canada", *Journal of Business Ethics*, 2013, 113(3): 441 - 459.

[42] Friedman, M., Friedman, R., *Free to Choose: A Personal Statement*, New York: Harcourt Brace Jovanovich, Inc., 1980.

[43] Fukuyama, Francis, *Political Order and Political Decay: From the Industrial Revolution to the Globalisation of Democracy*, New York, NY: Farrar, Straus and Giroux, 2015.

[44] Funnell, Warwick, "Performance Auditing and Adjudicating Political Disputes", *Financial Accountability & Management*, 2015, 31(1): 92 - 111.

[45] Funnell, Warwick, "Executive Encroachments on the Independence of the Commonwealth Auditor-General", *Australian Journal of Public Administration*, 1996, 55(4): 109 - 123.

[46] Gadhok, D. N., *Parliamentary Control over Government Expenditure*, New Delhi: Sterling Publishers, 1976.

[47] Geiger, M., Raghunandan, K., "Auditor Tenure and Audit Report Failures", *Auditing: A Journal of Practice and Theory*

2002, 21: 67 – 78.

[48] Geist, B. , State Audit: An Introduction, In Benjamin Geist (ed.) *State Audit: Developments in Public Accountability*, London: The Macmillan Press LMT, 1981: 3 – 22.

[49] Geist, Benjamin, State Audit: An Introduction, In *State Audit: Developments in Public Accountability*, State of Israel, Israel: State Comptroller's Office, 1981.

[50] Gendron, Yves, Cooper, D. J. , Townley Barbara, "The Construction of Auditing Expertise in Measuring Government Performance", *Accounting, Organizations and Society*, 2007, 32 (1/2): 101 – 129.

[51] Ghosh, A. , Moon, D. , "Auditor Tenure and Perceptions of Audit Quality", *The Accounting Review*, 2005, 80: 585 – 612.

[52] Gil-Garcia, J. R. , "Towards a Smart State? Inter-Agency Collaboration, Information Integration, and Beyond", *Innovation & the Public Sector*, 2012, 17(3/4): 269 – 280.

[53] González-Díaz, Belén, García Fernández, Roberto, López-Díaz, Antonio, "Communication as a Transparency and Accountability Strategy in Supreme Audit Institutions", *Administration & Society*, 2013, 45(5): 583 – 609.

[54] Grasso, Patrick G. , Sharkansky, I. , "The Auditing of Public Policy and the Politics of Auditing: The U. S. GAO and Israel's State Comptroller", *Governance: An International Journal of Policy and Administration*, 2001, 14(1): 1 – 21.

[55] Gray, A. , Jenkins, B. , "Codes of Accountability in the New Public Sector", *Accounting, Auditing & Accountability Journal*,

1993, 6(3): 52-67.

[56] Grimmelikhuijsen, Stephan G., Kasymova J., "Not So Universal After All: Exploring the Meaning and Use of Government Transparency in Consensual and Majoritarian Democracies", *Public Integrity*, 2015, 17(4): 389-407.

[57] Grimmelikhuijsen, Stephan G., "A Good Man But a Bad Wizard: About the Limits and Future of Transparency of Democratic Governments", *Innovation & the Public Sector*, 2012, 17(3/4): 293-302.

[58] Gustavson M., *Auditing Good Government in Africa: Public Sector Reform, Professional Norms and the Development Discourse*, Palgrave Macmillan UK, 2013.

[59] Hardman, D. J., "Towards a Conceptual Framework for Government Auditing", *Accounting and Finance*, 2009, 31(1): 22-37.

[60] Harmon, Michael M., *Responsibility as Paradox: A Critique of Rational Discourse on Government*, Thousand Oaks, CA: Sage Publications Inc., 1995.

[61] Hart, Paul't, Wille, A., "Ministers and Top Officials in the Dutch Core Executive: Living Together, Growing Apart?", *Public Administration*, 2006, 84(1): 121-146.

[62] Hay, David Charles, Cordery Carolyn J., "The Value of Public Sector Audit: Literature and History. *Journal of Accounting Literature*", 2018, 40: 1-15.

[63] Hay, David C., W. Robert Knechel, Marleen Willekens, *The Routledge Companion to Auditing*, Abingdon, Oxford: Routledge, 2014.

[64] Hollingsworth, K., White, F., Harden, I., "Audit, Accountability and Independence: The Role of the Audit Commission", *Legal Studies*, 1998, 18(1): 78-100.

[65] Holmberg, S., Rothstein, B., *Good Government: The Relevance of Political Science*, Cheltenham: Edward Elgar Publishing, Inc., 2012.

[66] Hood, Christopher C., "From FOI World to WikiLeaks World: A New Chapter in the Transparency Story?", *Governance*, 2011, 24(4): 635-638.

[67] Hoos, F., Pruijssers, J. L., Lander, M. W., "Who's Watching? Accountability in Different Audit Regimes and the Effects on Auditors' Professional Skepticism", *Journal of Business Ethics*, 2019, 156(2): 563-575.

[68] Houghton, K. A., Jubb, C. A., "The Function of the Auditor-General: Independence, Competence and Outsourcing—The Policy Implications", *Australian Accounting Review*, 1998, 8(1): 30-35.

[69] Humphrey, C., Moizer, P., "From Techniques to Ideologies: An Alternative Perspective on the Audit Function", *Critical Perspectives on Accounting*, 1990, 1(3): 217-238.

[70] Hustedt, T., Salomonsen, Heidi Houlberg, "Ensuring Political Responsiveness: Politicization Mechanisms in Ministerial Bureaucracies", *International Review of Administrative Sciences*, 2014, 80(4): 746-765.

[71] Hyndman, N., Anderson, R., "The Use of Performance Information in External Reporting: An Empirical Study of UK

Executive Agencies", *Financial Accountability & Management*, 1995, 11(1): 1-17.

[72] Ingraham, Patricia W., *In Pursuit of Performance: Management Systems in State and Local Government*, Baltimore, MD: The Johns Hopkins University Press, 2007.

[73] Jenkins, R., The Role of Political Institutions in Promoting Accountability, In *Performance Accountability and Combating Corruption*, Washington, D C: World Bank, 2007.

[74] Jensen, Michael C., Meckling William H., "Theory of the Firm: Managerial Behavior, Agency Costs and Ownership Structure", *Journal of Financial Economics*, 1976, 3(4): 305-360.

[75] Joseph, K. P., "Decline and Fall of Government Audit", *Economic and Political Weekly*, 1994, 29(10): 533-534.

[76] Jessop, Bob, "Repoliticising Depoliticisation: Theoretical Preliminaries on Some Responses to the American Fiscal and Eurozone Debt Crisis", *Policy & Politics*, 2014, 42(2): 207-223.

[77] Justesen, L., Skærbæk, P., "Performance Auditing and the Narrating of a New Auditee Identity", *Financial Accountability & Management*, 2010, 26(3): 325-343.

[78] Kastberg, Gustaf, Ek Österberg, Emma, "Transforming Social Sector Auditing—They Audited More, But Scrutinized Less", *Financial Accountability & Management*, 2017, 33(3): 284-298.

[79] Kearns, Kevin P., *Managing for Accountability: Preserving the Public Trust in Public and Nonprofit Organization*, San Francisco, CA: Jossey-Bass, 1966.

[80] Keen, J., "On the Nature of Audit Judgements: The Case of

Value for Money Studies", *Public Administration*, 1999, 77(3): 509-525.

[81] Kellermann, A. Joanne, Jakob de Haan, Femke de Vries, *Financial Supervision in the 21st Century*, Springer-Verlag Berlin Heidelberg, 2013.

[82] Kells, Stuart, "The Seven Deadly Sins of Performance Auditing: Implications for Monitoring Public Audit Institutions", *Australian Accounting Review*, 2011, 21(4): 383-396.

[83] Kliksberg, B., "Rebuilding the State for Social Development: Towards 'Smart Government'", *International Review of Administrative Sciences*, 2000, 66(2): 241-257.

[84] Klitgaard, R., *Controlling Corruption*, Berkeley, CA: University of California Press, 1988.

[85] Kooiman, J., Governance and Governability: Using Complexity, Dynamics and Diversity, In Kooiman J (ed.), *Modern Governance: New Government-Society Interactions*, London: Sage Publications, 1993.

[86] Kornberger, M., Meyer, R. E., Brandtner, C., et al. "When Bureaucracy Meets the Crowd: Studying 'Open Government' in the Vienna City Administration", *Organization Studies*, 2017, 38(2): 179-200.

[87] Köse, H. Ö, Baimyrzaeva, M., "The Role of Supreme Audit Institutions in Improving Citizen Participation in Governance", *International Public Management Review*, 2014, 15(2): 77-90.

[88] Kouakou, D., Boiral, O., Gendron, Y., "ISO Auditing and the Construction of Trust in Auditor Independence", *Accounting,*

Auditing & Accountability Journal, 2013, 26(8): 1279-1305.

[89] Kroll, Alexander, "The Other Type of Performance Information: Nonroutine Feedback, Its Relevance and Use", *Public Administration Review*, 2013, 73(2): 265-276.

[90] Laffan, B., "Auditing and Accountability in the European Union", *Journal of European Public Policy*, 2003, 10(5): 762-777.

[91] Lee, Tom, *The Evolution of Audit Thought and Practice*, Van Nostrand Reinhold (UK) Co. Ltd, 1986.

[92] Lewis, Jenny M., "The Politics and Consequences of Performance Measurement", *Policy and Society*, 2015, 34(1): 1-12.

[93] Locke, John, *Second Treatise of Government*, Indianapolis, IN: Hackett Publishing Company, 1980.

[94] Lonsdale, J., Bechberger, Elena K., Learning in an Accountability Setting, In Lonsdale J., Wilkins P., Ling T. (eds), *Performance Auditing: Contributing to Accountability in Democratic Government*, Cheltenham: Edward Elgar Publishing, 2011: 268-288.

[95] Lord, C., *A Democratic Audit of the European Union*, Basingstoke: Palgrave/MacMillan, 2004.

[96] Lovell, A., "Notions of Accountability and State Audit: A UK Perspective", *Financial Accountability and Management*, 1996, 12(9): 261-280.

[97] Mann, Michael, *The Sources of Social Power, Vol. II, The Rise of Classes and Nation-States*, Cambridge: Cambridge University Press, 1993.

[98] Mautz, Robert K., Sharaf, Hussein A., *The Philosophy of*

Auditing, Sarasota, FL: American Accounting Association Monograph, 1961.

[99] Mellouli, S., Luna-Reyes, L. F., Zhang, J., "Smart Government, Citizen Participation and Open Data", *Information Polity*, 2014, 19(1): 1-4.

[100] Menzel, Donald C., White, Harvey L., *The State of Public Administration: Issues, Challenges, and Opportunities*, Armonk, NY: M. E. Sharpe, 2011.

[101] Mills, Charles Wright, *The Power Elite*, New York: Oxford University Press, 1956.

[102] Möllering, G., *Trust: Reason, Routine, Reflexivity*, Amsterdam: Elsevier, 2006.

[103] Monfardini, Patrizio, Maravic, Patrick von, "Municipal Auditing in Germany and Italy: Explosion, Change, or Recalcitrance", *Financial Accountability and Management*, 2012, 28(1): 52-76.

[104] Montesquieu, Charles de Secondat (baron de), *The Spirit of the Laws*, Cambridge: Cambridge University Press, 1989.

[105] Moore, Don A., Tetlock Philip E., Tanlu Lloyd, Bazerman Max H., "Conflicts of Interest and the Case of Auditor Independence: Moral Seduction and Strategic Issue Cycling", *The Academy of Management Review*, 2006, 31(1): 10-29.

[106] Morin, Danielle, "Democratic Accountability During Performance Audits Under Pressure: A Recipe for Institutional Hypocrisy?", *Financial Accountability & Management*, 2016, 32(1): 104-124.

[107] Morin, Danielle, "Controllers or Catalysts for Change and Improvement: Would the Real Value for Money Auditors Please Stand Up?", *Managerial Auditing Journal*, 2003, 18(1): 19 - 30.

[108] Mouritsen, Jan, "The Operation of Representation in Accounting: A Small Addition to Dr. Macintosh's Theory of Accounting Truths", *Critical Perspectives on Accounting*, 2011, 22(2): 228 - 235.

[109] Moynihan, Donald P., Pandey, Sanjay K., "The Big Question for Performance Management: Why Do Managers Use Performance Information?", *Journal of Public Administration Research and Theory*, 2010, 20(4): 849 - 866.

[110] Mulgan, Richard G., *Holding Power to Account: Accountability in Modern Democracies*, Basingstoke: Palgrave, 2003.

[111] Mulgan Richard G., "Transparency: The Key to Better Governance?", *Public Administration*, 2008, 67(2): 237 - 239.

[112] Mulgan, Richard G., "Truth in Government and the Politicization of Public Service Advice", *Public Administration*, 2007, 85(3): 569 - 586.

[113] Mutz, D., Flemming G., How Good People Make Bad Collectives: A Social-Psychological Perspective on Public Attitude, In Cooper J. (ed), *Congress and the Decline of Public Trust*, Boulder, CO: Westview Press, 1999: 79 - 100.

[114] Nickell, Erin Burrell, Roberts, Robin W., "Organizational Legitimacy, Conflict and Hypocrisy: An Alternative View of the Role of Internal Auditing", *Critical Perspectives on Accounting*,

2014, 25(3): 217 - 221.

[115] Nutley, S., Levitt, R., Solesbury, W., Martin, S., et al. "Scrutinizing Performance: How Assessors Reach Judgements about Public Services", *Public Administration*, 2012, 90(4): 869 - 885.

[116] O'Donnell, Guillermo, Horizontal Accountability in New Democracies, In Andreas Schedler, Larry J. Diamond, Marc F. Plattner (eds.), *The Self-Restraining State*, Boulder, CO: Lynne Rienner, 1999.

[117] O'Donnell, Guillermo A., "Horizontal Accountability in New Democracies", *Journal of Democracy*, 1998, 9(3): 112 - 126.

[118] Organization for Economic Cooperation & Development (OECD Public Governance Reviews), *Supreme Audit Institutions and Good Governance: Oversight, Insight and Foresight-Organization*, Paris: OECD Publishing, 2016.

[119] Olsen, Johan P., *Democratic Accountability, Political Order, and Change: Exploring Accountability Processes in an Era of European Transformation*, Oxford, United Kingdom: New York, NY: Oxford University Press, 2017.

[120] Overman, Sjors P., Genugten, Marieke L. van, Thiel, Sandra van, "Accountability after Structural Disaggregation: Comparing Agency Accountability Arrangements", *Public Administration*, 2015, 93(4): 1102 - 1120.

[121] Pandey, Sanjay K., "Performance Information Use: Making Progress: But a Long Way to Go", *Public Performance & Management Review*, 2015, 39(1): 1 - 6.

[122] Parker, L. D., Rationale for Auditing: There Is a Difference in the Public Sector, In *The Australian Public Sector: Pathways to Change in the 1990's*, Guthrie J. (ed.), IIR Conferences Pty Ltd, 1993.

[123] Pentland, Brian T., "Will Auditors Take Over the World? Program, Technique and the Verification of Everything", *Accounting, Organizations & Society*, 2000, 25(3): 307-312.

[124] Perry, Elizabeth J., *Anyuan: Mining China's Revolutionary Tradition*, Berkeley, CA: University of California Press, 2012.

[125] Peters, B. Guy, *The Politics of Bureaucracy* (Fifth edition), London: Routledge, 2001.

[126] Pollitt, Christopher, *Managerialism and the Public Services: Cuts or Cultural Change in the 1990s?* 2nd ed., Oxford: Basil Blackwell Publishers, 1993.

[127] Pollitt, Christopher, Summa Hilkka, "Reflexive Watchdogs? How Supreme Audit Institutions Account for Themselves", *Public Administration*, 1997, 75(2): 313-336.

[128] Pollitt, C., Girre, X., Longsdale, J., Mul, R., Summa, H., Waerness, M., *Performance or Compliance? Performance Audit and Public Management in Five Countries*, Oxford: Oxford University Press, 1999.

[129] Power, Michael, "Assurance Worlds: Consumers, Experts and Independence", *Accounting Organizations & Society*, 2011, 36(4/5): 324-326.

[130] Power, Michael, "Evaluating the Audit Explosion", *Law and Policy*, 2003, 25(3): 185-202.

[131] Power, Michael, *The Audit Society: Rituals of Verification*, Oxford: Oxford University Press, 1997.

[132] Power, Michael, "Making Things Auditable", *Accounting, Organizations & Society*, 1996, 21(2/3): 289-315.

[133] Pratt, John W., Zeckhauser Richard L., Principals and Agents: An Overview, In Pratt John W., Zeckhauser Richard L., ed., *Principals and Agents: The Structure of Business*, Boston, MA: Harvard Business School Press, 1985.

[134] Radcliffe, Vaughan S., "Knowing Efficiency: The Enactment of Efficiency in Efficiency Auditing", *Accounting Organizations & Society*, 1999, 24(4): 333-362.

[135] Radcliffe, Vaughan S., "Competing Rationalities in 'Special' Governments Audits", *Critical Perspectives on Accounting*, 1997, 8(4): 343-366.

[136] Ramamoorti, S., Nayar Madhavan K., "The Importance of Information Integrity", *Internal Auditor*, 2013, 70(1): 29-31.

[137] Ramamoorti, S., Internal Auditing: History, Evolution, and Prospects, Research Opportunities in Internal Auditing, In Andrew D. Bailey Jr., Audrey A. Gramling, Sridhar Ramamoorti (eds), *Research Opportunities in Internal Auditing*, Altamonte Springs, FL: Institute of Internal Auditors Research Foundation, 2003.

[138] Ramseyer, J. Mark, Frances McCall Rosenbluth, *The Politics of Oligarchy: Institutional Choice in Imperial Japan*, New York: Cambridge University Press, 1998.

[139] Raudla, R., Taro, Külli, Agu, C., et al., "The Impact of

Performance Audit on Public Sector Organizations: The Case of Estonia", *Public Organization Review*, 2016, 16(2): 217-233.

[140] Reichborn-Kjennerud, Kristin, "Political Accountability and Performance Audit: The Case of the Auditor General in Norway", *Public Administration*, 2013, 91(3): 680-695.

[141] Renzio, Paolo de, Masud, H., "Measuring and Promoting Budget Transparency: The Open Budget Index as a Research and Advocacy Tool", *Governance*, 2011, 24(3): 607-616.

[142] Richardson, J., Kindblad, Britt-Marie, "Programme Evaluation and Effectiveness Auditing in Sweden: The Changing Swedish Policy Style", *Scandinavian Political Studies*, 1983, 6(1): 75-98.

[143] Roberts, Alasdair S., "Spin Control and Freedom of Information: Lessons for the United Kingdom from Canada", *Public Administration*, 2005, 83(1): 1-23.

[144] Roberts, J., "The Possibilities of Accountability", *Accounting, Organizations, and Society*, 1991, 16(4): 355-368.

[145] Robson, K., Humphrey, C., Khalifa, R., et al., "Transforming Audit Technologies: Business Risk Audit Methodologies and the Audit Field", *Accounting, Organizations & Society*, 2007, 32(4/5): 409-438.

[146] Romzek, B. S., Dubnick, M. J., "Accountability in the Public Sector: Lessons from the Challenger Tragedy", *Public Administration Review*, 1987, 47(3): 227-238.

[147] Rose, Anna M., Rose, Jacob M., "Management Attempts to Avoid Accounting Disclosure Oversight: The Effects of Trust and

Knowledge on Corporate Directors' Governance Ability", *Journal of Business Ethics*, 2008, 83(2): 193-205.

[148] Rothstein, B. , *The Quality of Government: Corruption, Social Trust, and Inequality in International Perspective*, Chicago, IL: University of Chicago Press, 2011.

[149] Roussy, M. , Brivot, M. , "Internal Audit Quality: A Polysemous Notion?", *Accounting, Auditing & Accountability Journal*, 2016, 29(5): 714-738.

[150] Roussy, Mélanie, "Internal Auditors' Roles: From Watchdogs to Helpers and Protectors of the Top Manager", *Critical Perspective on Accounting*, 2013, 24(7/8): 550-571.

[151] Sampford, Charles, Preston, N. , Bois Carol A. , *Public Sector Ethics: Finding and Implementing Values*, Routledge, 1998.

[152] Savoldelli, A. , Codagnone, C. , Misuraca, G. , "Understanding the E-government Paradox: Learning from Literature and Practice on Barriers to Adoption", *Government Information Quarterly*, 2014, 31: S63-S71.

[153] Schandl, Charles W. , *Theory of Auditing: Evaluation, Investigation, and Judgment*, Houston, TX: Scholars Book Co, 1978.

[154] Shafritz, Jay M. , E. W. Russell, Christopher P. Borick, *Introducing Public Administration (Fifth Edition)*, Pearson Education, Inc. , 2007.

[155] Sharma, N. , "Interactions and Interrogations: Negotiating and Performing Value for Money Reports", *Financial Accountability & Management*, 2007, 23(3): 289-311.

[156] Sherer, Michael, David Kent, *Auditing and Accountability*, London: Pitman Books Limited, 1983.

[157] Sikka, P., Willmott, H., "The Power of 'Independence': Defending and Extending the Jurisdiction of Accounting in the United Kingdom", *Accounting, Organizations and Society*, 1995, 20(6): 547-581.

[158] Skærbæk Peter, "Public Sector Auditor Identities in Making Efficiency Auditable: The National Audit Office of Denmark as Independent Auditor and Modernizer", *Accounting, Organizations & Society*, 2009, 34(8): 971-987.

[159] Stewart, J. D., The Role of Information in Public Accountability, In *Current Issues in Public Sector Accountability*, edited by Tomkins C., London: Phillip Allan Publishers Ltd., 1984: 13-34.

[160] Streim, H., "Agency Problems in the Legal Political System and Supreme Auditing Institutions", *European Journal of Law and Economics*, 1994, 1(3): 177-191.

[161] Suchman, Mark C., "Managing Legitimacy: Strategic and Institutional Approaches", *Academy of Management Review*, 1995, 20(3): 571-610.

[162] Sutherland, Sharon L., "The Politics of Audit: The Federal Office of the Auditor General in Comparative Perspective", *Canadian Public Administration*, 1986, 29: 118-148.

[163] Tillema, S., Ter Bogt Henk J., "Performance Auditing: Improving the Quality of Political and Democratic Processes?", *Critical Perspectives on Accounting*, 2010, 21(8): 754-769.

[164] Ting, Gong, "Audit for Accountability in China: An Incomplete Mission", *Australian Journal of Public Administration*, 2009, 68(S1): 5-16.

[165] Thomasson, Anna, "Politicisation of the Audit Process: The Case of Politically Affiliated Auditors in Swedish Local Governments", *Financial Accountability and Management*, 2018, 34(4): 380-391.

[166] Thornton, Patricia H., William Ocasio, Institutional Logics, In Greenwood R., Oliver C., Suddaby R., Sahlin-Andersson K. (eds), *The Sage Handbook of Organizational Institutionalism*, London: Sage Publications, 2008: 99-129.

[167] Tocqueville, Alexis de, *Democracy in America*, vol. 1&2, edited by Phillips Bradley, New York: Vintage Books, 1955.

[168] Tully, James, *An Approach to Political Philosophy: Locke in Contexts*, Cambridge: Cambridge University Press, 1993.

[169] Watts, R., Zimmerman, J., "Agency Problems, Auditing, and the Theory of the Firm: Some Evidence", *Journal of Law and Economics*, 1983, 26: 613-633.

[170] Welch, Eric W., Hinnant, Charles C., M. Jae Moon, "Linking Citizen Satisfaction with E-government and Trust in Government", *Journal of Public Administration Research and Theory: J-PART*, 2005, 15(3): 371-391.

[171] Weller, Patrick M., "Politicisation and the Australian Public Service", *Australian Journal of Public Administration*, 2008, 48(4): 369-381.

[172] Wells, Audrey, *The Political Thought of Sun Yat-Sen:*

Development and Impact, Houndmills, England: Palgrave, 2001.

[173] Wiarda, Howard J., *Civil Society: The American Model and Third World Development*, Boulder, CO: Westview Press Inc, 2003.

[174] Wildavsky, Aaron B., A Budget for all Seasons: Why the Traditional Budget Lasts, In Benjamin Geist (ed.), *State Audit: Developments in Public Accountability*, London: The Macmillan Press LMT, 1981: 253-268.

[175] Wilkins, P., Boyle, R., Quality and Standards, In Lonsdale, J., Wilkins, P., Ling, T. (eds.), *Performance Auditing: Contributing to Accountability in Democratic Government*, Edward Elgar, 2011: 147-171.

[176] Wood, Matthew, "Politicisation, Depoliticisation and Anti-Politics: Towards a Multilevel Research Agenda", *Political Studies Review*, 2015, 93(4): 1012-1030.

[177] Wright, Bradley E., "Public Administration in 2020: Balancing Values as a Journey, Not a Destination", *Public Administration Review*, 2010, 70(Supplement 1): S312-S313.

[178] Yamamoto Kiyoshi, Kim Min Jeong, "Stakeholders' Approach on Government Auditing in the Supreme Audit Institutions of Japan and Korea", *Financial Accountability and Management*, 2019, 35(3): 217-232.

[179] Zürn, Michael, Next Steps in Politicisation Research, In Special Issue "The Differentiated Politicisation of European Governance", edited by Pieter de Wilde/Anna Leupold/Henning Schmidtke,

West European Politics，2016，39(1)：164-182.

2. 日文文献

[1] 西尾勝:《アカウンタビリティの概念―第一回公会計監査フォーラムの基調講演より―》,《会計検査研究》創刊号,1989,8.

[2] 丸山真男著:《戦中と戦後の間 1936—1957》,みすず書房,1976.

[3] 色川大吉:《自由民権》,岩波書店,1981.

[4] 西川伸一(にしかわ しんいち):《会計検査院の独立性をいかに強化するか―鴻池〈決算革命〉の動向にかかわらせて―》,《政経論叢》第74巻第1・2号(2005年10月).

[5] 吉見宏:《監査論の視点から見た会計検査と行政評価》,《会計検査研究》第23号,2001,3.

[6] 中野文平:《会計検査院の基本定義と情報公開》,《会計検査研究》22号,2000,9.

[7] 塚辺博崇:《三様監査に関する一考察―監査役・公認会計士・内部監査部門の連携の視点から―》,《新潟経営大学紀要》20号,2014.

[8] 深谷昌弘:《"公共価値"と財政民主主義》,《会計検査研究》5号【巻頭言】,1992,3.

[9] 松下圭一:《会計検査のフロンティア》,《会計検査研究》第10号巻頭言,1994,9.

[10] 足立幸男:《〈政府の失敗〉の是正に向けての会計検査院の役割》,《会計検査研究》18号【巻頭言】,1998,9.

[11] 会計検査院:《会計検査のあらまし―平成23年会計検査院年報―》. ISSN 0915-5953. http://www.jbaudit.go.jp/pr/print/aramashi/pdf/audit_outline_22.pdf.

[12] 会計検査院:《会計検査のあらまし―平成24年会計検査院年報―》. ISSN 0915-5953. http://www.jbaudit.go.jp/pr/print/

aramashi/pdf/audit_outline_23.pdf.

[13] 金子晃(かねこ あきら):《"オーストラリア会計検査院100年の歴史"を読む(7)》,《会計と監査》54巻9号(2003年8月).

[14] 金榮愨・深尾京司・牧野達治:《"失われた20年"の構造的原因》,《経済研究》第61巻第3号,2010.

[15] 深尾京司:《"失われた20年"と日本経済》,日本経済新聞社,2012.

[16] 櫻井通晴:《わが国の公的機関における効率性と有効性の必要性－管理会計による効率性と有効性追求の方法論－》,《会計検査研究》No.36(2007.9).

[17] 渡辺和夫:《大隈侯の会計観》,《札幌学院大学経営論集(*Sapporo Gakuin University Review of Business Administration*)》No.5:1-7.(2013年3月). http://hdl.handle.net/10742/1633.

[18] 吉川洋:《会計検査院への期待》,《会計検査研究》第39号巻頭言,2009,3.

[19] 山地秀俊:《情報公開論の諸相》,《会計検査研究》第26号,2002,9.

[20] 鈴木豊:《会計検査院による政府監査の基礎構造》,《会計検査研究》No.27:175-189(2003,3).

[21] 鈴木豊:《公監査人の監査リスクの識別》,《会計検査研究》No.35:5-10(2007.3).

[22] 会計検査院:《会計検査基準(試案)》,2012-10(平成24年). http://www.jbaudit.go.jp/effort/pdf/kensakijun_h241030.pdf.

[23] 東信男(ひがし のぶお):《検査要請と米国会計検査院(GAO)》,《会計検査院研究》No.35(2007,3).

[24] 東信男(ひがし のぶお):《INTOSAIにおける政府会計検査基準の体系化－国際的なコンバージェンスの流れの中で－》,《会計検査研究》No.36(2007,9).

[25] 東信男(ひがし のぶお):《各国会計検査院の業績評価－モデル・ケースを目指して－》,《会計検査研究》No. 28(2003,9).

[26] 東信男:《NPMにおける会計検査院の役割－大陸系諸国の動向－》,《会計検査研究》No. 29(2004,3).

[27] 長山貴之:《明治14年会計法と15年改正——大蔵省と会計検査院の権限をめぐって——》,《香川大学経済論叢》第71巻第3号(1998年12月).

[28] 有川博:《会計検査制度概説》,全国会計職員協会,2007.

[29] 隅田一豊:《わが国地方自治体における監査制度のあり方—公正かつ能率的な行政の確保をめざして—》,《横浜経営研究》17巻3号,1996.

[30] 川野秀之:《民主政治と会計検査院》,会計検査研究第5号掲載論文,1992:47-58.

[31] 石原俊彦:《地方自治体の監査と内部統制—ガバナンスとマネジメントに関連する諸問題の整理—》,《ビジネス ＆ アカウンティングレビュー》第6号,2010:1-19.

[32] 石原俊彦:《自治体の内部統制と監査機能の充実～ニュー・パブリック・ガバナンスとは～》,《国際文化研修》2013春,vol. 79.

[33] 石森久広:《行政活動の"目的"とその明確性——行政の評価・監視を素材に》. *The Seinan Law Review*, 2010, 42(3/4).

[34] 石森久広:《財政コントロールにおける"合理性"と"民主性"－財政民主主義実現のための一試論－》,《会計検査研究》20号,1999,9.

[35] 山本浩慎:《議会と会計検査院、オンブズマン—委員会の調査、審議における行政監視機関の活用—》,《調査レポートVol. 3》衆議院調査局,2007:1-53.

[36] 高橋伸夫:《モノの検査からビジネスの検査へ》,《会計検査研究》

No. 21(2000,3).

[37] 山本清(やまもと きよし,Kiyoshi Yamamoto):《政策評価と会計検査》,《公共政策》2000,ppsaj/2000-01-008.

[38] 櫻井通晴:《わが国の公的機関における効率性と有効性の必要性》,《会計検査研究》No.36(2007,9).

[39] "財政(特に、会計検査制度と国会との関係(両院制を含む)を中心として)"に関する基礎的資料. 統治機構のあり方に関する調査小委員会(平成15年6月5日の参考資料). 平成15年6月衆議院憲法調査会事務局.

[40] 菅原房恵:《これからの会計監査—企業の内部統制導入と監査法人改革の動き—》,国立国会図書館調査及び立法考査局:《レファレンス》2007,1.

[41] 一瀬智司:《公企業会計と公経営会計——公会計の公明化》,《会計検査研究》1号(創刊号),1989,8.

[42] 村上 武則、石森久広:《西ドイツの会計検査院と法治国家》,《会計検査研究》2号,1990,7.

[43] 加藤芳太郎:《状況と反省》,《会計検査研究》1号【巻頭言】,1989,8.

[44] 宮川公男:《会計検査院への期待の高まりに寄せて》,《会計検査研究》第21号,2000.

[45] 櫻井敬子:《予算制度の法的考察》,《会計検査研究》28号,2003,9.

[46] 田村安興:《明治太政官制成立過程に関する研究》,《高知論叢(社会科学)》第99号,2010:1-23.

[47] 大塚宗春:《会計検査院法施行60周年によせて》,《会計検査研究》第36号,2007.

[48] 小西秀樹:《会計検査とフィードバック効果》,《会計検査研究》20号,1999,9.

[49] 吉田和男:《説明責任の時代》,《会計検査研究》38 号,2008,9.

[50] 西川雅史・林正義共:《政府間財政関係の実証分析》,《フィナンシャル・レビュー》(82),2006.

[51] 長吉慎一他:《監査論入門(第 2 版)》,中央経済社,2015.

[52] 重松博之・山浦久司責任編集、会計検査制度研究会編集. 会計検査制度会計検査院の役割と仕組み,中央経済社,2015.

术语索引

A

auditaccountability 审计问责 3,4,18,23,29,50,53,57,64,75,77,98,99,102,105,124,143,158,167,170,175,176,181,185,216,220,223,226,229,252,254,256-258,260,261,265,266

audit expectation gap（AEG）审计期望差距 3,15,25-28,34,191,192,201,203,224-226,229,234-236

audit explosion 审计爆炸 47,48,137

audit independence 审计独立性 20,21,53,104,149,151-153,193-201,203,240,270

audit judgement 审计判断 136,201

audit quality 审计质量 12,15,20,71,136,166,212,213,240,250,275

audit society 审计社会 18,33,47,48,104,137

audit storm "审计风暴" 6,32,105,166,191

audit supervision 审计监督 1-20,22-24,26,28-58,60-65,69-82,84-87,90-129,131-139,141-177,179-209,211-227,229-278

B

big data 大数据 8,10,101,190,218,234,249,267,276

blockchain 区块链 218,276

budget and audit activities 预算和审计活动 82

bureaucracy 官僚主义 131,274

C

cloud computing 云计算 190,218,249,267,276

compliance audit 合规性审计 21,63,

· 321 ·

81,82,90,128,186,217,225

consensual democracy 共识民主 245,246

culture of openness 开放文化 158

cyber propaganda 网络宣传 210

D

democracy 民主 1－4,10－14,16,18,21,24,28,29,31,32,34,40－43,47,49,51,54－57,59,62,63,65,66,68,69,71－75,81,85,86,88,89,92,93,95,98,99,102,107－109,111,112,114,118,120－124,127－134,136,137,142,147－149,152－156,158,160－166,169－171,174,175,177－182,184－188,190,193,195,197,200,206,207,210,211,215,217,221,228,230,232,238,241,243－246,249－254,256－264,266－270,272－275,277,278

democratic participation 民主参与 2,62,126,129,189,205,208,238,242,244,253,260,262,272

democratic politics 民主政治 1,2,5,10－14,16,18,21,22,29,31,32,47,55,56,68,75－77,81,89,109,112,120－134,146,166,169,171,175,181,182,184,189,190,230,238,251,259,261,262,264,266－268,273－275,277

Disclosure of audit information 审计信息公开 3,13,18,29,32,161,205,212,213,230,242,243,245,246

discretionary powers 自由裁量权 60,80,158,176－178,272

E

economic guardian 经济卫士 19,20,97,193,242,264

economic system 经济制度 1,37,55,105

event transparency 事件透明 209

executive power 行政权 40,57,59－61,67,85－87,90,93,104,119,127,149,154,176,186,188,198,231,248

external audit 外部审计 27,28,125,153,154,166,226,247

F

financial attestation 财务认证 143

financial audit 财务审计 28,52,53,89,137,144,146,217

financial reporting 财务报告 13,25,34,142,143,161,164,206,214

G

governance theory 治理理论 4,24,29,
31,36,58,62-64,155,200

governmental audit 政府审计 9,10,
13-16,19,32,33,40,48,63,73-
75,77-79,91,97,99,104,108,
109,119,122,123,137,139,140,
143-147,151,161,170,179,180,
184,186,195,196,207,214,229,
245,258,261,277

governmentality 治理术 147

H

hollowing out the state 掏空国家 62

I

implementation failures 执行失败 241

information asymmetry 信息不对称
65,73,74,121,125,126,132,161-
163,168,205,207,208,246,266

information integrity 信息完整性 158-
160

information overload 信息过载 210

information release 信息发布 210

integrity 廉正性 178,257

internal audit 内部审计 6,33,97,121,
128,151-154,166,219,229

invisible government 看不见的政府
51,92

irresponsible government 不负责任的政府 92

J

justice 正义 82,90,94,95,184,240,
259,273

K

knowledge base 知识库 232,237

L

legal system 法律制度 1,13,37,46,
55,68,99,161,230

legislative power 立法权 40,52,59-
61,85-87,92,119

M

managerialism 管理主义 130,222,226,
227

metagovernance 元治理 62,231,233,
263

monarchy 君主政体 49,59,61

monopoly power 垄断权力 177

moral legitimacy 道德合法性 126,228

323

N

night-watchman government 守夜人政府 193

O

oligarchic regime 寡头政制 59
ombudsman 监察专员 82,172
opaque 不透明 163,205,207,235,248
openness 公开性 3,4,32,80,92,192, 204-209,211-216,220,230,238, 245-247,251-253

P

performance audit 绩效审计 77,115, 116,118,119,127,139,141,143, 145,146,159-161,166,184,217, 222,223,225-228,237,252,255, 260,264,269,276,277
performance information 绩效信息 22, 160,162-164,166,168,169
performance scrutiny 绩效审查 159, 160
political civilization 政治文明 1,5,11, 31,45,51,68,69,81,90,93,128, 132,152,192,230
political cynicism 政治犬儒主义 210
political system 政治制度 1,4,5,12, 14,17,18,37,39,40,43,44,47,51, 55,59-62,68,90,94,97,99,101, 102,104-111,113,119,121,122, 128,133,152,177,179,181,192, 193,230,231,238,253,257,259, 268,277
politicization 政治化 113,199,274
popular sovereignty 人民主权 4,10, 12,36,42,66,72,75,95,125,133, 146,148,162,174,175,239,250, 273,274
principal-agent relationship 委托代理关系 6,12,13,23,54,109,112,132, 138,140,141,147-149,163,175, 179,183,205-207,238-240,242, 243,263-265,272,273
principal-agent theory 委托代理理论 4,36,58,140,252,272
process transparency 过程透明 209
public accountability 公共问责 1,12, 14-17,23-25,32,35,37,57,62, 65,75,98,106,112,114,123,124, 126,128,133,140,148,153,154, 167,169,171,172,175-181,185, 189,190,205,208,211,215,216, 222,226,228,230,238-242,249, 252,254-257,259,260,262-265, 267,269,274,278
public sector auditing 公共部门审计

148,156,180,197,217,228

public trust 公众信任 124,130,204,255

Q

quality of political and democratic processes 政治和民主进程的质量 276

quality of public governance 公共治理质量 205

R

representative democracy 代议制民主 121,178

republican government 共和政体 59-61,253

responsible government 责任政府 12,23,75-78,124,133,162,170,171,174,176,177,182,184-186,193,206,252,257,258,261,269,277

risk measurement 风险评估 34

rule of law 法治 1-4,11-14,16-18,20-22,24,28,29,31,32,34,38,43-45,56,60,62,69,71-73,77,80,81,85,86,91,93,94,98,107,109,112,114,122,124,128,131-133,135-137,142,147-153,155-157,160-162,164,166,170,172,173,175,177,178,184-186,189,192,193,196,205-208,211,231-233,238,239,242,243,245,250,253,254,258-261,268-273,275,278

S

state audit 国家审计 2,8,9,11-14,16-20,22-25,31-33,36-41,43,45,46,49-58,63-65,70-75,81,82,85,90-92,94-98,100-110,112,113,116,117,119-121,123,124,126-129,132,136-139,142,144-146,148-153,155,158-160,162-164,166-170,175-177,179-182,184-186,188,189,191-193,196-200,202,206-208,215-217,219,220,222,225,226,228,231-234,237-241,243-247,250-252,254,255,257-260,262-266,268-273,275-278

state governance 国家治理 1-9,11-18,22-25,28-43,45,51,53,54,57,58,62,63,65,70-75,77,80-83,90,93-102,104-109,111-114,118,120,121,123-126,128,129,131-133,135-138,142,143,145-155,157,160-164,166-170,

325

172,175,177 - 182,184 - 189,191 - 194,196,200,201,204 - 208,211, 212,215 - 217,220 - 222,226,228, 230 - 235,238,239,242 - 247,249 - 259,261,263 - 266,268 - 278

swindle sheets 欺诈单　87

T

transparency 透明度　12,22,56,73,74, 144,145,154,157,158,162 - 165, 171,175,185,205 - 207,209 - 215, 227,243 - 246,250,251,275,277, 278

transparency in real time 实时性透明　209

transparency in retrospect 追溯性透明　22,209

tyranny of the majority 多数人暴政　72

U

ultimate client 最终客户　258

V

value for money（VFM）效益　12,52, 95,99,100,115,116,123,135,142, 145,156,159,160,172,220,257, 263,269,272

value for money audit 效益审计　119, 269

voting 票决　129

W

watchdogs 看门狗　2,19,53,140,160, 172,193,257

whistleblower protection legislation 举报人保护立法　79

WikiLeaks 维基解密　209

Z

zero-sum game 零和博弈　127

人名索引

A

Agu, Cherlin 切林·阿古 252

Anderson, Robert 罗伯特·安德森 166

Aversano, Natalia 娜塔莉亚·阿伏尔萨诺 206

B

Baron, C. David 大卫·巴龙 202

Bauer, Michael W. 迈克尔·W. 鲍尔 274

Bazerman, Max Hal 马克斯·哈尔·巴泽曼 201

Behn, Robert D. 罗伯特·D. 本恩 156

Bemelmans-Videc, Marie-Louise 玛丽-路易丝·比梅尔曼斯-威德克 115

Bogt, Henk J. ter. 亨克·J. 特尔·博格特 276

Bois, Carol A. 卡罗尔·A. 博伊斯 79

Boström, Magnus 马格努斯·博斯特罗姆 187, 266

Bouras, Christos J. 克里斯托斯·J. 布拉斯 130

Bouza, Anthony V. 安东尼·V. 博萨 54

Bovens, Mark 马克·波文斯 112, 140

Brennan, Geoffrey 杰弗里·布伦南 84

Bringselius, Louise 路易丝·布林塞利乌斯 145

Brook, Timothy James 蒂莫西·詹姆斯·布鲁克(卜正民) 39

Brusca, Isabel 伊萨贝娜·布鲁斯卡 206

Busuioc, Madalina 玛德琳娜·布苏约克 242

C

Capie, Forrest H. 弗雷斯特·亨特·卡

327

皮 263

Chow, Danny S. L. 丹尼·S. L. 周 174

Cooper, Christine 克里斯汀·库珀 225

Cooper, David J. 戴维·J. 库珀 200, 235

Cooper, Joseph 约瑟夫·库珀 124

Cordery, Carolyn J. 卡罗琳·J. 科德里 148, 180

D

Dahl, Robert Alan 罗伯特·艾伦·达尔 84

Denhardt, Janet Vinzant 珍妮特·温桑特·丹哈特 82

Denhardt, Robert B. 罗伯特·B. 登哈特 82

Dick, Geoff 杰夫·迪克 155, 156

Domhoff, William G. 威廉·G. 多姆霍夫 87

Douglas, James W. 詹姆斯·W. 道格拉斯 252

Dunn, Delmer D. 德尔默·D. 邓恩 112

Dutil, Patrice A. 帕特里斯·A. 杜蒂尔 124

Dye, Thomas R. 托马斯·R. 戴伊 87, 88

E

Ege, Jörn 约恩·埃杰 274

Ek Österberg, Emma 艾玛·埃克·奥斯特伯格 231, 232

Espejo, Raúl 劳尔·埃斯佩乔 183, 264

F

Fernández, Roberto García 罗伯特·加西亚·费尔南德斯 156, 251

Flemming, Gregory N. 格雷戈里·N. 弗莱明 124

Flint, David 戴维·弗林特 135, 141

Free, Clinton 克林顿·弗里 237

Fukuyama, Francis 弗朗西斯·福山 118

Funnell, Warwick N. 沃里克·N. 芬内尔 126, 228

G

Geerts, Guido L. 吉多·L. 格茨 248

Geist, Benjamin 本杰明·吉斯特 150, 151, 153, 240

Gendron, Yves 伊夫·金德隆 200, 234

Genugten, Marieke L. van 玛丽克·L. 范·吉努格滕 241

Gloeck, Juergen Dieter 朱尔根·迪特

尔·格洛克 203

Girre, Xavier 泽维尔·吉雷 269

González-Díaz, Belén 贝伦·冈萨雷斯-迪亚兹 156

Graham, Lynford E. 林福德·E.格雷厄姆 196,248

Grasso, Patrick G. 帕特里克·G.格拉索 52,197

Gray, Andrew 安德鲁·格雷 114

Grimmelikhuijsen, Stephan G. 史蒂芬·G.格雷姆里克怀森 162,245

Grönlund, Anders 安德尔斯·格隆伦德 269

Gustavson, Maria 玛丽亚·古斯塔夫森 141

H

Harden, Ian 伊恩·哈登 152

Hardman, D. J. D. J.哈德曼 143

Harmon, Michael M. 迈克尔·M.哈蒙 79,204

Hart, Paul't 保罗·特哈特 111,240

Hay, David Charles 戴维·查尔斯·海伊 142,148,161,180

Hobbes, Thomas 托马斯·霍布斯 84,86

Hollingsworth, Kathryn 凯瑟琳·霍林斯沃思 152

Holmberg, Sören 索伦·霍尔姆伯格 178

Hood, Christopher Cropper 克里斯托弗·克罗珀·胡德 209

Hoos, Florian 弗洛里安·胡斯 249

Howard, Cosmo 科斯莫·霍华德 124

Humphrey, Christopher G. 克里斯托弗·G.汉弗莱 48,136,174

Hyndman, Noel S. 诺埃尔·S.海因德曼 166

I

Ingraham, Patricia W. 帕特丽夏·W.英格拉姆 79

J

Jager, Herman de 赫尔曼·德·贾格 203

Jenkins, Bill 比尔·詹金斯 114

Jennings, Marianne M. 玛丽安·M.詹宁斯 26

Jessop, Bob 鲍勃·杰索普 62

Johnson, Douglas A. 道格拉斯·A.约翰逊 202

K

Kastberg, Gustaf 古斯塔夫·卡斯特伯格 231,232

Kasymova, Jyldyz 杰尔代兹·卡西莫娃 245

Katris, Nikolaos 尼古拉斯·卡特里斯 130

Keen, Justin 贾斯汀·基恩 226

Kellermann, A. Joanne 乔安妮·凯勒曼 33

Kilcommins, Mary 玛丽·基尔康明斯 27

Kindblad, Britt-Marie 布里特-玛丽·金布拉德 119

Klitgaard, Robert E. 罗伯特·E. 克里特加尔德 177

Köse, H. Ömer 奥马尔·科塞 262,277

Kroll, Alexander 亚历山大·克罗尔 163

L

Lander, Michel W. 米歇尔·W. 兰德 249

Langford, John 约翰·朗福特 124

Lee, Tom A. 汤姆·A. 李 141,142

Levitt, Ruth 露丝·莱维特 159,171

Lewis, Jenny M. 詹妮·M. 刘易斯 116

Locke, John 约翰·洛克 59,86

Löffler, Elke L. 埃尔克·L. 洛夫勒 205

Lonsdale, Jeremy 杰瑞米·朗斯代尔 110,115,269

López-Díaz, Antonio 安东尼奥·洛佩兹-迪亚兹 156,251

Lovell, Alan 艾伦·洛维尔 192,207,218,219,221,222,255

M

Maltby, Josephine 约瑟芬·马尔特比 47

McCubbins, Mathew D. 马修·D. 麦卡宾斯 139

Martens, Stanley C. 斯坦利·C. 马滕斯 28

Martin, Steve 史蒂夫·马丁 172

Masud, Harika 哈里卡·马苏德 171

Mauldin, Elaine G. 伊莲·G. 摩尔丁 248

Mautz, Robert Kuhn 罗伯特·库恩·莫茨 151,194

McCarthy, William E. 威廉·E. 麦卡锡 248

Mcenroe, John E. 约翰·E. 麦肯罗 28

Menzel, Donald C. 唐纳德·C. 门泽尔 79

Mills, Charles Wright 查尔斯·赖特·米尔斯 87

Moizer, Peter 彼得·莫耶泽尔 136

Moll, Jodie 乔迪·莫尔 174

Möllering, Guido 基多·莫勒林 265

Monfardini, Patrizio 帕特里齐奥·蒙法蒂尼 144

Monroe, Gary Stewart 加里·斯图尔特·门罗 224

Montesquieu, Charles de Secondat (baron de) 孟德斯鸠 49,60,61,86

Moore, Don A. 唐·A.穆尔 201

Moynihan, Donald P. 唐纳德·P.莫尼汉 168

Mul, Robert 罗伯特·穆尔 269

Mulgan, Richard Grant 理查德·格兰特·马尔根 157,162,227,274

Mutz, Diana C. 戴安娜·C.穆茨 124,130

N

Nayar, Madhavan K. 马德哈万·K.纳亚尔 159

Nutley, Sandra M. 桑德拉·M.纳特利 159,171

O

Ocasio, William 威廉·奥卡西奥 109

Öhman, Peter 彼得·奥赫曼 269

Olsen, Johan Peder 约翰·佩德·奥尔森 177

Overman, Sjors P. 斯约尔斯·P.奥弗曼 241

Owen, David 大卫·欧文 48

P

Pandey, Sanjay K. 桑贾伊·K.潘迪 168

Perrin, Burt 伯特·佩林 115

Pollitt, Christopher 克里斯托弗·波利特 140,143,257,269

Pentland, Brian T. 布赖恩·T.彭特兰 236

Perry, Elizabeth J. 伊丽莎白·J.佩里（裴宜理，1948—） 42

Peters, B. Guy 盖伊·B.彼得斯 54

Pierce, Bernard 贝尔纳·皮尔斯 27

Porter, Brenda A. 布伦达·A.波特 226

Posner, Paul L. 保罗·L.波斯纳 139

Power, Michael 迈克尔·鲍尔 32,47,126,137,220

Preston, Noel 诺埃尔·普雷斯顿 79

Pruijssers, Jorien Louise 朱琳·路易丝·普鲁伊泽斯 249

Puxty, Anthony G. 安东尼·G.普克斯蒂 225

R

Radcliffe, Vaughan S. 沃恩·S. 拉德克利夫 261

Rahn, Wendy M. 温迪·M. 拉恩 124

Ramamoorti, Sridhar 斯里达尔·拉马莫尔蒂 158

Raudla, Ringa 林嘉·劳德拉 252

Reichborn-Kjennerud, Kristin 克里斯汀·赖希伯恩-基耶纳鲁德 222,228,255

Renzio, Paolo de 保罗·德·伦齐奥 171

Richardson, Jeremy J. 杰里米·J. 理查德森 119

Richardson, Vernon J. 弗农·J. 理查德森 248

Roberts, Alasdair S. 阿拉斯代尔·S. 罗伯茨 157

Rossi, Francesca Manes 弗朗西斯卡·曼内斯·罗西 206

Rothstein, Bo Abraham Mendel 博·亚伯拉罕·门德尔·罗斯坦 118,178

Roy, Jeffrey 杰弗里·罗伊 124

Rudolph, Thomas J. 托马斯·J. 鲁道夫 124

S

Sampford, Charles 查尔斯·桑普福德 79

Sharma, Nina 尼娜·沙尔玛 126

Shafritz, Jay M. 杰伊·M. 沙夫里茨 82

Schandl, Charles W. 查尔斯·W. 尚德尔 58

Schwartz, Robert 罗伯特·施瓦茨 139

Schwartz, Thomas 托马斯·施瓦茨 139

Searfoss, D. Gerald 杰拉尔德·西尔福斯 202

Sharaf, Hussein A. 侯赛因·A. 夏拉夫 58,151,194

Sharkansky, Ira 艾拉·夏坎斯基 52,197

Sikka, Prem 普雷姆·西卡 225

Skærbæk, Peter 彼得·斯凯拜克 139

Smith, Charles H. 查尔斯·H. 史密斯 202

Solesbury, William 威廉·索勒斯伯里 159,171

Streim, Hannes 汉尼斯·斯特赖姆 122,259

Suchman, Mark C. 马克·C. 苏克曼 126

Summa, Hilkka 希尔卡·苏马 140,

225,257,269

Sutherland, Sharon L. 莎伦·L. 萨瑟兰 96,199,245

Svärdsten, Fredrik 弗雷德里克·斯瓦尔登 269

T

Tanlu, Lloyd John D. 劳埃德·约翰·D. 坦鲁 201

Taro, Külli 库利·塔罗 252

Tetlock, Philip E. 菲利普·E. 泰特洛克 201

Thornton, Patricia H. 帕特里夏·H. 桑顿 109

Townley, Barbara 芭芭拉·汤利 200,235

Triantafyllou, Vassilis 瓦西利斯·特里安塔菲罗 130

V

Van Thiel, Sandra 桑德拉·范·泰尔 241

Von Maravic, Patrick 帕特里克·冯·马拉维奇 144

W

Waerness, Marit Stadler 玛里特·斯塔德勒·沃尔尼斯 269

Watts, Ross L. 罗斯·L. 瓦茨 264

Welch, Eric W. 埃里克·W. 韦尔奇 130

Wells, Audrey 奥黛丽·威尔斯 41

White, Fidelma 菲德尔玛·怀特 152

White, Harvey L. 哈维·L. 怀特 79

Wildavsky, Aaron Bernard 艾伦·伯纳德·威尔达夫斯基 62

Wille, Anchrit 安克里特·威尔 111,241

Willmott, Hugh Christopher 休·克里斯托弗·威尔莫特 225

Wisler, Carl E. 卡尔·E. 威斯勒 202

Woodliff, David R. 大卫·R. 伍德利夫 224

Y

Yamamoto, Kiyoshi 山本清（やまもときよし）139

Z

Zeigler, Harmon 哈蒙·齐格勒 88

Zimmerman, Jerold L. 杰罗尔德·L. 齐默尔曼 264

后　记

　　本书由我的博士论文修改而成。在"因审而立、为审而存、依审而兴、靠审而强"的南京审计大学教书二十载,我和审计结下了不解之缘。随着中国审计事业30多年令人瞩目的发展,在总结成功经验的同时,无数审计人孜孜探求中国审计制度的发展规律。2012年起,受审计署科研所委托,我开始了相关国别研究中的中日审计制度比较项目的研究。2014年我参编了《世界主要国家和国际组织审计概况》一书。2016年我参加了审计长主持的《中外国家审计比较研究》一书的编写工作。2016年7月,审计署特地安排我参加中日韩三国审计长会议,借此机会我有幸结识日本审计院的专家,日方审计专家还专门给我找来相关审计资料和书籍,通过和他们的交流我获得了宝贵的信息和一手资料。这些都为我的论文选题打下了良好的基础。

　　博士论文正是得益于这么多年来我所承担的各级各类相关研究课题的前期积累,更受益于在博士学习期间我所得到的专业训练。可以说,从政治学、公共管理学和法学等多学科视角去研究国家治理体系中审计监督的政治逻辑与治理功能,就是在这些积淀中得到的一些认识和启发。

　　回想写作过程,感慨良多。写作的过程如同在漫长的黑暗的隧道里探索,走着走着,一路疲乏、干渴、饥饿,快要撑不住的时候,突然看到前面有亮光出现,一下子有了茅塞顿开、柳暗花明的喜悦。无数个深夜,静静地和这些文字较量、对话,这个过程虽然辛苦,但也是充实而快乐的。突破文字的隔阂,汲取的不只是经典大师和前辈的智慧,更多的是继续前行的力量。

在论文修改及拙著准备出版的过程中,我的恩师蔡林慧教授以及南京师范大学公共管理学院的老师们给了我诸多指导和建设性建议;南京大学出版社杨金荣主任,责任编辑田甜老师、江潘婷老师等为本书的出版付出了大量辛勤的劳动。此外,本书还得到南京审计大学及江苏省教育厅精品课程项目(1641200005)的大力资助。没有他们的大力支持和帮助,本书不可能顺利付梓。在此对他们一并表示最真诚的感谢!最后也特别感谢我的家人,在我每每想放弃的时候,是他们的鼓励和无私的包容让我有了克服困难的勇气和坚持的动力。

所谓校书如扫尘,旋扫旋生。在修改过程中,总觉得还有诸多遗憾,还有不少方面言犹未尽。由于精力欠缺,研究能力有限,拙著的疏漏和浅薄之处在所难免,诚恳期盼学界专家多加批评指正。

2020 年金秋于南京扬子江畔